Remedies for Environmental Torts in China During the Current Transitional Period

总主编：吴汉东

·南湖法学文库编辑委员会·

主　任：吴汉东
副主任：陈景良　刘　笋　张　红
委　员：吴汉东　陈景良　刘　笋　张　红
　　　　王广辉　郑祝君　张继成　赵家仪
　　　　胡开忠　樊启荣　詹建红　邓　烈

南湖法学文库

中国转型时期的环境侵权救济问题研究

尤明青 著

图书在版编目(CIP)数据

中国转型时期的环境侵权救济问题研究/尤明青著. —北京:北京大学出版社,
2017.12
(南湖法学文库)
ISBN 978-7-301-29212-9

Ⅰ. ①中… Ⅱ. ①尤… Ⅲ. ①环境保护法—侵权行为—研究—中国
Ⅳ. ①D922.680.4

中国版本图书馆 CIP 数据核字(2018)第 024602 号

书　　　名	中国转型时期的环境侵权救济问题研究 ZHONGGUO ZHUANXING SHIQI DE HUANJING QINQUAN JIUJI WENTI YANJIU
著作责任者	尤明青　著
责 任 编 辑	李　倩
标 准 书 号	ISBN 978-7-301-29212-9
出 版 发 行	北京大学出版社
地　　　址	北京市海淀区成府路 205 号　100871
网　　　址	http://www.pup.cn
电 子 信 箱	law@pup.pku.edu.cn
新 浪 微 博	@北京大学出版社　@北大出版社法律图书
电　　　话	邮购部 62752015　发行部 62750672　编辑部 62752027
印 刷 者	北京溢漾印刷有限公司
经 销 者	新华书店
	965 毫米×1300 毫米　16 开本　17.5 印张　251 千字 2017 年 12 月第 1 版　2017 年 12 月第 1 次印刷
定　　　价	44.00 元

未经许可,不得以任何方式复制或抄袭本书之部分或全部内容。
版权所有,侵权必究
举报电话: 010-62752024　电子信箱: fd@pup.pku.edu.cn
图书如有印装质量问题,请与出版部联系,电话: 010-62756370

前　言

套用列夫·托尔斯泰的话："幸福的家庭都是相似的,不幸的家庭,各有各的不幸",环境美好的国家都相似,环境问题严重的国家各有各的原因。中国面临着严重的环境问题,中国环境问题的特质是什么?如何将环境问题放在中国的场域中予以考察,取得具有针对性的研究成果?思考这些问题,是中国环境法学人的责任。本书试图将环境善治问题放在中国情境下,选取重要的问题加以分析。本书将中国的情境归纳为五重转型,即以工业化为核心的经济转型、以城镇化为核心的社会转型、以市场化为核心的经济体制转型、以法治化为核心的政治体制转型、以数字化为核心的信息传播方式转型。中国环境问题的成因、环境法的发展、环境善治的实现都是这五重转型的组成部分或者结果。这一特点使中国的环境法律问题、环境善治问题不仅与发达国家不同,也与很多发展中国家有所不同。

环境善治是国家治理体系和治理能力现代化的重要组成部分,具有丰富的内涵,非一本薄书能够涵盖。本书不求全面研究所有的环境善治问题,而是仅仅针对环境损害救济的关键问题,结合司法实践展开分析。损害赔偿,是生态文明制度体系的重要内容。本书以环境侵害及其救济作为研究的主题,很大程度上是考虑到环境侵害及其救济是环境法体系中的基础性问题,是环境善治中各方利益冲突最激烈的表现形式。以环境侵害及其救济为中心,能够提挈其他环境法律问题,促使人们反思环境善治的各个方面。

本书以环境侵害及其救济作为研究主题,也是为了回应环境法律实务的需求,以便帮助提高环境律师的业务能力,为法院更好地审理环境案件提供支撑。环境侵害及其救济,是环境律师的最基本、最核心的工作内容。在实现立案登记制之后,环境案件立案难已经得到极大的缓解,环境案件的原、被告双方再也不能以法院是否立案作为胜败的标志。环境案件原、被告双方律师之间的博弈从法院庙堂之外移师庙堂之上,使环境法律问题主要以非法律方式解决转变为主要以法律方式解决,对双方律师和法官的专业水准都提出了更高的要求。需要特别指出的是,本书在研究实务问题时并不过多强调环境道德,而是更加强调法律技术。毕竟,环境道德以及相关的价值选择、利益取舍,更多地体现在立法阶段。在法律适用阶段,更多应当考虑的是如何通过法技术实现立法既定的价值选择和利益格局。环境侵害受害者的律师,如果在办理案件时动辄举着道德大旗攻击对方,也是一种不成熟、不专业的表现。因此,本书对于环境侵害的原被告律师并不进行道德评判,原告律师固然精神可嘉,被告律师也并非道德可鄙。毕竟,即使是刑事被告都有权获得律师帮助,更何况导致环境侵害的很多原因行为都具有一定的社会有益性。而且,从法律的发展来看,如果被告律师的防守水平不能得到发展,不仅原告律师的攻击能力难以提高,甚至立法和理论研究也都难以提升。当然,本书对于很多被告律师习惯于借助政府影响力打压、摆平原告的做法还是持反对态度的,也反对将寻求环境救济政治化的习惯做法。因为这种习惯做法不仅使政府职能异化、使政府官员承担本不应承担的风险,也是与依法治国相悖的,同时也在一定程度上体现出律师专业水平的不足。在强调依法治国、加快推进生态文明建设的时代背景下,党政领导干部环境责任被提高到前所未有的高度,领导干部不应违法干预环境侵害案件的处理,而应促使法律问题的解决回归法律本身。果真如此,也会进一步促进社会对环境法律服务的需求,本书的研究也会更有意义。

本书的写作过程恰逢中国环境保护法律和政策密集出台时期。全国人民代表大会常务委员会于2014年4月24日审议通过了修订后的《中华人民共和国环境保护法》(简称《环境保护法》)。这是环境立法中的一个具有继往开来意义的标志性事件,一方面体现了中国环境法此前的理论和实践,另一方面又开启了中国环境法的新一轮立改废工作。最高人民法院也先后制定了有关环境刑事责任、环境民事公益诉讼、环境侵权责任等问题的司法解释。这些发展既是对中国环境现实的反应,也是以中国共产党的环境保护政策为基础。自1949年以来,中国共产党的环境理念发生了深刻的变化,经历了从人定胜天到人与自然和谐相处、从片面强调经济发展到强调环境保护、从科学发展观到生态文明的重大变化。特别是自2012年召开中国共产党第十八次全国代表大会以来,中国共产党及其领导人在多个重要文件、多个重要活动中表达了对环境问题的关注,提出了解决环境问题的主张,甚至专门就环境问题召开了高级别会议、制定了有关环境保护的重要文件。本书不回避中国共产党作为执政党对中国环境善治的客观影响,将其作为中国社会治理、法律发展中的客观现象,并以此态度分析《坚定不移沿着中国特色社会主义道路前进 为全面建成小康社会而奋斗》(《十八大报告》)(2012年11月8日)、《中共中央关于全面深化改革若干重大问题的决定》(《十八届三中全会决定》)(2013年11月12日)、《中共中央关于全面推进依法治国若干重大问题的决定》(《十八届四中全会决定》)(2014年10月23日)、《中共中央 国务院关于加快推进生态文明建设的意见》(2015年4月25日)、《党政领导干部生态环境损害责任追究办法(试行)》(2015年8月)、《生态文明体制改革总体方案》(2015年9月)、《生态环境损害赔偿制度改革试点方案》(2015年12月)、《决胜全面建成小康社会 夺取新时代中国特色社会主义伟大胜利》(《十九大报告》)(2017年10月18日)等文件,特别是这些政策对于环境侵害及其救济可能产生的影响。《十九大报告》明确我国社会主要矛盾已经历史性地转化为"人民日益增长的美好生活需要和不平衡不充分的发展之间的矛盾",要求加快生态文明体制改革、建设美丽中国。人民对美好生活的需要,不仅对物质文化生活提出了更高的要求,而且在民主、法治、公平、正义、安全、环境等方面的要求日益增长。这对环境法学乃至整个法学都提出了更高的要求,法学研究应当更加深入,以回应时代的需求。

本书主要采用司法思维导向,而非立法思维导向。自 20 世纪 70 年代末以来,我国法学研究体现出强烈的立法思维导向。这与我国总体上法律制度不健全,法律理论研究主要在于帮助构建法律体系有关。随着我国立法工作的推进,包括环境法在内的各个领域都已经有了相当多的法律法规和其他效力位阶的立法性文件,很多部门法已经逐渐出现了相当数量的司法思维导向的研究成果。但是在环境法领域,以司法思维导向的研究成果仍然非常匮乏,立法思维导向仍然是环境法学界的主导研究思路。不仅在重大环境立法、修法之前,甚至是在重大环境立法刚刚通过,学界立即开始了如何修法的新一轮讨论,似乎每位学者都比立法者更为高明,每篇文章都比立法文件更为先进。立法思维导向的研究成果自然有其意义,但是法律的立改废毕竟是不经常发生的活动,执法、司法才是大量发生的日常活动。如果不加强司法思维导向的研究,环境法学界可能难以满足法律实践对理论研究的需求。

部分地与司法思维导向相适应,本书在研究方法上较多采用案例实证研究的方法。法律、案例、学说之间的关系类似人之骨架、血肉、神经,案例链接着法律和学说,使抽象的法律具体化,并使法官、当事人以及社会在具体化的情境中进一步反思法律,从而使法律的适用更为具体化、精确化,更为公正,对于成文法的适用具有重要意义。早在 20 世纪 70 年代末我国开始恢复法治的时候,最高人民法院就曾经印发 9 个典型案例,用以具体指导全国各级法院纠正"文革"期间形成的冤错案件。1985 年 5 月,《最高人民法院公报》开始向社会公布各类典型案例,使典型案例的报送、筛选和发布工作常态化。我国法院近年来愈加重视案例的作用。最高人民法院于 2010 年 11 月 26 日颁布了《关于案例指导工作的规定》,正式确立了案例指导制度。最高人民法院又于 2015 年 6 月 2 日颁布了《〈关于案例指导工作的规定〉实施细则》，进一步细化了案例指导制度。现在不仅律师在代理案件时援用案例，甚至有些法院也开始在裁判文书中援用案例。就环境案件而言，最高人民法院已经先后发布了多批环境资源刑事案例、环境侵权案例、环境民事公益诉讼案例、环境行政公益诉讼案例。此外，有些省、自治区、直辖市的高级人民法院也发布了一些典型环境案例。除了法院发布的典型案例之外，已经常态化的裁判文书公开制度也为案例研究提供了丰富的素材。本书深入研究了全国范围内的最新司法判例，力求在案例中发现一些规律。虽然个案研究存在特殊性与普遍性、微观与宏观的矛盾，个案的特殊性和微观性不一定能够体现普遍特征和宏观世界，但是采取适当的方法仍然能够在一定程度上避免以偏概全。就与环境侵害有关的诉讼案件而言，由于现有样本数量有限，进行个案研究时所面临的特殊性与普遍性之间的矛盾相应地不太突出。本书将关键案例实证研究与一般性理论研究相结合，努力实现既研究关键案例、典型案例，又超越个案的目标。

本书的写作得到理论界和实务界各位同仁的大力支持。本书得益于本人受自然资源保护协会（Natural Resources Defense Council，NRDC）环境治理和环境律师项目的委托撰写的研究报告。王彦、吴琪、张西雅等 NRDC 项目管理人员为撰写该研究报告提供了大力支持。武汉大学环境法研究所李启家教授以及中南财经政法大学环境资源法研究所各位同事，对该研究报告初稿提出了宝贵意见。在申请将本书列入"南湖法学文库"时，文库编委们大力推荐并提出了修改、完善意见。在写作过程中，笔者对很多环境律师、环境污染受害者、污染企业、环境保护监管部门、法官进行了深度访谈。不论是律师对自己办案经验的介绍，还是受害者对自己遭受损失的倾诉，污染者对自己行为的辩解，监管者在介绍其努力时表达的深深无奈，法院在坦陈困惑时作出的反思，他们鲜活的经验促使笔者进一步思考环境法律问题。尽管由于种种原因笔者不能在本书中一一具名致谢，但是本书的写作因为他们而深深受益。此外，本书的写作也受益于笔者自己近年来从事的环境法实务工作以及其他法律实务工作。在此，也向促使笔者思考的委托人表示感谢。我的历届硕士、博士研究生们为本书的写作提供了大力协助。在此一并感谢。

希望本书能够对广大环境法学研究人员、实务工作者和关心环境保护的人士有所助益。欢迎各位读者将反馈意见发送至 youmingqing2010@163.com 或者 mingqing.you@fulbrightmail.org，以便本书能够得到不断更新和提升。

尤明青　谨识

2017 年 10 月

重要法律、法规、司法解释列表

简称	全称	发(公)布时间、施行时间
《环境保护法》	《中华人民共和国环境保护法》	1989年12月26日第七届全国人民代表大会常务委员会第十一次会议通过,2014年4月24日第十二届全国人民代表大会常务委员会第八次会议修订,修订后的《中华人民共和国环境保护法》自2015年1月1日起施行。
《固体废物污染环境防治法》	《中华人民共和国固体废物污染环境防治法》	1995年10月30日第八届全国人民代表大会常务委员会第十六次会议通过,2004年12月29日第十届全国人民代表大会常务委员会第十三次会议修订,根据2013年6月29日第十二届全国人民代表大会常务委员会第三次会议《关于修改〈中华人民共和国文物保护法〉等十二部法律的决定》、2015年4月24日第十二届全国人民代表大会常务委员会第十四次会议《关于修改〈中华人民共和国港口法〉等七部法律的决定》、2016年11月7日第十二届全国人民代表大会常务委员会第二十四次会议《关于修改〈中华人民共和国对外贸易法〉等十二部法律的决定》修正。
《大气污染防治法》	《中华人民共和国大气污染防治法》	1987年9月5日第六届全国人民代表大会常务委员会第二十二次会议通过,根据1995年8月29日第八届全国人民代表大会常务委员会第十五次会议《关于修改〈中华人民共和国大气污染防治法〉的决定》修正,2000年4月29日第九届全国人民代表大会常务委员会第十五次会议第一次修订,2015年8月29日第十二届全国人民代表大会常务委员会第十六次会议第二次修订,修订后的《中华人民共和国大气污染防治法》自2016年1月1日起施行。

(续表)

简称	全称	发(公)布时间、施行时间
《水污染防治法》	《中华人民共和国水污染防治法》	1984年5月11日第六届全国人民代表大会常务委员会第五次会议通过,根据1996年5月15日第八届全国人民代表大会常务委员会第十九次会议《关于修改〈中华人民共和国水污染防治法〉的决定》第一次修正,2008年2月28日第十届全国人民代表大会常务委员会第三十二次会议修订,根据2017年6月27日第十二届全国人民代表大会常务委员会第二十八次会议《关于修改〈中华人民共和国水污染防治法〉的决定》第二次修正。
《民事诉讼法》	《中华人民共和国民事诉讼法》	1991年4月9日第七届全国人民代表大会第四次会议通过,根据2007年10月28日第十届全国人民代表大会常务委员会第三十次会议《关于修改〈中华人民共和国民事诉讼法〉的决定》第一次修正,根据2012年8月31日第十一届全国人民代表大会常务委员会第二十八次会议《关于修改〈中华人民共和国民事诉讼法〉的决定》第二次修正,根据2017年6月27日第十二届全国人民代表大会常务委员会第二十八次会议通过《关于修改〈中华人民共和国民事诉讼法〉和〈中华人民共和国行政诉讼法〉的决定》第三次修正,自2017年7月1日起施行。
《民事诉讼证据规定》	《最高人民法院关于民事诉讼证据的若干规定》	(法释〔2001〕33号),2001年12月6日最高人民法院审判委员会第1201次会议通过,自2002年4月1日起施行。
《民事案件案由规定》	《最高人民法院民事案由规定》	(法〔2011〕42号),最高人民法院2011年2月18日发布,自2011年4月1日起施行。
《人身损害赔偿司法解释》	《最高人民法院关于审理人身损害赔偿案件适用法律若干问题的解释》	(法释〔2003〕20号),2003年12月4日最高人民法院审判委员会第1299次会议通过,自2004年5月1日起施行。

(续表)

简称	全称	发(公)布时间、施行时间
《2014年最高人民法院环境审判意见》	《最高人民法院关于全面加强环境资源审判工作为推进生态文明建设提供有力司法保障的意见》	(法发〔2014〕11号),最高人民法院2014年6月23日发布。
《民事诉讼法司法解释》	《最高人民法院关于适用〈中华人民共和国民事诉讼法〉的解释》	(法释〔2015〕5号),2014年12月18日最高人民法院审判委员会第1636次会议通过,自2015年2月4日起施行。
《环境民事公益诉讼司法解释》	《最高人民法院关于审理环境民事公益诉讼案件适用法律若干问题的解释》	(法释〔2015〕1号),2014年12月8日最高人民法院审判委员会第1631次会议通过,自2015年1月7日起施行。
《民事再审司法解释》	《最高人民法院关于民事审判监督程序严格依法适用指令再审和发回重审若干问题的规定》	(法释〔2015〕7号),2015年2月2日最高人民法院审判委员会第1643次会议通过,自2015年3月15日起施行。
《立案登记制规定》	《最高人民法院关于人民法院登记立案若干问题的规定》	(法释〔2015〕8号),2015年4月13日最高人民法院审判委员会第1647次会议通过,自2015年5月1日起施行。

(续表)

简称	全称	发(公)布时间、施行时间
《环境侵权责任司法解释》	《最高人民法院关于审理环境侵权责任纠纷案件适用法律若干问题的解释》	(法释〔2015〕12号),2015年2月9日由最高人民法院审判委员会第1644次会议通过,自2015年6月3日起施行。

注:除非特别指明,本书所用的简称即指以上法律、法规或司法解释。

目录

第一章 导论 / 1
    第一节 环境社会治理 / 1
    第二节 中国环境社会治理需要应对的挑战 / 8
    第三节 完善中国环境社会治理的宏观背景 / 15

第二章 环境侵权案件的受理及审判机构的发展 / 23
    第一节 民众对于通过法院诉讼寻求环境侵害救济的期盼 / 23
    第二节 地方层面开展的环境案件审判专门化探索 / 33
    第三节 国家层面推进环境案件审判专门化的探索 / 42

第三章　环境侵权责任的构成 / 50
　　第一节　损害问题 / 50
　　第二节　因果关系问题 / 73
　　第三节　加害行为问题 / 77
　　第四节　归责原则问题 / 79
　　第五节　免除或减轻责任的事由 / 83

第四章　举证责任及证明方法问题 / 98
　　第一节　关于损害的证明责任及证明方法问题 / 98
　　第二节　对于加害行为的举证责任和证明方法问题 / 115
　　第三节　对于因果关系的举证责任和证明方法问题 / 120
　　第四节　司法鉴定和专家辅助人的特殊问题 / 130

第五章　环境质量标准问题 / 154
　　第一节　环境质量标准的制度属性 / 157
　　第二节　环境质量标准对于环境污染侵权责任认定的意义 / 167

第六章　数人环境侵权问题 / 182
　　第一节　数人环境侵权概述 / 182
　　第二节　数个污染者共同侵权 / 187
　　第三节　污染者与帮助者共同侵权 / 195
　　第四节　共同危险行为环境侵权 / 205
　　第五节　数个污染者分别侵权 / 213
　　第六节　污染者与第三人构成的特殊数人侵权问题 / 222

第七章　责任承担方式问题 / 232
　　第一节　停止侵害、排除妨碍、消除危险 / 233
　　第二节　赔偿损失 / 243
　　第三节　恢复原状 / 251

第八章　结语 / 257
　　第一节　环境损害救济机制的外部基础 / 257
　　第二节　环境损害救济机制的内部体系 / 262

第一章 导　　论

第一节　环境社会治理

一、环境社会治理的涵义

环境社会治理是指由政府和市场、组织和个人、主权国家和国际社会等多元主体按照合理的规则，从不同侧面、以不同的方式，立体化地参与环境保护，实现与环境有关的公共利益最大化的社会管理过程和管理活动。环境社会治理是治理理念在环境保护领域的体现，是国家治理体系的重要组成部分，同时也是全球治理的重要组成部分。环境社会治理的英文表达为 environmental governance。虽然 environmental governance 可以直译为"环境治理"，但是"环境治理"在汉语中也具有 environmental remediation 的含义。为避免歧义，本书采用了"环境社会治理"的表达。

环境社会治理的价值追求在于促进与环境有关的公共利益最大化。环境具有很强的公共性，大多数环境利益都不具有排他性。所以说，"良好生态环境是最公平的公共产品,是最普惠的民生福祉"。① 就利益的归属主体而言,环境利益不仅包括当代人的环境利益,也包括未来人的环境利益。因此,环境社会治理不仅需要考虑当代人的环境利益,也需要考虑未来人的环境利益。

环境社会治理的主体应当多元化。环境社会治理的主体包括政治国家和公民社会中的各类主体,并且突破了主权国家的传统边界范围。在实现环境社会治理的过程中,除了政府继续发挥主导性作用之外,公民社会中的各类主体,包括污染者和普通社会公众、生产者和消费者、组织和个人,都应该并且能够发挥独特的作用。推进环境社会治理,不是为了削弱政府的地位和作用,而是要改善政府的管理方式,提高政府的管理效率。将环境社会治理理解为除政府以外的社会组织、企业或个人,为弥补政府在环境治理方面的不足,实现环境的可持续性发展,对环境进行的自发自律性的治理行为②,强调了社会组织的作用,但是忽略了政府的重要性,仅仅揭示了环境社会治理的一个方面,并不全面。非政府主体的作用在于弥补政府管理的不足、降低社会总治理成本、增加政府的透明度、提高社会治理效率。非政府主体作用的发挥,有赖于政府的支持和配合。此处的政府,是指广义的政府,包括行政机关、立法机关、法院等政府机关,也包括与行政机关、立法机关和法院保持相对独立的规制机关,比如美国的证券交易委员会(Securities Exchange Commission, SEC)、联邦贸易委员会(Federal Trade Commission, FTC)等机构。治理主体的多元化,也要求政府机关以对话、合作的态度与非政府主体开展对话、协商,以更加丰富多样的方式开展政府工作。从这个角度理解,本书所讨论的环境社会治理,包含了政府管制的内容,比将环境社会治理理解为与政府管制、市场调节相区别的"环境社会治理"③,范

---

① 习近平于2013年4月8日至10日在海南考察时所做的评论,载《海南特区报》2013年4月11日A02版。

② Kenneth W. Abbott and Duncan Snidal, "The Governance Triangle: Regulatory Standards Institutions and the Shadow of the State," in Walter Mattli and Ngaire Woodseds (ed.), The Politics of Global Regulation, Princeton University Press, 2009, p. 44.

③ 王华、郭红燕:《国家环境社会治理工作存在的问题与对策建议》,载《环境保护》2015年第21期。

围要广。

　　环境社会治理需要秉承法治理念,加强法治保障,运用法治思维和法治方式化解与环境有关的各种社会矛盾。建设生态文明,必须建立系统完整的生态文明制度体系,用制度保护生态环境。① 公平、有效的体制机制,是保障环境社会治理的重要前提。社会治理的理念,有助于挖掘非正式组织手段,缓和法律的僵硬性,弥补正式制度的不足。但是,也不能以柔性机制的运用否定法律刚性机制的重要性。"和稀泥"的思维和做法,并不符合社会治理的精神。

　　环境社会治理的对象既包括处于本国主权管辖之下的环境,也包括处于各国主权管辖之外的环境,甚至在一定程度上也包括他国主权管辖之下的环境。各国对于处于本国主权之下的环境,具有组织、领导环境社会治理的权利。对于各国主权之外的环境,比如公海、大洋底土、南极、外空等,可以通过条约安排或者习惯国际法共同开展环境治理。随着全球环境的整体性被国际社会所认识和接受,国际环境法和国际环境合作越来越深入到各国内部,将主权国家管辖之下的具有溢出效应的环境要素、行为也纳入全球环境治理的范围,因此他国的环境要素也可能构成环境治理的对象,并且其范围呈现出扩大趋势。当然,将他国环境纳入环境治理的对象范围,需要征得主权国家的同意,以和平、合作的方式进行。

　　环境社会治理具有合作、民主、协商等重要特征。"合作"至少包括三个层面:第一,政治国家与公民社会的合作,善治是政治国家与公民社会的最佳关系。② 第二,公民社会内部各组成部分之间的合作,包括污染者和普通

---

　　① 《中共中央关于全面深化改革若干重大问题的决定》(2013年11月12日中国共产党第十八届中央委员会第三次全体会议通过),人民出版社2013年版,载http://cpc.people.com.cn/n/2013/1115/c64094_23559163.html (2015年10月1日访问)。
　　② 俞可平:《社会公平和善治是建设和谐社会的两大基石》,载《2004学术前沿论坛——和谐社会公共性与公共治理会议论文》,北京师范大学出版社2011年版,第96页。全球治理包含五个要素:全球治理的价值、全球治理的规制、全球治理的主体、全球治理的对象以及全球治理的结果,参见俞可平:《全球治理的趋势及我国的战略选择》,载《国外理论动态》2012年第10期。需要注意的是,该文所指的全球治理的规制中的"规制"一词,是regime一词的汉译,是指规则体系的集合,与regulation具有不同的涵义。

社会公众的合作。第三，国际合作，国家之间就保护全球公地、全球共同关切事项、域外环境开展合作。以上三个方面不是截然分开的，而是互相渗透、交互影响的，从而构成一个全球性的环境社会治理网络。一国政府与他国政府的环境合作不仅取决于两国之间的利益结构以及国际层面的合作安排，而且国际层面的合作安排、对本国利益的识别和排序也受到非政府主体的影响。虽然非政府主体对政府的国际合作行为的影响方式、影响程度在不同国家有所区别，但是现在已经没有哪个国家在完全不考虑非政府主体的情况下，在政府内部完成有关国际合作安排的各项决策。国家之间开展环境合作时，不仅需要考虑对方政府的态度，也需要考虑对方非政府主体对国家之间合作方案的选择和实施可能产生的影响。民主和协商是合作的应有之意，协商和民主的结合也产生了协商民主这一新型民主形态。协商民主是实现社会治理的有效方式，能够促进社会治理目标的实现、社会治理参与主体的多元化、社会治理的人民性。在人类进入高度复杂性和高度不确定性的当前风险社会之后，合作具有更为重要的意义，甚至被有些学者认为可以代替民主。① 然而，虽然社会的低度复杂性、低度不确定性有助于民主的运行，但并非民主的必要条件。即使在高度复杂性、高度不确定性的社会，民主仍然具有不可或缺的意义，有助于在科学不确定性的情况作出公共选择，组织公共生活，同时也保证了合作的进行。但是考虑到待决事项具有高度的复杂性和高度的不缺性，在付诸民主表决之前应当通过充分的协商、对话，使参与表决的人能够更好地理解需要公共决策的事项，因此协商民主是更合适的选择，更有助实现社会治理。

二、环境社会治理理念在中国的逐渐接受

在中国，公共生活的组织理念经历了从管理（government）到治理（governance）的深刻转变。正是在此过程中，环境社会治理作为国家治理的一个组成部分，逐渐被执政党、国家和社会所接受，并深刻影响了与环境有关

---

① 张康之：《论社会治理从民主到合作的转型》，载《学习论坛》2016年第1期。

的立法、司法、执法、守法以及其他活动。

作为执政党,中国共产党关于公共生活的组织理念对于中国的政治、经济、社会、文化和环境具有深刻的影响。在中国共产党十八届三中全会之前,中国共产党高级领导人已经在多个场合表示需要实现从管理向治理的转变。中国共产党十八届三中全会通过的《中共中央关于全面深化改革若干重大问题的决定》旗帜鲜明地要求实现从管理向治理的转变,提出全面深化改革的总目标是完善和发展中国特色社会主义制度,推进国家治理体系和治理能力现代化。该《决定》提出,创新社会治理,必须着眼于维护最广大人民群众的根本利益,最大限度增加和谐因素,增强社会发展活力,提高社会治理水平,全面推进平安中国建设,维护国家安全,确保人民安居乐业、社会安定有序。为了实现这些目标和要求,应当改进社会治理方式,激发社会组织活力,创新有效预防和化解社会矛盾体制,健全公共安全体系。[1] 这是中国共产党首次在中央全会决定和公报中正式提出"治理体系"和"治理能力"的概念,将其作为全面深化改革的总目标,并系统阐述社会治理体制创新的路径。该《决定》提出建立系统完整的生态文明制度体系、用制度保护生态环境,将社会治理的理念运用于环境保护中,为环境社会治理提供了政治理论基础。

中国共产党十八届四中全会进一步强化了社会治理的部署,要求深化基层组织和部门、行业依法治理,支持各类社会主体自我约束、自我管理,发挥市民公约、乡规民约、行业规章、团体章程等社会规范在社会治理中的积极作用;要求健全依法维权和化解纠纷机制,建立健全社会矛盾预警机制、利益表达机制、协商沟通机制、救济救助机制,畅通群众利益协调、权益保障法律渠道。[2] 中国共产党第十八届五中全会强调构建全民共建共享的社会

---

[1] 《中共中央关于全面深化改革若干重大问题的决定》(2013年11月12日中国共产党第十八届中央委员会第三次全体会议通过),人民出版社2013年版,载 http://cpc.people.com.cn/n/2013/1115/c64094-23559163.html (2015年10月1日访问)。

[2] 《中共中央关于全面推进依法治国若干重大问题的决定》(2014年10月23日中国共产党第十八届中央委员会第四次全体会议通过),载 http://cpc.people.com.cn/n/2014/1029/c64387-25927606.html (2017年9月12日访问)。

治理格局、加强社会治理基础制度建设,并针对社会治理领域存在的突出问题,就加强和创新社会治理作出了部署。①

2014年4月修订的《环境保护法》第一次在环境立法中集中体现了环境社会治理的思想。该法改变了以往主要依靠政府和部门单打独斗、事后监管的传统方式,明确了政府、企业、个人在环境保护中的权利、义务,建立了参与机制,体现了多元共治、社会参与的现代环境社会治理理念:各级政府对环境质量负责,企业承担主体责任,公民进行违法举报,社会组织依法参与,新闻媒体进行舆论监督。该法规定,国家建立跨区域联合防治协调机制,划定生态保护红线,健全生态保护补偿制度;国家机关优先绿色采购;国家建立环境与公众健康制度;国家实行总量控制和排污许可管理制度;政府建立环境污染公共监测预警机制,鼓励投保环境污染责任保险。同时,该法也明确规定公民享有环境知情权、参与权和监督权;要求各级政府、环保部门公开环境信息,及时发布环境违法企业名单,将企业环境违法信息记入社会诚信档案;排污单位必须公开自身环境信息;鼓励和保护公民举报环境违法行为。②

三、环境社会治理中的各类行动者及其角色

环境风险涉及面广、不确定性强,需要社会主体的广泛参与。环境法作为社会法的一部分,体现了以"个体和社会的意思共治"调整同求的社会连带关系。③ 环境侵害及其救济,更是体现了在环境社会治理过程中发生部分失败、失灵的情形时,基于社会连带整体考虑,应予纠正的社会关系以及在恢复社会关系时所应采取的手段、措施。

在环境社会治理中,行政机关应突破古典政府理论中守夜人的角色,以

---

① 《中国共产党第十八届中央委员会第五次全体会议公报》(2015年10月29日中国共产党第十八届中央委员会第五次全体会议通过),载 http://cpc.people.com.cn/n/2015/1030/c64094-27756155.html(2017年9月12日访问)。
② 吕忠梅:《〈环境保护法〉的前世今生》,载吕忠梅主编:《中华人民共和国环境保护法释义》,中国计划出版社2014年版,第20—21页。
③ 王蓉:《环境法总论——社会法与公法共治》,法律出版社2010年版,第13页。

积极行动发挥关键作用。企业和市场机制应当在环境社会治理中发挥基础性作用。环境问题的重要原因是现代工农业生产,但是"解铃还须系铃人",环境问题的最终解决还是有赖于企业主动、积极参与环境保护,转变生产方式。

法院是司法制度的核心,是法律制度的重要组成部分。法院的首要功能在于解决纠纷。除解决纠纷之外,法院还具有社会控制、规则确立、权力制约等方面的功能。① 实践中,法院的其他功能和纠纷解决功能常常是一体两面。对争议当事人而言,法院裁决争议的过程即化解纠纷的过程。对国家和社会而言,法院裁决争议的过程则意味着对纠纷、冲突等不安定因素的消弭,使作为国家意志载体的法律和政策得以实现,使秩序得以修复和维系,从而加强了社会控制;法院在解决具体纠纷时对法律的解释,使法律规则进一步明确,促进了规则的确立;法院对具体纠纷的审理,特别是对涉及行政机关的行政诉讼案件或者其他案件的审理,在一定程度上约束了行政机关的权力。法院的这些功能对于环境社会治理具有重要意义。

当事人、律师以及其他法律主体都是环境纠纷、环境社会治理中的重要社会行动者(actor)②,对于环境纠纷的解决以及更为广泛的环境社会治理,具有重要意义。在普通的私益诉讼中,当事人是纠纷的直接利害关系方,当然希望纠纷得以对其有利的方式解决。即使在公益诉讼中,作为提起诉讼的当事人,也发挥着其他法律主体无法替代的作用。律师作为提供法律服务的专业人员,以其专业知识指导、影响当事人的行为。

包括社会组织、新闻媒体、普通公众、智库在内的其他社会行动者也有

---

① 卢荣荣:《法院的多重面孔:中国法院功能研究》,西南政法大学博士论文 2012 年,第 26—108 页;〔日〕棚濑孝雄:《纠纷的解决与审判制度》,王亚新译,中国政法大学出版社 2004 年版,第 1 页;童兆洪:《司法权概念解读及功能探析》,载《中共中央党校学报》2004 年第 2 期;李涛、王文燕:《司法功能的变迁及其在构建和谐社会背景下的因应选择》,载《安徽大学法律评论》2007 年第 1 辑;〔美〕米尔伊安·R. 达玛什卡:《司法和国家权力的多种面孔》,郑戈译,中国政法大学出版社 2004 年版,第 132 页。

② 行动者(actor)是社会学上的概念,泛指所有参与互动的主体。在分析法律问题的形成和解决过程时,行动者的范围往往比法律关系的主体范围要大。这意味着,法律关系的成立、变更和终止不仅仅涉及法律关系的主体,而且还涉及其他的人。

可能对行政机关和法院的工作产生或积极或消极的影响,也是环境社会治理的重要行动者。这些行动者除了可以参与政府主导的各类环境保护活动之外,还可以通过环境宣传教育、环境信息公开和服务、环境社会服务、环境社会调查、环境社会监督、公众参与政府行动、利益相关者环境对话、环境公益诉讼等方式方法和机制平台,自主发起环境保护行动。① 近年来,不管是环境公益诉讼,还是普通的私益环境诉讼,很多都有这些行动者的参与。

第二节　中国环境社会治理需要应对的挑战

一、资源约束趋紧

中国是人口大国,不论是土地资源还是水资源、能源和矿产资源,各类资源的人均保有量都很低,并且生态环境也比较脆弱,自然灾害频繁。我国各类资源的总体情况如下:

陆地国土空间辽阔,但适宜开发的面积少。我国陆地国土空间面积广大,居世界第三位,但山地多,平地少,约60%的陆地国土空间为山地和高原。适宜工业化城镇化开发的面积有180余万平方公里,但扣除必须保护的耕地和已有建设用地,今后可用于工业化城镇化开发及其他方面建设的面积只有28万平方公里左右,约占全国陆地国土总面积的3%。②

水资源总量丰富,但空间分布不均。我国水资源总量为2.8万亿立方米,居世界第六位,但人均水资源量仅为世界人均占有量的28%。水资源空间分布不均,水资源分布与土地资源、经济布局不相匹配。南方地区水资源量占全国的81%,北方地区仅占19%;北方地区水资源供需紧张,水资源

---

① 王华、郭红燕:《国家环境社会治理工作存在的问题与对策建议》,载《环境保护》2015年第21期。

② 《全国主体功能区规划》,载 http://www.gov.cn/zwgk/2011-06/08/content_1879180.htm (2015年9月8日访问)。

开发利用程度达到了48%。水体污染、水生态环境恶化问题突出,南方一些水资源充裕地区已经出现水质型缺水。水资源短缺,既影响着经济发展,也制约着人口和经济的均衡分布,还带来了许多生态问题。[1]

能源和矿产资源丰富,但总体上相对短缺。我国能源和矿产资源比较丰富,品种齐全,但主要化石能源和重要矿产资源的人均占有量大大低于世界平均水平,难以满足现代化建设需要。能源和矿产资源主要分布在生态脆弱或生态功能重要的地区,并与主要消费地呈逆向分布。能源结构以煤为主,优质化石能源资源严重不足,新能源和可再生能源开发潜力巨大。能源和矿产资源的总量、分布、结构与满足消费需求、保护生态环境、应对气候变化之间的矛盾十分突出。[2]

生态类型多样,但生态环境比较脆弱。我国生态类型多样,森林、湿地、草原、荒漠、海洋等生态系统均有分布。但生态脆弱区域面积广大,脆弱因素复杂。中度以上生态脆弱区域占全国陆地国土空间的55%,其中极度脆弱区域占9.7%,重度脆弱区域占19.8%,中度脆弱区域占25.5%。脆弱的生态环境,使大规模高强度的工业化城镇化开发只能在适宜开发的有限区域集中展开。[3]

从以上数据可以看出,我国需要以不到全世界10%的耕地供养世界上将近1/4的人口,并且人均水资源不足世界平均水平的1/3。自改革开放以来,中国经济快速增长,各类资源的消耗量急速上升,目前已经成为世界上最大的能源消耗国。随着中国工业化、城镇化的进一步发展,未来各类资源的人均需求量还会进一步增加,资源对经济社会的瓶颈制约日益明显。

二、环境污染和生态破坏严重

中国面临着严重的环境污染和生态破坏问题,虽然局部有所改善,但是

---

[1] 《全国主体功能区规划》,载 http://www.gov.cn/zwgk/2011-06/08/content_1879180.htm(2015年9月8日访问)。

[2] 同上。

[3] 同上。

总体恶化趋势尚未得到遏制,形势依然严峻,环境安全压力加大。

就污染物排放而言,目前主要污染物排放总量仍然高位运行。比如,2015年全国废水排放总量735.3亿吨,其中工业废水排放量199.5亿吨、城镇生活污水排放量535.2亿吨。废水中化学需氧量排放量2223.5万吨,其中工业源化学需氧量排放量为293.5万吨、农业源化学需氧量排放量为1068.6万吨、城镇生活化学需氧量排放量为846.9万吨。废水中氨氮排放量229.9万吨,其中工业源氨氮排放量为21.7万吨、农业源氨氮排放量为72.6万吨、城镇生活氨氮排放量为134.1万吨。① 大气污染物、固体废弃物同样严重。全国废气中二氧化硫排放量1859.1万吨。其中,工业二氧化硫排放量为1556.7万吨、城镇生活二氧化硫排放量为296.9万吨。全国废气中氮氧化物排放量1851.9万吨。其中,工业氮氧化物排放量为1180.9万吨、城镇生活氮氧化物排放量为65.1万吨、机动车氮氧化物排放量为585.9万吨。全国废气中烟(粉)尘排放量1538.0万吨。其中,工业烟(粉)尘排放量为1232.6万吨、城镇生活烟尘排放量为249.7万吨、机动车烟(粉)尘排放量为55.5万吨。② 全国一般工业固体废物产生量32.7亿吨,综合利用量19.9亿吨,贮存量5.8亿吨,处置量7.3亿吨,倾倒丢弃量55.8万吨,全国一般工业固体废物综合利用率为60.3%。全国工业危险废物产生量3976.1万吨,综合利用量2049.7万吨,贮存量810.3万吨,处置量1174.0万吨,全国工业危险废物综合利用处置率为79.9%。③

长时间、高强度的污染物排放,导致全国范围环境质量严重恶化。城市环境空气质量和地表水质量,可能是公众最为关注的两个环境质量问题。以2016年为例,全国338个地级及以上城市中,有84个城市环境空气质量达标,占全部城市数的24.9%;254个城市环境空气质量超标,占75.1%。京津冀、长三角、珠三角三大重点区域仍是空气污染相对较重区域。全国地

---

① 环境保护部:《全国环境统计公报(2015年)》,载 http://www.zhb.gov.cn/gzfw_13107/hjtj/qghjtjgb/201702/t20170223_397419.shtml (2017年7月11日访问)。
② 同上。
③ 同上。

表水1940个评价、考核、排名断面（点位）中，Ⅰ类、Ⅱ类、Ⅲ类、Ⅳ类、Ⅴ类和劣Ⅴ类分别占2.4%、37.5%、27.9%、16.8%、6.9%和8.6%。6124个地下水水质监测点中，水质为优良级、良好级、较好级、较差级和极差级的监测点分别占10.1%、25.4%、4.4%、45.4%和14.7%。①

除了城市环境空气和地表水这两项公众认知度较高的环境质量问题外，其他公众认知度相对较低的环境质量问题也非常令人担忧，特别是土壤环境质量问题。我国土壤污染已经达到相当严重的程度，在实际调查的630万平方公里的土地中，全国土壤总超标率为16.1%，重度污染1.1%；镉污染超标7.0%，耕地土壤超标19.4%。②

我国生态破坏问题也相当严重。总体上看，我国自然灾害频繁，灾害威胁较大。除了自然原因引起的生态破坏之外，人为原因引起的生态破坏以及人为原因与自然原因叠加引起的生态破坏也相当严重。全国土壤侵蚀总面积达294.91万平方公里，占第一次全国水利普查总面积的31.12%。③全国90%的草原存在不同程度的退化；沙化面积173万平方公里，占国土面积18%。海洋生态系统处于健康、亚健康和不健康的比例分别为24%、52%和24%。生物多样性正在加速减少和消亡，濒危或接近濒危的高级植物已达4000至5000种。

三、经济社会发展不均衡

我国经济社会发展不均衡主要表现在空间不均衡、产业不均衡两个方面，并且空间不均衡也同时涉及经济社会发展与资源之间的匹配度较低的问题。

空间结构是城市空间、农业空间和生态空间等不同类型空间在国土空

---

① 环境保护部：《2016中国环境状况公报》，载 http://www.zhb.gov.cn/hjzl/zghjzkgb/lnzghjzkgb/201706/P020170605833655914077.pdf（2017年9月13日访问）。
② 环境保护部：《全国土壤污染状况调查公报》，载 http://www.sdpc.gov.cn/fzgggz/ncjj/zhdt/201404/t20140418_607888.html（2015年9月8日访问）。
③ 中华人民共和国水利部：《第一次全国水利普查水土保持情况公报》，载 http://www.mwr.gov.cn/zwzc/hygb/zgstbcgb/201305/P020130530309603825800.pdf（2015年9月8日访问）。

间开发中的反映,是经济结构和社会结构的空间载体。空间结构的变化在一定程度上决定着经济发展方式及资源配置的效率。从总量上看,目前我国的城市建成区、建制镇建成区、独立工矿区、农村居民点和各类开发区的总面积已经相当大,但空间结构不合理,空间利用效率不高。① 从分布上看,我国经济社会发展程度总体上呈现出东中西发展程度依次递减的格局,东部沿海人口集中、经济发达,局部达到发达国家的水平,但是广大中部地区和西部地区仍然整体欠发达,并且中部地区也拥有大量居民。人类赖以生存的水资源与人口分布的错配情况非常严重,总体缺水的北方拥有过多居民和过多产业,导致局部地区缺水非常严重。为了解决区域结构失衡的问题,需要把调整空间结构纳入经济结构调整的内涵中,将国土空间开发的着力点从占用土地为主转到调整和优化空间结构、提高空间利用效率上来。

经济结构不平衡,目前仍然存在第一产业基础不稳、第二产业核心竞争力不强、第三产业比重过低的问题。以2015年为例,第一、二、三产业的比重分别为8.9%、40.9%、50.2%,其中第二产业中工业为34.3%,建筑业为6.8%。② 对规模以上工业企业分行业进一步分析,可以看出重工业(特别是重化工)产业比重过大,高新技术、高附加值制造业比重偏低,工业成本费用利润整体较低。③

目前,虽然随着经济结构调整的推进,我国产业结构失衡的问题可望有所缓解,但是区域结构失衡、城乡结构失衡等问题有进一步加大的趋势。结构失衡会对经济、社会和政治带来一系列消极影响,包括对环境社会治理造成的消极影响。甚至可以说,空间不均衡、产业不均衡是很多环境问题的根源性、结构性原因,解决空间布局、产业格局问题远比关停具体的污染企业难度更大。

---

① 《全国主体功能区规划》,载 http://www.gov.cn/zwgk/2011-06/08/content_1879180.htm(2015年9月8日访问)。
② 国家统计局:《中国统计年鉴2016》,中国统计出版社2017年版,表3-2"国内生产总值构成",载 http://www.stats.gov.cn/tjsj/ndsj/2016/indexch.htm(2017年9月13日访问)。
③ 同上,表13-2"按行业分规模以上工业企业主要指标"。

四、经济社会发展方式环境友好程度低

经济和社会发展方式的环境友好程度,是指经济社会发展与环境之间的冲突程度,与环境之间的冲突越激烈,环境友好程度越低;反之,友好程度越高。可持续发展、绿色经济等相关概念,都是为了提高经济社会发展方式的环境友好程度所提出的主张。按照最为人们广泛接受的定义,所谓可持续发展,是指既满足当代人需要又不对未来人满足其需要的能力构成危害的发展。① 绿色经济,是指人们在经济社会活动中,通过正确处理人与自然以及人与人之间的关系,高效、文明地实现对自然资源的永续利用,使生态环境持续改善、生活质量持续提高的一种生产方式或经济发展形态。概括地讲,绿色经济就是达到可持续发展经济、可持续发展生态和可持续发展社会三方面的和谐统一。②

为了量化经济社会发展的环境友好程度,引导政府、企业和其他主体以环境友好的方式生产、生活,有关机构和学术界开发出了不同的指标体系。在国际上比较典型的是联合国环境规划署(UNEP)开发的指标体系和计算方法。我国也根据本国的实际,针对中国开发出不同的指标体系和计算方法,比如环境保护部环境与经济政策研究中心与世界自然基金会(WWF)联合开发的绿色经济指标体系等。

不论是采用何种指标体系,都可以看出中国目前的经济社会发展方式环境友好程度较低。从经济结构上看,高耗能、高污染和资源性产品("两高一资")产业比重较大,经济发展仍然在很大程度上依赖重工业。在重工业中,重化工的比例依然居高不下,拉低了环境友好程度。究其原因,既有生产技术落后等经济方面的原因,也有官员政绩考核、资源型产品价格制度、财税体制等体制机制方面的原因。经济社会发展方式整体上处于较低的水

---

① 世界环境与发展委员会:《我们共同的未来》,王之佳、柯金良译,吉林人民出版社1997年版,第52页。
② 杨云彦、陈浩主编:《人口、资源与环境经济学》(第2版),湖北人民出版社2011年版,第255页。

平,导致发生环境侵害的概率大大提高,也加剧了获取救济的难度。

五、环境风险规制难度大

风险规制包括风险识别、风险沟通、风险管理、风险应对等环节。中国的环境风险规制面临着风险源多、风险高发、风险识别困难、风险沟通不畅、风险管理不力、环境风险与其他社会问题交织等问题。

经过三十多年的快速粗放式经济发展,中国目前已经积累了数量巨大的环境风险源,"三个高峰"同时到来:一是环境污染最为严重的时期已经到来,未来15年将持续存在;二是突发性环境事件进入高发时期,特别是污染严重时期与生产事故高发时期重叠,环境风险不断增大,国家环境安全受到挑战;三是群体性环境事件呈迅速上升趋势,污染问题成为影响社会稳定的"导火索"。[1] 限于体制机制、人力物力和科学技术,对于环境风险的识别,存在诸多困难,难以科学地识别客观存在的环境风险。客观存在的环境风险由于风险沟通不畅,导致社会公众的主观风险认知与客观存在的环境风险不一致,使客观上本已比较严重的环境风险更进一步在主观上被放大,增加了环境风险管理的难度。我国虽然有诸多立法,2014年新修订的《环境保护法》也设置了环境规划制度,要求建立生态红线和环境监测预警制度,完善了环境影响评价制度,但总体上我国环境法律制度依然具有浓厚的末端治理色彩,没有很好贯彻风险预防理念,尚未形成"风险管理—冲突管理—危机管理"的完整治理体系。[2] 法律制度的不足,是我国环境风险管理不力的重要原因。此外,环境风险的分配也还在不同的区域、不同的群体之间存在一定的不均衡现象。这些问题与其他社会问题交织在一起,进一步增加了环境风险规制的难度。

环境风险规制对于环境侵害及其救济有重要意义。有效的环境风险规

---

[1] 《周生贤:三项制度应对"三个高峰"》,载http://business.sohu.com/20060215/n241837476.shtml(2015年8月6日访问)。

[2] 吕忠梅:《〈环境保护法〉的前世今生》,载吕忠梅主编:《中华人民共和国环境保护法释义》,中国计划出版社2014年版,第27页。

制能够极大地减少环境侵害的发生,从而降低了寻求侵害救济的需要。有些规制手段,本身也可能正是受害人寻求的救济方式,比如停止侵害、消除危险等。即使是不直接补偿受害人损害的环境风险规制措施,比如行政处罚、刑事处罚等等,也能够使环境侵害的受害者得到心理补偿,也可能降低环境侵害受害人寻求救济的需求。因此,环境风险规制与环境侵害的救济之间存在一定的替代关系。① 我国环境侵害大范围存在,受害人获取救济困难,在很大程度上与政府的环境规制失灵、失败密切相关。地方政府的不作为、不当作为,是很多环境侵害案件发生的部分原因。中国广义上的政府具有强大的社会动员能力,其中尤以行政机关为甚。在政策目标设定适当,政策传导机制的构建和运行符合政策目标时,政府能够在环境社会治理中发挥重要的积极作用。但是,在政策目标设定不当,或者政策传导机制的构建和运行不符合政策目标时,政府也能够对环境社会治理产生强大的消极作用。从此角度考虑,完善环境风险规制不仅直接影响环境侵害救济制度的运行,而且也是完善中国环境社会治理的需要,甚至是完善整个社会治理的需要。由于中国环境问题的产生和解决都与行政机关具有很大的关系,因此在研究环境侵害及其救济时,不能忽视行政机关的角色,不能假定行政机关不存在。政府的环境风险规制活动,是研究环境侵害及其救济时必须考虑的背景。

第三节 完善中国环境社会治理的宏观背景

中国环境社会治理的进步并非孤立的现象,而是深深植根于中国经济、社会、政治等问题之中。中国共产党十八届三中全会、第十九次全国代表大会都要求将生态文明建设融入经济建设、政治建设、文化建设、社会建设的

---

① 也有学者将环境侵害的救济作为一种分散规制机制,比如 Barry C. Field and Martha K. Field, *Environmental Economics* (5th ed.), McGraw-Hill Education Companies, Inc., 2009, pp. 194—201。根据该作者的观点,通常所讲的"环境规制"为集中规制。

各方面和全过程①,从一个侧面表明执政党也认识到环境问题不仅仅是环境本身的问题,环境问题的解决需要系统、全面考虑经济、政治、文化、社会等方面。目前,中国正在同时经历着五重转型,即:经济转型、社会转型、经济体制转型、政治体制转型和信息传播方式转型。五重转型同期叠加,前现代问题与后现代问题交织,决定了中国解决环境问题、建设生态文明的历史背景不仅与西方发达国家迥异,而且也与很多发展中国家不同。这五重转型既影响着环境问题的产生,也对解决环境问题时可供选择的路径和方案具有深刻的影响。因此,在中国语境下探讨环境社会治理问题,需要将环境社会治理放在这五重转型的背景中分析。

一、以工业化为核心的经济转型

农业在中国历史上一直是主导产业。自清末民初,中国的工业强国之路很长时间步履维艰,并且多次停滞中断。自20世纪70年代末实施改革开放的政策之后,中国的工业化进程明显加快,重工业和轻工业都得到长足发展,工业在国民经济中的地位得到提升,经济结构得到一定程度的优化。1978年,全国工业产值仅为1745.2亿元人民币,2015年增加到235183.5亿元人民币。② 就三次产业在国内生产总值中的比重而言,1978年,第一产业占28.2%,第二产业占47.9%(其中工业占44.1%,建筑业占3.8%),第三产业占23.9%;2015年,第一产业的比重下降到8.9%,第二产业的比重略有下降,为40.9%(其中工业为34.3%,建筑业为6.8%),第三产业为50.2%。③ 考虑到工业制成品价格与农产品价格之间的总体此消彼长关系,第二产业的实际发展远远大于农业的发展。就三次产业的贡献率而言,

---

① 《中共中央关于全面深化改革若干重大问题的决定》(2013年11月12日中国共产党第十八届中央委员会第三次全体会议通过),人民出版社2013年版,载 http://cpc.people.com.cn/n/2013/1115/c64094-23559163.html(2015年10月1日访问);习近平:《决胜全面建成小康社会 夺取新时代中国特色社会主义伟大胜利》(2017年10月18日),载《党的十九大报告辅导读本》,人民出版社2017年版,第49—52页。
② 《中国统计年鉴2016》,表3-1"国内生产总值",载 http://www.stats.gov.cn/tjsj/ndsj/2016/indexch.htm(2017年7月12日访问)。
③ 同上,表3-2"国内生产总值构成"。

2015年,第二产业的贡献率为41.6%,其中工业的贡献率为35.0%,第三产业的贡献率为53.7%,都远远超过第一产业的贡献率4.6%。① 这些数据表明,工业生产在过去四十年经历了快速发展,工业在国民经济中比重较大,对经济增长的拉动作用较强。

但是,快速发展的工业化由于科技含量不高、资源能源利用粗放等原因,存在高耗能、高污染、低效能的"两高一低"问题,是中国近年来环境污染和生态破坏的重要原因。中国工业能否通过提升科技水平、提高生产附加值、降低能耗物耗和污染排放,走上符合环境保护要求的新型工业化道路,对于解决环境问题非常关键。工业生产内在地要求能源和物料投入,在工业化发展到一定程度之后,中国不仅应当考虑提高工业化的环境友好水平,也应当大力发展服务业,提高服务业在国内经济总量中的比重。虽然第三产业的比重于2015年首次超过第二产业,但是高端服务业仍然需要加强。此外,逆生产环节对于缓解工业化产生的环境污染和生态破坏也具有重要意义。所谓逆生产,是相对于将原料转化为产品的传统生产的逆向生产,是将废物循环利用、无害化的生产环节。比较理想的状态是,所有工业化生产都有配套的逆生产活动。

二、以城镇化为核心的社会转型

与中国农业生产长期居于主导地位相关联,中国长期处于农村社会,农村人口占总人口的绝大多数,整个社会的人口流动性不强,人们总体上生活在熟人社会,调整社会生活的规范主要是"礼",而非现代意义的"法"。

自20世纪70年代改革开放之后,农民进城务工增多,城镇人口增加,出现中国从未有过的快速的、大规模的城镇化浪潮,城镇人口数量最终于2011年首次超过农村人口的数量。② 在执政党和政府的推动下,城镇化还将进一步发展。

---

① 《中国统计年鉴2016》,表3-7"三次产业和主要行业贡献率"。
② 同上,表2-1"人口数及构成"。

城镇化对环境的影响主要表现在两个方面：一是城镇在生态系统方面的特殊性，二是城镇居民由于大量人口聚居所产生的特殊社会问题及其对环境的影响。城镇居民数量增加、居住集中，可能会导致能耗水耗增加、交通拥堵、大量生活垃圾集中产生，所产生的污染物难以在城市内部转化为无害物质进入生态系统，对城镇以及城镇周边的环境产生较大的压力。近年来，因为城镇生活垃圾填埋、焚烧所产生的群体性事件，就是适例。同时，城镇居民不能继续进行自给自足的自然经济，其收入来源更加依赖劳动力市场、资本市场等市场体系或政府，一旦失去收入来源，无法维持生计，将给社会和政府带来负担。由于城镇人口密集，更容易发生群体性事件。如果大量失业居民在城镇集中，将会带来与农业社会迥异的社会问题，政府为了解决就业问题所采取的经济政策也可能会有一定的环境影响。

三、以市场化为核心的经济体制转型

自1978年以来，我国逐步开展了市场化改革。1978年召开的中国共产党十一届三中全会、邓小平1992年南方谈话、2013年召开的中国共产党十八届三中全会，逐步推进了中国的市场化进程，并最终决定市场应当在资源配置中发挥决定性的作用，要求进一步进行市场化改革。

以市场化为核心的经济体制转型对环境善治具有重要的意义。目前市场在资源配置中还没有起到决定性作用，政府直接配置资源或者政府不合理干预资源配置的范围广、程度深，加之不合理的税收制度和对地方领导考核的"GDP"主导机制，导致了环境的日益恶劣和生态的不断退化。[1] 要使市场在资源配置中发挥决定性的作用，需要重新定位政府的角色，完善财政、税收、价格制度，改革、完善目前对地方政府及其领导人的考核机制。

与市场化改革相配套，我国政府也对政府的职能进行了重新定位。中国共产党十八届三中全会提出，科学的宏观调控、有效的政府治理，是发挥

---

[1] 吕忠梅:《〈环境保护法〉的前世今生》，载吕忠梅主编:《中华人民共和国环境保护法释义》，中国计划出版社2014年版，第19—20页。

社会主义市场经济体制优势的内在要求。这就需要切实转变政府职能,深化行政体制改革,创新行政管理方式,增强政府公信力和执行力,建设法治政府和服务型政府。① 中国政府还采取了一系列转变管理方式的措施,包括减少和下放行政审批权限,将公司的实缴资本制度改变为认缴资本制度,取消除从事特殊行业之外的公司的注册资本限制。这些措施客观上具有放松管制(deregulation)的效果。

中国市场化改革的推进对于环境和自然资源的使用、生态产品的生产、环境污染治理、生态修复等问题都会产生重要影响,并进而影响经济社会生活影响经济社会生活与自然生态系统之间的互动。

四、以法治化为核心的政治体制转型

"人治政府"无法担当实现经济社会可持续发展、建设生态文明、维护社会公平正义的重任。运动式的社会动员已经无法解决目前围绕环境问题所存在的多重交织的利益冲突和社会矛盾。建设法治社会,是中国实现现代化的重要任务。依法治国、建设法治社会,已经成为执政党的既定政策和社会共识。执政党和政府在法治建设上已经作出了很多努力。1997年9月,中国共产党第十五次全国代表大会确立了依法治国、建设社会主义法治国家的基本方略。2002年11月,中国共产党十六大报告提出了"推进依法行政"的重要任务。2007年10月,中国共产党十七大报告又将法治政府建设列入实现全面建设小康社会奋斗目标的新要求。2014年10月,中国共产党第十八届中央委员会第四次全体会议通过了《中共中央关于全面推进依法治国若干重大问题的决定》,要求坚持走中国特色社会主义法治道路,建设中国特色社会主义法治体系;要求完善以宪法为核心的中国特色社会主义法律体系,加强宪法实施。依法治国被提到前所未有的高度,被认为"是坚持和发展中国特色社会主义的本质要求和重要保障,是实现国家治理体

---

① 《中共中央关于全面深化改革若干重大问题的决定》(2013年11月12日中国共产党第十八届中央委员会第三次全体会议通过),人民出版社2013年版,载 http://cpc.people.com.cn/n/2013/1115/c64094-23559163.html(2015年10月1日访问)。

系和治理能力现代化的必然要求,事关我们党执政兴国,事关人民幸福安康,事关党和国家长治久安。"对于改革和法治的关系,该《决定》要求"实现立法和改革决策相衔接,做到重大改革于法有据、立法主动适应改革和经济社会发展需要。"该《决定》明确提出依法保护环境,要求"用严格的法律制度保护生态环境,加快建立有效约束开发行为和促进绿色发展、循环发展、低碳发展的生态文明法律制度,强化生产者环境保护的法律责任,大幅度提高违法成本。建立健全自然资源产权法律制度,完善国土空间开发保护方面的法律制度,制定完善生态补偿和土壤、水、大气污染防治及海洋生态环境保护等法律法规,促进生态文明建设。"①

中国共产党第十九次全国代表大会加强了推进依法治国的组织保障。十九大报告提出,成立中央全面依法治国领导小组,加强对法治中国建设的统一领导。②成立中央全面依法治国领导小组,能够更好地发挥中国共产党总揽全局、协调各方的领导核心作用,确保依法治国沿着正确方向前进,具有重要意义。同时,成立中央全面依法治国领导小组,也表明法治领域改革进入了深水区,面临着更多难啃的硬骨头,需要充分发挥中国共产党的领导优势,统筹各方力量,形成合力。③

法治化的核心在于形成以宪法为核心的法律制度体系,尊重宪法权威,保障人民权利,实现依法行政。1999年3月,第九届全国人民代表大会第二次会议将"依法治国"写入宪法,将依法治国的基本理念以国家根本大法的形式固定下来。为了落实中国共产党的战略部署和《宪法》的基本要求,国务院先后于1999年11月发布了《关于全面推进依法行政的决定》,于2004年5月发布了《全面推进依法行政实施纲要》,于2008年发布了《关于

---

① 《中共中央关于全面推进依法治国若干重大问题的决定》(2014年10月23日中国共产党第十八届中央委员会第四次全体会议通过),人民出版社2014年版,载 http://cpc.people.com.cn/n/2014/1029/c64387-25927606.html (2015年10月1日访问)。

② 习近平:《决胜全面建成小康社会 夺取新时代中国特色社会主义伟大胜利》,载《党的十九大报告辅导读本》,人民出版社2017年版,第38页。

③ 汪永清:《深化依法治国实践》,载《党的十九大报告辅导读本》,人民出版社2017年版,第280页。

加强市县政府依法行政的决定》。2014年11月,全国人大常委会通过了关于修改《中华人民共和国行政诉讼法》的决定。此次修订的一大亮点就是加强了司法对行政的监督,比如该法第1条在规定立法目的时,删掉了"维护"行政机关依法行使职权的内容,将立法目的修改为"保证人民法院公正、及时审理行政案件,解决行政争议,保护公民、法人和其他组织的合法权益,监督行政机关依法行使职权"。与修订后的立法目的相配套,修订后的《行政诉讼法》在立案登记制、诉讼参加人、对规章以下的规范性文件的审查、判决方式等方面都有重大发展。最高人民法院于2015年4月22日发布了《关于适用〈中华人民共和国行政诉讼法〉若干问题的解释》,细化了行政诉讼制度。中国共产党十九大报告进一步认识到宪法的核心地位,要求加强宪法实施和监督,推进合宪审查工作。① 这些举措对于加强宪法权威、推进依法治国、依法行政都具有重要意义。

五、以数字化为核心的信息传播方式转型

数字化为信息传播方式带来了革命性的变化。数字化使信息的收集、生成、储存、检索、使用、传播的容量更大、速度更快、成本更低、互动性更强、国界更加模糊。我国党和政府正在推动的信息化建设,就是基于数字化的信息传播方式。不仅传统纸质媒体、电视台、广播台顺应形势建立自己的网站,使其传播方式电子化,而且发展出无纸媒支撑的互联网媒体、手机短信、微博、微信等新媒体、自媒体。在企业管理领域,数字化已经部分地导致了管理结构的扁平化,甚至是超级扁平化。可以想见,数字化也会给社会管理带来深远的影响。全国各级人大、行政机关、人民法院、人民检察院已经积极通过官方网站、微博、短信平台、微信公众号等形式向公众发布信息、与公众互动,取得了良好的效果。但是也需要注意,媒体审判、媒体反腐②等现

---

① 习近平:《决胜全面建成小康社会 夺取新时代中国特色社会主义伟大胜利》,载《党的十九大报告辅导读本》,人民出版社2017年版,第38页。
② John Shijian Mo, "Rule by Media"——The Role of Media in the Present Development of Rule of Law in Anti-Corruption Cases in Transitional China, 21 *Asia Pacific L. Rev.* 223 (2013).

象,在信息数字化时代也更加容易出现。

中国目前同时经历着以上五重深刻转型。随着我国进入工业化、城镇化快速发展阶段,发达国家二三百年出现的环境问题在我国已集中显现,环境保护工作正面临前所未有的压力和挑战。[①] 中国面临着完成发展社会主义市场经济和建设生态文明的双重任务。[②] 环境社会治理作为社会治理的一个组成部分,应当正视五重转型叠加所带来的影响,将环境善治、生态文明建设融入经济建设、政治建设、文化建设、社会建设各方面和全过程。中国的改革已经进入攻坚期和深水区,能否实现绿色发展、包容式增长,能否维护社会和谐稳定,对于能否稳妥地推进法治化、推进环境社会治理,非常关键。在经济进入新常态之后,经济发展减速可能带来的就业压力、公共服务资金来源压力等问题,对环境保护带来了新的压力。开展环境社会治理,建设生态文明,需要综合考虑政治、经济、社会背景,做好顶层设计,提高生态文明建设的整体性、系统性和协同性,实现经济增长和环境保护的协同。

---

① 环境保护部:《关于开展环境污染损害鉴定评估工作的若干意见》(环发[2011]60号),载http://www.zhb.gov.cn/gkml/hbb/bwj/201105/t20110530_211357.htm(2015年9月20日访问)。

② 吕忠梅:《中国生态法治建设的路线图》,载《中国社会科学》2013年第5期。

第二章　环境侵权案件的受理及审判机构的发展

第一节　民众对于通过法院诉讼寻求环境侵害救济的期盼

一、环境侵害总体高发态势

近年来,中国环境侵害总体呈现出高发态势,可能是很多人的直观感受。考虑到在没有形成纠纷、案件或事件之前,环境侵害的总体数量和个案严重程度都难以度量,难以对其进行量化分析,本书采用替代指标进行分析。环境侵害可因突发原因引起,也可以因缓发原因引起。前者可以称为突发性环境侵害,后者可以称为缓发性环境侵害。当然两者之间的界限并不清晰,还存在一定的交叉,因为很多突发性环境侵害在发生之前,已经经过了长时间的缓发性侵害阶段。综合考虑各项因素,可以将环境保护行政主管部门受理的环境信访、法院立案审理的环境侵权案件、以污染环境罪追究刑事责任的案件，作为量化分析环境侵害数量和程度的替代指标。

环境保护行政主管部门收到的投诉，包括环境保护部及其前身国家保护总局、地方各级环境保护局(厅)所受理的群众来信、来访、电话及网络投诉。环境保护部在每年的《环境统计年报》中，列出了环境信访情况，具体包括来信数量、来访批次、来访人次、电话/网络投诉数量以及来信、来访办结数量和电话/网络投诉办结数量。本书以来信数量、来访人次和电话/网络投诉数之和，作为环境信访的数量。该指标在一定程度上反映了缓发性环境侵害的情况。自2005年以来，全国各级环境保护行政主管部门受理的群众来信、来访、电话及网络投诉情况，如下表所示。从该表可以看出，虽然在环境保护行政主管部门开通电话/网络投诉之后，来信、来访数量有所下降，但是各类信访的总数持续高位运行。并且从来访人数与来访批次的比值来看，自2010年开始，该比值总体呈上升趋势，反映了多人联合信访的情况，进而在一定程度上反映了同一原因损害多人权益的情况。

表2-1　2005年至2015年环境信访情况

年度	来信总数（封）	来访批次（批）	来访人次（次）	来信、来访已办结数量（件）	电话/网络投诉数（件）	电话/网络投诉办结数（件）
2005	608245	88237	142360	—	—	—
2006	616122	71287	110592	—	—	—
2007	123357	43909	77399	—	—	—
2008	705127	43862	84971	—	—	—
2009	696134	42170	73798	—	—	—
2010	701073	34683	65948	—	—	—
2011	201631	53505	107597	251607	852700	834588
2012	107120	43260	96145	159283	892348	888836
2013	103776	46162	107165	151635	1112172	1098555
2014	113086	50934	109426	152437	1511872	1491731
2015	121462	48010	104 323	161252	1646705	1611007

(数据来源：《2015年环境统计年报》①)

---

① 环境保护部：《2015年环境统计年报》，载 http://www.zhb.gov.cn/gzfw_13107/hjtj/hjtjnb/201702/P020170223595802837498.pdf (2017年7月12日访问)。

突发性环境事件,是指根据《突发事件应对法》以及相关规定,构成突发事件的事件。根据《突发事件应对法》第3条第1款的规定,突发事件,是指突然发生,造成或者可能造成严重社会危害,需要采取应急处置措施予以应对的自然灾害、事故灾难、公共卫生事件和社会安全事件。突发环境事件,也在该法规定的突发事件的范围之内。按照社会危害程度、影响范围等因素,突发环境事件分为特别重大、重大、较大和一般4级。对于突发环境事件,本书同样截取2005年至2015年的时间段分析。在该时间段内,对突发环境事件的统计方法有两个变化:第一,2005年和2006年没有采用"突发环境事件"的用语,而是采用"环境污染与破坏事故"一词,其涵义与"突发环境事件"基本一致。第二,2005年至2010年期间的分类方法,是按照突发环境事件所主要影响的环境因子进行分类统计,分为水污染、大气污染、海洋污染、固体废物污染4类;自2011年开始,改为按照级别分类。本书主要关注突发环境事件的总数,该指标在一定程度上反映了突发性环境侵害的情况。

表2-2　2005年至2015年突发环境事件情况

年度	特别重大	重大	较大	一般	合计
2005	—	—	—	—	1406
2006	—	—	—	—	842
2007	—	—	—	—	462
2008	—	—	—	—	474
2009	—	—	—	—	418
2010	—	—	—	—	420
2011	0	12	12	518	542
2012	0	5	5	532	542
2013	0	3	12	697	712
2014		3	16	452	471
2015	—	3	5	322	330

(数据来源:2005年至2015年《环境统计年报》①)

---

① 环境保护部:《环境统计年报》,载 http://www.mep.gov.cn/zwgk/hjtj(2017年7月12日访问)。

《刑法》规定了多个旨在保护环境的罪名，其中以污染环境罪最为典型。在 1997 年《刑法》中，该罪名原为"重大环境污染事故罪"。1997 年《刑法》第 338 条规定："违反国家规定，向土地、水体、大气排放、倾倒或者处置有放射性的废物、含传染病病原体的废物、有毒物质或者其他危险废物，造成重大环境污染事故，致使公私财产遭受重大损失或者人身伤亡的严重后果的，处三年以下有期徒刑或者拘役，并处或者单处罚金；后果特别严重的，处三年以上七年以下有期徒刑，并处罚金。"根据 2011 年 2 月 25 日发布的《刑法修正案（八）》，此条修改为："违反国家规定，排放、倾倒或者处置有放射性的废物、含传染病病原体的废物、有毒物质或者其他有害物质，严重污染环境的，处三年以下有期徒刑或者拘役，并处或者单处罚金；后果特别严重的，处三年以上七年以下有期徒刑，并处罚金。"相应地，该罪的罪名也修改为"污染环境罪"。2016 年 12 月发布，2017 年 1 月 1 日起施行的《最高人民法院、最高人民检察院关于办理环境污染刑事案件适用法律若干问题的解释》（法释〔2016〕29 号）对"污染环境罪"作出了细化解释。不论是此前的"重大环境污染事故罪"还是现行的"污染环境罪"，都是对环境的严重侵害。在"中国裁判文书网"和"无讼案例"数据库中以"污染环境罪"为检索词，截至 2016 年 9 月 1 日，可以检索到 5593 件刑事裁判文书，其中基层人民法院裁判文书 4378 件、中级人民法院 1076 件；一审 4446 件、二审 738 件、再审 4 件；2014 年的裁判文书 1092 件、2015 年 1767 件、2016 年 1957 件、2017 年 688 件。① 这固然是因为中国裁判文书公开只是在近年来才常态化，年份稍早的裁判文书没有上网，但是也仍然可以看出环境侵害的严重情况。

毋庸讳言，以上指标作为考量环境侵害的替代指标，都或多或少存在一定问题。比如，环境信访包含的来信、来访和电话/网络投诉可能是针对同一个环境侵害行为，因此可能存在重复计算的问题；环境突发性事件存在瞒

---

① 分析这些刑事案件是否有附带民事诉讼，也能发现一些有意思的现象。在"无讼案例"数据库中对这 5593 个有关"污染环境罪"的裁判文书进一步以"附带民事"作为检索词筛选，截至 2017 年 9 月 1 日仅可检索到 49 个裁判文书。这表明绝大多数污染环境罪的被告都没有被提起刑事附带民事诉讼。

报的问题;很多本已构成污染环境罪的行为也并没有被追究刑事责任,因此实际被追诉的案件远远低于应当被追诉的环境侵害行为。并且,以上各项指标之间也可能存在交叉重叠,因为同一个环境侵害行为可能既遭到信访投诉,又构成环境突发事件,并且又被判决构成污染环境罪。但是,以上各项指标仍然大致表明环境侵害在中国普遍存在。

二、环境诉讼曾经面临的立案难问题

在法律的框架内有效解决环境纠纷对于救济环境侵害、化解与环境有关的社会矛盾、维护社会稳定具有重要意义。诉讼是在法律制度内解决环境纠纷的重要途径。司法功能的充分发挥直接关系着环境法治的良性运行,是中国环境社会治理的重点环节。

《民事诉讼法》对民事案件的起诉和受理作出了明确规定。虽然我国民事诉讼法自1982年颁布试行以来历经1991年正式颁布施行和2007年、2012年、2017年三次修改,但是对于起诉条件的规定,前后保持了一致,只是文字表述略有修改。1982年《民事诉讼法(试行)》第81条规定:"起诉必须符合以下条件:(一)原告是与本案有直接利害关系的个人、企业事业单位、机关、团体;(二)有明确的被告、具体的诉讼请求和事实根据;(三)属于人民法院管辖范围和受诉人民法院管辖。"该规定的语言不甚规范,特别是"个人、企业事业单位、机关、团体"的表述,与民事实体法律对主体的规定不一致。同时,将被告和诉讼请求以及诉讼请求的依据合并在一项中规定,也欠妥当。因此,1991年《民事诉讼法》第108条将该规定修改为:"起诉必须符合下列条件:(一)原告是与本案有直接利害关系的公民、法人和其他组织;(二)有明确的被告;(三)有具体的诉讼请求和事实、理由;(四)属于人民法院受理民事诉讼的范围和受诉人民法院管辖。"2007年和2012年在修改《民事诉讼法》时,均未对起诉条件作出修改,仅仅是2012年《民事诉讼法》将该条的序号调整为第119条。

然而,法院对于该条的解释和适用,前后截然不同。在实行立案登记制之前,我国法院将该条解释为立案审查制,法院在办理立案手续时即对案件进行实质审查,拒绝受理某些案件,从而导致立案难的问题。在司法实践中,"立案难"主要表现为以下几种情况:(1)法院在适用法律规定的起诉条件时过于严格;(2)某些法院自行规定提高起诉的门槛;(3)某些法院因为追求结案率而存在"抽屉案",即法院收到诉状后不及时立案,而将诉状搁置,等有空闲时才进入立案程序;(4)个别法官利用立案审查,故意刁难当事人,甚至完全置之不理,不作出不予受理的裁定,令当事人无法上诉;(5)某些法院利用立案审查权拒绝受理某些敏感案件,也往往拒不作出不予受理的裁定。① 虽然2007年《民事诉讼法》第111条明确要求人民法院必须受理符合该法第108条的起诉,但是由于实行立案审查制,很多本应进入司法程序的案件仍然难以被法院受理。特别是有些法院拒绝接受起诉材料,拒绝出具不予受理裁定,使得原告的诉权受到不当侵害。学界对此现象,多有批评。②

行政诉讼也曾经面临立案难的问题,甚至比民事诉讼立案难更为严重,是过去长期困扰行政诉讼的难中之难的问题。与民事诉讼中双方均为民事主体不同,行政诉讼是"民告官"的诉讼,原被告双方地位悬殊。同时,由于体制机制原因,即使行政机关不主动要求,法院对于受理行政诉讼也存在一定的顾虑。因此,在行政相对人与行政机关发生行政争议时,双方难以通过司法程序解决纠纷,导致许多应当通过诉讼解决的纠纷进入信访渠道,形成了"信访不信法"的局面。

环境案件由于难办、敏感等原因,过去存在严重的立案难问题,是困扰受害人获得救济的重要原因。长期以来,有关环境问题的信访投诉数量与法院审理的环境民事诉讼案件数量之间存在着巨大的差距。比如,2007

---

① 《解决"立案难"要立足中国国情——本刊记者访西南政法大学教授、博士生导师、司法研究中心主任徐昕》,载《中国审判》2007年第1期。

② 比如,Nanping Liu and Michelle Liu, Justice without Judges: The Case Filing Division in the People's Republic of China,(2011) 17 *U. C. Davis Journal of International Law and Policy* 283.

年,全国法院受理环境污染案件仅为 1200 多件;2008 年,该数字为 1400 多件。① 造成该巨大差距的部分原因,即为立案难问题。正因为环境案件立案难,一旦有人提起环境诉讼,往往会获得民众的精神支持,特别是数字化媒体的舆论支持,甚至成为一个公共事件。甚至是当事人仅仅将立案材料送交法院、法院尚未正式立案,都有可能引发强烈的公众舆论。如果能够使法院受理案件,更是一个标志性的胜利。这在很大程度上表明,民众强烈期盼通过法院诉讼解决环境纠纷、提高环境法治。

案例讨论 2-1

雾霾第一案的受理及其社会影响

近年来,中国北方地区每年都会出现较长时间的雾霾天气。李贵欣为河北省石家庄市市民,2014 年春节后委托河北马倍战律师事务所就雾霾问题,以石家庄市环保局为被告,提起行政诉讼,并提出如下三项诉讼请求:(1) 请求被告依法履行治理大气污染的职责;(2) 承担给原告造成的经济损失 10000 元;(3) 诉讼费用由被告承担。2014 年 2 月 19 日上午,李贵欣先后到河北省高级人民法院、石家庄市中级人民法院立案大厅办理起诉手续,但是均未被受理。2 月 20 日上午,石家庄市裕华区人民法院接收了他的诉讼材料并进行立案审查。3 月 3 日,李贵欣撤回起诉。

该案受到媒体的广泛关注。2014 年 2 月 23 日晚,河北电视台报道了该案;2 月 24 日、25 日,《燕赵都市报》连续报道该案。2 月 24 日、25 日、26 日,李贵欣连续 3 天接受了十多家媒体的采访。这些报道被网络媒体广为转载。

对于起诉的理由,用李贵欣自己的话说,"不为了个人,也不是为了(索赔)这一万块钱。作为一个普通老百姓,我也不是人大代表,也不是政协

---

① 王胜明主编:《中华人民共和国侵权责任法解读》,中国法制出版社 2010 年版,"导言",第 12 页。

委员,我没办法把自己的主张告诉党中央和国务院。我最初的想法是,如果立案了,这个话题在法庭上就会有一个辩论,通过这样的辩论,让社会理顺治霾的思路。"

面对始料不及的大量媒体报道,李贵欣选择撤诉。对于撤诉理由,用他自己的话说:"我没想给任何人、任何部门,包括我们的城市抹黑。我住在石家庄,我热爱石家庄,热爱河北,也热爱国家。"

对于本案的意义,有媒体认为该案体现了法治意识的觉醒,对于督促环境主管部门依法履行职责具有良性示范作用;有的媒体认为需要更多的"李贵欣问政"。

(资料来源:刘岚:《省会一市民因大气污染状告环保局》,载《燕赵都市报》2014年2月24日07版;刘岚:《省会市民状告环保局引各界共鸣》,载《燕赵都市报》2014年2月25日07版;《"雾霾第一案":彰显公民法治意识》,载"人民法院网",载 http://www.chinacourt.org/article/detail/2014/02/id/1221301.shtml (2014年5月2日访问);邝新华:《中国因霾状告环保局第一人李贵欣 我不想给国家添堵》,载《新周刊》第415期,载 http://www.neweekly.com.cn/newsview.php?id=5924 (2014年5月2日访问);吉存:《需要更多的"李贵欣问政"》,载《大连日报》2014年2月26日A03版。)

三、实行立案登记制对环境案件立案的影响

解决立案难问题、实行立案登记制,被提高到相当的政治高度。2014年10月23日,中国共产党第十八届中央委员会第四次全体会议通过了《中共中央关于全面推进依法治国若干重大问题的决定》。该《决定》明确规定:"改革法院案件受理制度,变立案审查制为立案登记制,对人民法院依法应该受理的案件,做到有案必立、有诉必理,保障当事人诉权。"①2015年4月1日,中央全面深化改革领导小组审议通过了《关于人民法院推行立案登记制

---

① 《中共中央关于全面推进依法治国若干重大问题的决定》(2014年10月23日中国共产党第十八届中央委员会第四次全体会议通过),人民出版社2014年版,载 http://cpc.people.com.cn/n/2014/1029/c64387-25927606-2.html (2015年6月2日访问)。

改革的意见》,自2015年5月1日起施行。最高人民法院也于2015年4月13日通过、4月15日发布了《最高人民法院关于人民法院登记立案若干问题的规定》,自2015年5月1日起施行。至此,我国法院实现了从立案审查制向立案登记制的转变。

从立案审查制向立案登记制的转变,最直接的、最强有力的推动力量是执政党的政治意愿。在酝酿和实现向立案登记制转变的过程中,《民事诉讼法》并没有任何修改。即使是《行政诉讼法》于2014年得以修改,新增加的第3条分两款规定"人民法院应当保障公民、法人和其他组织的起诉权利,对应当受理的行政案件依法受理","行政机关及其工作人员不得干预、阻碍人民法院受理行政案件",但是该规定本来就是行政诉讼制度的应有之义。即使没有新增该条,如果有足够的政治意愿,仍然能够实现行政诉讼从立案审查制向立案登记制的转变。对比《民事诉讼法》即可看出,2014年修改《行政诉讼法》时新增的第3条,与2007年《民事诉讼法》第111条所规定的人民法院必须受理符合起诉条件的起诉是一致的。既然2007年《民事诉讼法》的该项规定不能建立立案登记制,《行政诉讼法》新增的第3条也同样无法建立立案登记制。

技术保障为立案登记制的实施提供了有力的支持。很多法院已经建立了网上立案系统。比如,有些法院建立了司法公开网上服务平台[1],原告可以在网上提交起诉状。这些技术保障措施,使得法院不能通过拒绝接收起诉材料、拒绝出具不予受理裁定的方式限制原告的起诉权。

立案登记制能够在相当程度上缓解环境案件的立案难问题。但是,立案登记制本身并不降低法律对诉讼主体资格的限制,只是解决了法院是否不当限制原告起诉权的问题,并不直接涉及原告的起诉意愿、起诉能力等问题。原告的起诉意愿和起诉能力、律师的服务水平,仍然会影响环境纠纷是否能够成为法院审理的环境案件,进而影响环境侵害能否通过诉讼予以

---

[1] 比如,武汉市中级人民法院信息公开网上服务平台,网址为:http://www.wuhancourt.gov.cn/webapp/area/wh/index.jsp(2015年10月1日访问)。

救济。

一方面，就原告的起诉意愿而言，当事人愿意将纠纷提交法院解决，是司法功能得以发挥的前提条件。目前，环境纠纷的当事人将环境纠纷提交法院解决的意愿仍然很低。对于很多环境污染受害者来说，法院诉讼仍然是最后选择。影响原告起诉意愿的因素，除了中国传统的厌讼法律文化之外，更重要的是环境纠纷诉讼成本高昂。环境侵害的受害者在决定是否通过法院寻求救济时，可能会考虑成本、收益问题。除了少数案件之外，大多数环境污染和生态破坏行为的受害人数量众多，对于每一个受害者来说，其维权行为都会有正的溢出效应，从而产生集体行动问题，也就是三个和尚没水吃的问题。由于集体行动问题的存在，尽管有众多的环境受害者，每一个单个的受害者都理性地不愿意承担通过诉讼维权的成本。相比而言，环境保护行政主管部门等行政机关提供的环境信访救济渠道、新闻媒体的舆论监督，是对于受害者个体更为经济的救济途径。当然，由于集体性行动的困境，即使环境信访、舆论监督都失败之后，很多受害者也仍然不愿在法院提起诉讼。此外，环境案件的审理难、判决难、执行难，也仍然影响原告的起诉意愿。近年来，中国的环境司法有了长足进步，但其法律实施功能尚未充分发挥，环境案件审理难、判决难、执行难的问题依然存在，并不会因为实行立案登记制就能够轻易得到解决。

另一方面，就原告的诉讼能力和律师服务水平而言，原告的诉讼能力和律师的环境法律服务能力，也影响环境案件的立案。在实现立案登记制之后，法院在立案环节不应继续实行实质审查，而是仅作形式审查。如果没有足够的诉讼能力，并且其诉讼能力不足也不能通过律师服务得到弥补，则可能会提交不适当的起诉材料，提出不适当的诉讼请求或事实、理由，导致法院驳回起诉，从而使得案件不能进入实体审理。

在实行立案登记制之前，曾经担心立案登记制会导致环境案件的数量急剧增加，出现井喷的现象。但是事实上，从统计数据可以看出，在实行立案登记制之后，尽管数量有大幅度增加，但是不论是私益环境诉讼还是环境公益诉讼，都没有发生井喷现象。这也印证了上文有关当事人起诉意愿、起诉能力和律师环境法律服务能力等因素的讨论。

第二节　地方层面开展的环境案件审判专门化探索

一、环境专门审判机构的类型

中国法院系统长期以来在法院系统内部分为民庭、刑庭、行政庭等业务庭,实行审判业务分工和专门化。沿着这个思路,进入 21 世纪之后,很多地方针对环境问题,探索环境审判业务的专门化、专业化,主要包括成立专门化的环境审判业务庭、环保法庭、环保合议庭、环保巡回法庭等形式。2014年 7 月 3 日,最高人民法院宣布环境资源审判庭正式成立,中国的最高审判机构也建立了环境专门审判机构。截至 2017 年 4 月,各级人民法院共设立环境资源审判庭、合议庭和巡回法庭 956 个。其中,专门审判庭 296 个,合议庭 617 个,巡回法庭 43 个。18 个高级人民法院、149 个中级人民法院和 128 个基层人民法院设立了专门环境资源审判庭。[①]

环境审判业务庭是指在法院内部设立的、非独立建制的审判机构,与民庭、刑庭等并列。比如成立于 2007 年 11 月的贵阳市中级人民法院环境保护审判庭、成立于 2008 年 5 月的江苏省无锡市中级人民法院环境保护审判庭、成立于 2010 年 5 月的福建省漳州市中级人民法院生态资源审判庭,等等。

环保法庭是指独立建制的审判机构。比如成立于 2007 年 11 月的贵州省贵阳市清镇市人民法院下设的环境保护法庭等。由于独立建制,环保法庭拥有较为固定的人员编制和办公经费。

环保合议庭是指由相对固定的审判人员所组成的审判组织,类似工作组的形式,不具有独立建制,也不是固定的内设机构。实践中,环保合议庭

[①] 最高人民法院:《中国环境资源审判白皮书》(2017 年 7 月发布)。

往往依托于某个特定的审判庭。比如,昆明各区县人民法院的环保合议庭一般以行政审判庭为依托,而漳州各区县人民法院的环保合议庭一般以民庭为依托。① 实践中考虑的因素主要是法官的专业领域和组织管理。

环保巡回法庭是基层法院组织法官到辖区内各地巡回受理并审判与环境保护有关案件的一种审判组织形式。除了巡回开庭的特点之外,环保巡回法庭与环保合议庭相似。

案例讨论 2-2

贵州省贵阳市中级法院环境保护审判庭及贵阳市清镇环保法庭

贵阳市中级人民法院环境保护审判庭、清镇市人民法院环境保护法庭同时成立于 2007 年 11 月 20 日。

贵阳市中级人民法院环境保护审判庭的主要职责是,依法审判涉及红枫湖、百花湖、阿哈水库("两湖一库")水资源保护、贵阳市所辖区域内水土、山林保护的排污侵权、损害赔偿、环境公益诉讼等类型的一、二审民事、行政、刑事案件和相关执行案件;按照贵州省高级人民法院下达的指定管辖决定书,依法审判贵阳市辖区外涉及"两湖一库"水资源环境保护、管理、侵权等民事、行政一审相关案件。

清镇市人民法院环境保护法庭的主要职责是按照贵州省高级人民法院和贵阳市中级人民法院下达的指定管辖决定书,依法审理涉及"两湖一库"水资源保护、贵阳市所辖区域内水土、山林保护的排污侵权、损害赔偿、环境公益诉讼等类型的一审民事、行政案件和相关执行案件;依法审判贵阳市辖区外涉及"两湖一库"水资源环境保护、管理、侵权等民事、行政一审案件和相关执行案件。

贵阳市中级人民法院环境保护审判庭和清镇市人民法院环境保护法庭

---

① 中华环保联合会、美国自然资源保护委员会:《通过司法手段推进环境保护 环保法庭与环境公益诉讼:现状、问题与建议》(王社坤执笔),2011 年,第 9 页。

的成立受到贵州省、贵阳市两级党委、政府和法院的高度重视。在成立仪式上,时任贵州省委常委、贵阳市委书记李军,时任省人大常委会副主任许正维向贵阳市中级人民法院环境保护审判庭授牌;时任贵州省副省长肖永安、时任贵州省政协副主席何永康为清镇市人民法院环境保护法庭揭牌;时任贵州省高级人民法院院长张林春为环保审判庭和环保法庭授印。

在成立这两个审判机构之前,中国共产党第十七次全国代表大会提出了"建设生态文明"的要求,时任贵州省委书记石宗源已经多次强调"保住青山绿水"。2007年,贵阳市提出建设生态文明城市、谱写生态文明的"贵阳版本":生态环境良好、生态产业发达、文化特色鲜明、生态观念浓厚、市民和谐幸福、政府廉洁高效。贵阳市生态建设十年规划要求坚持"显山、露水、见林、透气"扩城区,实现城中有山、山中有城、城在林中、林在城中、湖水相伴、绿带环抱。

清镇环保法庭创造了环保审判中的多个第一。2007年12月,贵州省贵阳市"两湖一库"管理局作为环境公益诉讼的原告,向清镇环保法庭提起环境污染损害诉讼,起诉位于安顺地区境内的贵州天峰化工公司,要求其停止排污侵害,并最终获得胜诉。这是贵州省首例环境公益诉讼案件,也是国内第一起跨行政区划的环境公益诉讼案件。2008年11月26日,清镇环保法庭审理了贵阳市人民检察院诉熊金志、雷章、陈廷雨在水资源保护区内修建违章建筑一案。该案是我国首例由环保法庭审理的检察机关以民事原告身份提起的环境民事公益诉讼案件。2009年7月28日,清镇环保法庭受理了中华环保联合会诉清镇市国土资源管理局行政不作为一案。这是我国首例环境行政公益诉讼案件,且由社会团体提起。

2009年10月16日,贵阳市人民代表大会常务委员会通过了《贵阳市促进生态文明建设条例》,进一步为环保审判庭和环保法庭的工作提供支持。

两湖一库管理局也为原告公益诉讼提供了重要财力支持和资金托管服务。公益诉讼的前期费用可由两湖一库管理局所管理的一项基金支持,通过公益诉讼所获取的为改善两湖一库环境的赔偿金也由该基金代管。

贵阳市中级人民法院环境保护审判庭、清镇市人民法院环境保护法庭的工作受到上级领导的高度重视,多次接受上级领导的调研。2010年,时任最高人民法院副院长万鄂湘调研了清镇环保法庭,并在调研时强调:义不容辞担当保护青山绿水的职责使命,为推进科学发展、建设生态文明作更大努力。在调研时,时任贵阳市委书记李军、时任贵州省高级人民法院院长孙华璞陪同。

贵阳市中级人民法院环境保护审判庭、清镇市人民法院环境保护法庭的领导和审判人员也多次获得奖励,并被邀请介绍工作经验。

(资料来源:《贵阳成立环境保护审判庭和环境保护法庭》,载《贵州日报》2007年11月21日;《最高人民法院副院长万鄂湘到清镇市人民法院环保法庭调研》,载 http://www.chinaguizhou.gov.cn/system/2010/06/28/010832998.shtml。)

二、环境案件专门审判机构的工作职责

环保法庭和环保审判庭的工作职责体现在管辖权和案件类型两个方面。就管辖权而言,环保法庭和环保审判庭管辖范围的依据包括地域管辖和指定管辖两种。就案件类型而言,各地环保法庭、环保审判庭的职责一般都打破了民事案件、刑事案件、行政案件和执行案件的分类管理方法,实施"三审合一"或者"四合一"的工作模式。"三审合一"是指环保法庭、环保审判庭享有民事案件、刑事案件和行政案件的审判权。"四合一"的模式在"三审合一"的基础上增加了执行案件。比如,江苏省无锡市中级人民法院环境保护审判庭负责依法审理涉及无锡市辖区内水土、山林保护的排污侵权、损害赔偿、环境公益诉讼等涉及环境保护的一审、二审刑事、民事、行政案件;负责对经审理的案件在案件生效后的相关执行工作;对有关部门和企业提出环境保护方面的司法整改建议,做好相关的法制宣传工作;负责对基层法院进行业务指导。[①] 云南省昆明市中级人民法院环保审判庭负责审理昆明

---

① 中华环保联合会、美国自然资源保护委员会:《通过司法手段推进环境保护 环保法庭与环境公益诉讼:现状、问题与建议》(王社坤执笔),2011年,第9—10页。

市辖区范围内涉及环境保护和"一湖两江"(滇池、盘龙江、牛栏江)流域治理、集中式饮用水资源保护的公益诉讼以及刑事、民事、行政、执行案件的一审和二审案件。漳州市中级人民法院生态资源审判庭的职责范围包括涉及环境纠纷的刑事、民事、行政案件。① 此外,为了平衡法院内部的工作压力,有些法院也会将一些其他案件分配给环保法庭、环保审判庭审理。

经过初期探索之后,集中管辖和归口管理已经成为处理环境案件专门审判机构工作职责的普遍做法。上海市、河南省、甘肃省、海南省等高级人民法院结合本地区环境资源特点,探索实行辖区内环境资源案件跨区划、跨流域集中管辖。在案件归口审理方面,最高人民法院继2016年实行环境资源民事、行政案件"二合一"归口审理模式后,2017年开始在第三巡回法庭探索实行环境资源刑事、民事、行政案件由一个审判团队审理的"三合一"归口审理模式。各高级人民法院都已经积极探索环境资源案件集中管辖模式,很多高级人民法院已经采用了环境资源案件"二合一"或者"三合一"归口审理工作模式。②

三、环境案件专门审判机构的运行特点

综合分析各地环境审判专门机构的运行情况,可以发现以下特点:第一,注重与检察院、行政机关的联动机制,是环境审判专门机构的重要特点。虽然法院与检察院、行政机关的沟通和协调也存在于法院其他业务庭的审判工作中,没有成立专门化审判机构的法院在审判环境案件时,也注重与检察院和行政机关的沟通协调,但是环保法庭、环保审判庭等专门化的环境审判机构在与检察院、行政机关的沟通、协调方面更加突出。比如,无锡、昆明等地在成立环保法庭的文件中就要求建立有关行政机关、检察院、法院的联动机制。

---

① 漳州市中级人民法院《生态资源审判庭受案范围规定(试行)》。
② 江必新:《以现代环境司法理念引领环境资源案件审判 跨行政区划管辖环资案避免地方干预》,载 http://www.legaldaily.com.cn/index/content/2017-07/14/content_7243011.htm? node=20908(2017年7月18日访问)。

第二,注重审判机制创新。审判机制创新主要表现在内设的环境保护审判庭以及独立建制的环保法庭普遍采用"三审合一"或"四合一"的审判模式。该创新借鉴了知识产权专门审判机构的"三审合一"审判模式。

四、环境审判业务专门化发展进程的特点

比较各地有关环境审判业务专业化的探索过程,可以发现存在以下特点:第一,地方党委和政府的支持和推动,是开展环境审判业务专业化探索的重要原因。在环境污染已经成了全国普遍现象的情况下,有些地方率先开展环境审判业务专业化,其他地方则没有。这显然不能用环境污染程度来解释。一个地方环境问题的严重程度,与率先推进环境审判业务专业化之间并不直接相关。当然,如果该地没有环境问题,也就没有行使司法权解决环境纠纷的必要。重大环境污染事件往往是设立环保法庭的直接诱因。①对此的一个可能的解释是,重大环境污染事件吸引了新闻媒体和上级机关的注意力,地方党委和政府必须妥善应对。推动环境审判业务的专业化,即使不能立即解决环境问题,至少表明地方党委和政府在积极寻求解决问题的方法,从而提高上级党委和政府对地方党委和政府的评价。在有些地方,地方党委和政府是在已经确立了生态立省、生态立市等政治决定以后,推动当地法院的环境审判业务专门化。当然,重大环境事件也可能提供了一个契机。

第二,地方探索与上级鼓励互动,是环境案件专门审判探索工作得以持续的重要力量源泉。有关环境审判业务专门化的探索起于地方法院,但是也得到上级党委、法院等方面的支持,支持形式包括到该法院调研、邀请该法院领导人介绍经验、以文件的形式肯定和推广相关做法,等等。最高人民法院 2010 年 6 月在《关于为加快经济发展方式转变提供司法保障和服务的若干意见》中,提出"在环境保护纠纷案件数量较多的法院可以设立环保法

---

① 中华环保联合会、美国自然资源保护委员会:《通过司法手段推进环境保护 环保法庭与环境公益诉讼:现状、问题与建议》(王社坤执笔),2011 年,第 9 页。

庭,实行环境保护案件专业化审判,提高环境保护司法水平"①,肯定了各地有关环境审判业务专门化的探索,推动了全国环境审判业务专门化的发展。

第三,"示范—学习"效应,是环境案件专门审判探索工作在全国展开的重要原因。在中国目前地方之间的锦标赛式的竞争中,某个地方党委和政府的行为如果获得上级和新闻媒体的好评,将会产生很强的示范效应,并被其他地方所模仿。在环境审判业务专门化的探索过程中,贵阳和无锡引起了新闻媒体的大量关注,并且也获得了上级的肯定。这两个地方的探索引起了全国成立环境保护法庭、环境保护审判庭、环境保护合议庭的热潮。截至 2009 年 1 月底,全国很多省份都已经成立了环保法庭、环保审判庭等专门性的环保案件审判机构。② 这轮热潮之所以能够形成,"示范—学习"效应是一个重要原因。

第四,本轮环境专门审判机构的发展,既考虑到法院与行政机关的区别,也考虑到法院与行政机关之间的"联动"。在 20 世纪 90 年代左右,我国有些地方也开展了建立环境保护法庭的探索。比如,武汉市硚口区人民法院就与该区环境保护局联合设立了环境保护法庭,并将环保法庭的机构和办公地点设在环境保护局内。其他地方、其他领域也存在类似的情况,比如,辽宁省沈阳市铁西区人民法院 2006 年 6 月设立的环境保护法庭等。这些环境保护法庭因为混淆了法院与行政机关的区别,被最高人民法院否定。但是,最高人民法院也鼓励各地通过在有关审判庭内设立专门审理环境案件的合议庭进行试点,总结经验。③ 本轮建设环境保护法庭的探索没有采取

---

① 最高人民法院:《关于为加快经济发展方式转变提供司法保障和服务的若干意见》(法发〔2010〕18 号)(2010 年 6 月 29 日),载 http://www.court.gov.cn/qwfb/sfwj/yj/201008/t20100811_8490.htm(2014 年 5 月 7 日访问)。

② 《环境审判庭》,载中华环境案件信息网,http://www.hjajk.com/court/list.aspx(2014 年 5 月 6 日访问);中华环保联合会、美国自然资源保护委员会:《通过司法手段推进环境保护 环保法庭与环境公益诉讼:现状、问题与建议》(王社坤执笔),2011 年,第 7 页。《全国环境保护审判组织概览》,载 http://www.enlaw.org/hjsw/sfqy/201301/t20130115_31170.html(2014 年 5 月 6 日访问)。

③ 《最高人民法院对"关于武汉市硚口区人民法院设立环保法庭的情况报告"的答复》(1989 年 2 月 10 日)(法(经)函〔1989〕19 号)。

与有关行政机构联合设立的方式。但是,有些地方还是强调,环境保护专门审判机构与检察院、相关行政机关之间,在地方党委和政府的领导下,加强"联动"。比如,无锡市、云南省等地就采取了这种立场。最高人民法院的有关领导也对此表达了一定程度的支持。[①]

五、环境案件专门审判机构的实效与挑战

环境保护法庭、环境保护审判庭等专门性环境案件审判机构的成立,推动了环境审判的专门化、专业化,但是也面临着一些困境和挑战。

其一是案件数量问题。比如,贵阳市中级人民法院环境保护审判庭成立以后,在很长一段时间内,环境案件寥寥无几。贵州省清镇市人民法院环保法庭,一年受理的环境案件只有90余起。云南省昆明市中级人民法院环保审判庭,从2008年12月11日至2013年8月的4年多时间里,受理的案件不足100件。环境案件专门审判机构审理的案件数量与其他法庭审理的案件数量不协调,在当前法院各业务庭工作负荷普遍较大的情况下,容易让人质疑是否有必要成立专门的环境案件审判机构。在2014年修订的《环境保护法》自2015年1月日起实施之后,环境案件数量并没有大量增加,独立建制的环境保护法庭可能会面临更多的质疑。

其二是环境审判专门化本身。审判机构的专门化有助于提高法官的专业化水平,统一法律适用,但是也可能导致法官对其他法律的疏离以及审判机构的碎片化。较为理想的状态是,适度保持法官及其所在审判机构的专业化,在专业化和通才化之间寻求适度的平衡。我国各地已经比较普遍地设立了少年法庭,解决少年案件的特殊问题。很多地方也设立了知识产权法庭,集中管辖知识产权案件,解决知识产权案件的特殊性问题。随着环境保护法庭的成立,人们会质疑下一步会针对什么类型的案件再设立专门性

[①] 比如,时任最高人民法院副院长的在云南省高级人民法院调研环境审判工作时表示,法院在工作中既不能包打天下,也不能单打独斗,而应注重与行政执法机关、公安机关和检察机关的协调配合。《最高人民法院来昆调研环境保护审判工作》,载 http://kmzy.chinacourt.org/article/detail/2014/04/id/1274337.shtml(2014年5月8日访问)。

审判机构,质疑审判机构的专门化应该如何保持适度。

其三是环境案件专门审判机构的实际审判效果。从案件类型看,各地独立建制的环保法庭审理的案件中,刑事案件比重较大;就犯罪主体来看,公民个人占比较大;就案件大小来看,小案居多。贵阳市清镇环境保护法庭的情况较为典型。在该法庭审理的案件中,个人违反林业管理法律制度的小型案件所占比例较大。在全国环境普遍恶化,企业为主要的污染者和违法主体的情况下,环境保护法庭对于环境社会治理、环境法治的推进作用还需要进一步发挥。

其四是有关联动机制的探索。法院与有关行政机关(主要是环境保护主管部门、公安部门)和检察院建立联动机制,有助于提高行动效率。学界也有主张建立联动机制的声音,认为要建立运行有效的环境执法联动机制,须建立环境执法联动联席会议制度,以法院、检察院、公安机关、环境保护主管部门为成员单位组成联席会议,研究联动工作中存在的问题,提出对策。① 但是,该做法混淆了审判权、检察权与行政权之间的区别,而防止这种混淆正是最高人民法院反对武汉市硚口区人民法院关于环境保护法庭试点工作的意见。

其五是有关审判模式的探索。环境审判庭、环保法庭普遍实行"三审合一"或者"四合一"的审判模式。这种做法在很大程度上借鉴了知识产权专门审判机构的经验,但是也存在类似的困境。② "三审合一"能够在一定程度上解决由于刑事诉讼法、行政诉讼法、民事诉讼法的不同规定所造成的案件管辖交叉、冲突问题,解决与环境有关的刑事、行政、民事案件的统一审理问题,具有一定的积极意义。但是,"三审合一""四审合一"也存在以下潜在的问题:第一,改革启动的随机性和地方性。专门性环境审判机构以及随之实行的"三审合一"或"四合一"与当地领导人的创新密不可分,形成地方特色,

---

① 比如,贺震:《惩治和防范环境污染犯罪须建立环境执法联动机制》,载《环境经济》2013年第8期。

② 有关知识产权专门审判机构采用三审合一模式的优势与问题,参见张晓薇:《知识产权"三审合一"改革的审视与反思》,载《知识产权》2013年第6期。

但是也可能会给当事人的起诉、应诉带来不便,影响诉讼制度的全国统一性。司法制度应当保持全国统一,地方性法规、规章、规章以下的规范性文件无权对司法制度作出规定。第二,与三大诉讼制度定位差异的不对称性。"三审合一"强调的是三大诉讼的整合以及法院审判权的整合,然而三大诉讼制度从保障国家行使审判权、保护当事人诉讼权利的角度出发,构建诉讼理念、诉讼目的、诉讼程序,配置诉讼权利义务。三大诉讼因之存在本质上的区别,不是仅仅整合诉讼案件的管辖就能全部解决。对于"三审合一"或"四合一"的利弊,还需要有更加清醒的认识和更加深入的研究。

第三节 国家层面推进环境案件审判专门化的探索

一、国家层面的探索意愿

经过地方层面的试点之后,环境案件审判的专门化已经得到国家层面相当程度的认可,从而使地方层面的自发探索上升到国家层面的探索和推进。而且,当前开展的环境案件审判专门化探索又恰逢我国推进依法治国和加快推进生态文明建设,从而与司法体制改革交织在一起,共同融入依法治国和生态文明建设的大背景中,成为构建生态文明制度体系的一个组成部分。因此,可以从法院之外的政治意愿和法院内部的探索意愿两方面,分析国家层面对于环境案件审判专业化的探索意愿。

生态文明建设的政治意义是法院加强环境案件审判工作、考虑推动环境案件审判专门化的重要政治动力。科学发展观等概念的提出,表明环境保护已经具有了较高的政治意义。自中国共产党第十八次全国代表大会以来,环境保护更是被提高到前所未有的政治高度,中国共产党及其领导人在多个重要文件、多个重要活动中表达了对环境问题的关注,提出了解决环境问题的主张,甚至专门就环境问题召开了高级别会议、制定了有关环境保护的重要文件。比如,《坚定不移沿着中国特色社会主义道路前进 为全面建成小康社会而奋斗》(《十八大报告》)、《中共中央关于全面深化改革若干重大问题的决定》(《十八届三中全会决定》)、《中共中央关于全面推进依法治国若干重大问题的决定》(《十八届四中全会决定》)、《中共中央 国务院关于加快推进生态文明建设的意见》《党政领导干部生态环境损害责任追究办法(试行)》《生态文明体制改革总体方案》,等等。虽然行政权仍然是推进环境保护的主导力量,但是法院也必须考虑通过行使司法权推进生态文明的问题,包括实行环境案件审判专门化。

2014年3月,最高人民法院院长周强在向全国人民代表大会所做的工作报告中,已经明确提出推进资源环境审判机构建设。[①] 此后,最高人民法院于2014年6月23日发布的《最高人民法院关于全面加强环境资源审判工作为推进生态文明建设提供有力司法保障的意见》,集中体现了最高人民法院关于推进环境案件审判专门化的意愿。该《意见》明确要求有序推进环境资源司法体制改革,合理设立环境资源专门审判机构,积极探索环境资源刑事、民事、行政案件归口管理,探索建立与行政区划适当分离的环境资源案件管辖制度。[②]

最高人民法院的推动效果,在一个方面就表现为案件数量的急剧增加。自2014年1月至2016年6月,全国法院共审结涉及污染大气、水、土壤等环境犯罪和破坏土地、矿产、森林、草原以及野生动植物等自然资源犯罪的一审刑事案件37216件,生效判决人数47087人,审结涉及环境资源的权属、侵权和合同纠纷一审民事案件195141件,审结涉及环境资源类的一审行政案件57738件。[③] 自2016年7月至2017年6月,各级人民法院共审理环境资源刑事案件16373件,审结13895件,给予刑事处罚27384人(其中,

---

[①] 周强:《最高人民法院工作报告》(2014年3月17日),载http://www.court.gov.cn/xwzx/rdzt/2014qglh/ywjj/201403/t20140317_194327.htm(2014年5月6日访问)。

[②] 最高人民法院:《最高人民法院关于全面加强环境资源审判工作为推进生态文明建设提供有力司法保障的意见》(2014年6月19日),载《人民法院报》2014年7月4日第4版,转引自http://www.chinacourt.org/law/detail/2014/06/id/147914.shtml(2015年5月3日访问)。

[③] 《最高人民法院发布〈中国环境资源审判〉白皮书》,载http://www.court.gov.cn/zixun-xiangqing-24071.html(2017年9月16日访问)。

涉污染环境罪 1687 件,审结 1293 件,给予刑事处罚 3054 人);共受理各类环境资源民事案件 187753 件(其中,涉环境污染责任纠纷案件 2162 件),审结 151152 件;共受理各类环境资源行政案件 39746 件,审结 29232 件。①

最高人民法院的另一个推动效果,就是公益诉讼的大发展。公益诉讼案件大幅增加,自 2015 年 1 月新《环境保护法》开始实施至 2016 年 6 月,全国人民法院共受理社会组织提起的环境民事公益诉讼一审案件 93 件;自 2015 年 7 月全国人大常委会授权试点以来,共受理人民检察院提起的环境民事、行政公益诉讼案件 21 件。② 2016 年 7 月至 2017 年 6 月,各级人民法院共受理社会组织提起的环境民事公益诉讼案件 57 件,审结 13 件。从案件分布地域范围看,社会组织已经在 27 个省、自治区、直辖市提起公益诉讼案件,特别是在京津冀、长江经济带等重点地区的主要区域已经基本实现全覆盖。案件所涉及的环境要素,除了传统的大气、水、土壤等环境要素外,还涉及气候变化、濒危植物、湿地、自然保护区以及人工环境等环境要素。从起诉主体来看,目前已经提起环境民事公益的社会组织达到了 25 个。③

案件数量增加、原告群体扩大、法官审判经验的积累和审判能力的提升,为审判机构专业化探索提供了重要基础。

二、有关审判机构专门化的探索

最高人民法院有关审判机构专门化的探索,集中体现在成立最高人民法院环境资源审判庭和发布《最高人民法院关于全面加强环境资源审判工作为推进生态文明建设提供有力司法保障的意见》。该《意见》体现了最高人民法院关于环境案件审判机构专门化的构想,主要表现在不同层级法院的区别、法院内部的归口管理、与行政区划适当分离的案件管辖制度三个方面。

---

① 最高人民法院:《中国环境资源审判白皮书》(2017 年 7 月发布)。
② 《最高人民法院发布〈中国环境资源审判〉白皮书》,载 http://www.court.gov.cn/zixun-xiangqing-24071.html(2017 年 9 月 16 日访问)。
③ 最高人民法院:《中国环境资源审判白皮书》(2017 年 7 月发布)。

第一,不同层级的法院在环境案件审判专门化上应有所区别。高级人民法院要按照审判专业化的思路,设立环境资源专门审判机构。中级人民法院应当在高级人民法院的统筹指导下,根据环境资源审判业务量,合理设立环境资源审判机构,案件数量不足的地方,可以设立环境资源合议庭。个别案件较多的基层人民法院经高级人民法院批准,也可以考虑设立环境资源审判机构。①

第二,法院内部实行归口管理。结合各地实际,积极探索环境资源刑事、民事、行政案件由环境资源专门审判机构归口审理,优化审判资源,实现环境资源案件的专业化审判。未实行环境资源案件归口审理的地方,要注重加强刑事、民事、行政审判机构之间的业务协调与沟通。② 这表明,最高人民法院对于"三审合一"是持肯定态度的。最高人民法院没有明确肯定"四审合一",可能是因为"四审合一"涉及审判权与执行权的分离问题。

第三,与行政区划适当分离的案件管辖制度。逐步改变目前以行政区划分割自然形成的流域等生态系统的管辖模式,着眼于从水、空气等环境因素的自然属性出发,结合各地的环境资源案件量,探索设立以流域等生态系统或以生态功能区为单位的跨行政区划环境资源专门审判机构,实行对环境资源案件的集中管辖,有效审理跨行政区划污染等案件。③ 案件管辖与行政区划的分离,只能做到相对分离。在确定中级人民法院的管辖范围时,应当以县级为单位确定案件管辖,不宜对县级以下进一步细分。即使有些县级行政区域跨越不同的流域,也是如此。各省、直辖市、自治区高级人民法院,可以参考流域等自然属性,将省级行政区域划分几个大的区块,通过指定管辖,确定适当数量的中级法院成立专门化的环境案件审判机构,受理环境案件。

---

① 最高人民法院:《最高人民法院关于全面加强环境资源审判工作为推进生态文明建设提供有力司法保障的意见》(2014年6月19日),载《人民法院报》2014年7月4日第4版,转引自 http://www.chinacourt.org/law/detail/2014/06/id/147914.shtml(2015年5月3日访问)。

② 同上。

③ 同上。

在最高人民法院的推动下,环境案件专门审判机构在全国范围已经有了很大的发展。

首先,最高人民法院环境资源审判庭于 2014 年 7 月 3 日正式对外宣布成立。这是环境资源审判史上的一个里程碑,是环境专业化审判的新起点,对于统一司法裁判尺度、推进生态文明建设具有积极而深远的影响。最高人民法院环境资源审判庭的主要职责包括:审判第一、二审涉及大气、水、土壤等自然环境污染侵权纠纷民事案件,涉及地质矿产资源保护、开发有关权属争议纠纷民事案件,涉及森林、草原、内河、湖泊、滩涂、湿地等自然资源环境保护、开发、利用等环境资源民事纠纷案件;对不服下级人民法院生效裁判的涉及环境资源民事案件进行审查,依法提审或裁定指令下级法院再审;对下级人民法院环境资源民事案件审判工作进行指导;研究起草有关司法解释等。从职责安排可以看出,最高人民法院环境资源审判庭审理的案件为民事案件,跟地方人民法院环境资源专业审判机构实行"二审合一""三审合一"甚至"四审合一"有所不同。

其次,地方各级法院的环境案件专门审判机构进一步增加,很多省、市、自治区都已经成立了不同级别的环境审判专门机构。总体来看,已经建立的专门性环境资源审判庭大多实行刑事、民事、行政"三审合一",也有少数实行民事、行政"两审合一"。① 这些环境资源专门审判机构,既审理普通的环境案件,也审理环境公益诉讼案件。地方法规也对环境审判机构的专门化提供了立法支持。比如,于 2015 年 1 月 13 日修订通过的《广东省环境保护条例》第 19 条规定:建立与行政区划适当分离的环境资源案件管辖制度,设立跨行政区划环境资源审判机构,审理跨行政区划环境污染案件。②

审判机构建设,是环境案件审判的组织保障。在司法体制改革的背景下,审判机构的建设不仅需要考虑环境案件审判的需要,也需要关注司法体制改革的影响。本轮司法体制改革的有些重要内容,包括办案质量终身负

---

① 周训芳:《生态环境保护司法体制改革构想》,载《法学杂志》2015 年第 5 期。
② 《广东省环境保护条例》已由广东省人民代表大会常务委员会于 2015 年 1 月 13 日修订通过,自 2015 年 7 月 1 日起施行。

责制和错案责任追究制、员额制度、省以下地方法院人财物统一管理,等等,对于建立和发展环境案件专门审判机构的影响,还需要进一步观察、分析。并且,是否应当实行环境案件审判机构专门化,也一直不乏反对或质疑的声音。在当前探索环境案件审判机构专门化的过程中,也需要对这些观点予以适当考虑。

三、有关审判程序专门化的探索

相比审判机构的专门化,审判程序的专门化争议更大,面临的困难更多。民事公益诉讼制度,已经获得立法支持,是环境案件审判程序专门化的一个重要成就。行政公益诉讼制度以及公益诉讼制度的其他相关问题,也是环境案件审判程序专门化的重要内容。有关公益诉讼的特别问题,将在下文公益诉讼部分讨论,本处仅一般性地讨论环境案件审判程序专门化的问题。

首先,对于是否应该建立专门的环境资源审判程序,即存在较大的理论争议。我国理论界和实务界对建立专门的环境资源案件审判程序都有较强的呼声。支持环境案件审判程序专门化的理论观点认为,由于生态环境司法具有不同于传统司法的特殊性,需要从立法上完善生态环境诉讼制度。[1] 实务界也认为,由于环境资源案件在审判理念与裁判标准、诉讼模式与审理机制、证据规则与事实认定、损害评估与责任承担等很多方面都具有特殊性,决定了必须建立符合环境纠纷特点的审判组织及其运行机制,以达到依法追究环境违法者法律责任,有效预防环境损害与资源破坏,充分弥补受害人损失,有力促进生态环境恢复的目的。[2]

但是,理论界和实务界也不乏反对的声音。从实践上看,对环境资源审判程序的探索具有试验性、地方性。环境审判的地域差别,造成同类型环保案件的责任认定标准的不统一、赔偿数额的不一致、审判结果的不相同,最

---

[1] 吕忠梅:《中国生态法治建设的路线图》,载《中国社会科学》2013年第5期。
[2] 奚晓明:《环境资源审判专业化之实现路径》,载《人民法院报》2014年7月9日;周珂、于鲁平:《环境资源审判理念制度的发展趋势探析》,载《环境保护》2014年16期。

终导致造成司法不公。① 对于国家来说,开展探索有利于完善制度,但是对于具体案件的当事人来说,案件审判结果因为审判的法院采用具有试验性、地方性特征的审判程序而受到影响,承担社会试错成本。总体而言,要求探索环境资源审判程序专门化的呼声更高。目前,对于环境案件审判程序的专门化,仍然处于探索阶段。

对于主张建立环境案件专门审判程序的某些理由,立法已经在更高层面上予以考虑。比如,在解决与环境有关的民事纠纷时,有时需要提起行政诉讼获取证据或者解决某些相关的问题。此类案件被称为民事诉讼和行政诉讼交叉的案件。民事诉讼和行政诉讼的交叉,也被认为是需要构建特别环境诉讼程序的理由之一。但是,民事诉讼和行政诉讼交叉,并非环境案件所特有。在修改《行政诉讼法》的过程中,就注意到需要完善民事争议和行政争议交叉的处理机制。对于伴随民事争议的行政行为,如果依照行政诉讼法和民事诉讼法分别立案,分别审理,不仅浪费司法资源,还可能导致循环诉讼,影响司法效率,不利于保护当事人的合法权益。② 根据实践中将行政争议与相关民事争议一并审理的探索性做法,《行政诉讼法修正案(草案)》第36条规定,"在行政诉讼中,当事人申请一并解决因具体行政行为影响民事权利义务关系引起的民事争议的,人民法院可以一并审理。人民法院决定一并审理的,当事人不得对该民事争议再提起民事诉讼。当事人对行政机关就民事争议所作的裁决不服提起行政诉讼的,人民法院依申请可以对民事争议一并审理。"③2014年11月,最终通过的修改决定部分地建立了民行交叉案件的处理机制。修订后的《行政诉讼法》第61条规定,在涉及行政许可、登记、征收、征用和行政机关对民事争议所作的裁决的行政诉讼中,当事人申请一并解决相关民事争议的,人民法院可以一并审理。与

---

① 黄锡生、任洪涛:《我国环境审判的实践困境与对策研究》,载《求索》2013年第8期。
② 信春鹰:《关于〈中华人民共和国行政诉讼法修正案(草案)〉的说明》(2013年12月23日),载袁杰主编:《中华人民共和国行政诉讼法解读》,中国法制出版社2014年版,第325页。
③ 《行政诉讼法修正案(草案)条文》(2013年12月31日公开征求意见稿),载全国人大网 http://www.npc.gov.cn/npc/lfzt/2014/2013-12-31/content_1822188.htm(2015年5月3日访问)。

2013年12月31日征求意见稿相比,虽然最终通过的《行政诉讼法》第61条涉及的民行交叉案件范围较窄,但是仍然体现了体现对民行交叉案件的关注,并部分地建立了民事争议和行政争议一并解决的机制。综合性地解决民事诉讼过程中涉及的行政争议,在行政诉讼程序中涉及的民事争议,以民事诉讼为主或者以及行政诉讼为主,附带解决相关行政争议或者民事争议,或许对于推进法治建设意义更大。当然,有关环境审判程序专门化的理论和实践探索,或许能够提供一个探索的"试验田"。

依法治国和生态文明是对中国具有深刻意义、深远影响的两个问题。环境案件审判机构的专门化和审判程序的专门化,同时承载着这两个问题。如何从当事人权利保障、诉讼程序保障、审判制度建设、机构建设、审判人员能力建设等方面,提高法院在环境纠纷解决中的地位,增强其功效,仍然需要进一步的理论讨论和实践探索。

第三章　环境侵权责任的构成

第一节　损　害　问　题

一、损害的法律意义

侵权责任法的功能决定了损害是分析侵权责任的起点。侵权责任法主要是救济法，其基本功能是为受害人提供救济机制。① 不论是一般侵权责任，还是特殊侵权责任，损害都是侵权责任的必备构成要件。② 而且，由于"无损害即无救济"，损害应为侵权责任的首要构成要件，是逻辑分析的第一步。只有存在损害或者损害之虞时，才需要根据因果关系，溯及侵权行为，根据归责原则确定侵权行为人是否应当承担侵权责任。《欧洲侵权法原则》将侵权责任的认定分为三个步骤，其中第一步即为判断

---

① 王利明：《侵权责任法研究》（上），中国人民大学出版社 2011 年版，第 63 页；张新宝：《侵权责任法》（第 3 版），中国人民大学出版社 2013 年版，第 6—7 页；马俊驹、余延满：《民法原论》（第 2 版），法律出版社 2005 年版，第 1012 页。

② 王利明：《侵权责任法研究》（上），中国人民大学出版社 2011 年版，第 282—283 页。

受害人依法享有的利益是否遭受损害。① 我国《侵权责任法》第 2 条规定,侵害民事权益,应当依照本法承担侵权责任,也表明了损害应当被视为侵权责任的首要构成要件。

因此,本书首先讨论损害,然后再由果溯因,分析因果关系、造成损害的原因行为、归责原则、责任承担方式等问题。

二、损害的涵义

损害,是指受害人的合法权益因一定行为或事件所造成的、达到应予救济程度的各种不利益。②

该定义所采用的角度是侵权责任的构成要件,而非侵权责任的承担方式。作为责任构成要件的损害和作为责任承担方式的损害,存在较大的区别,不应混用。作为责任承担方式的损害,应该称为损害赔偿金。但是在文献和实践中,多有将作为构成要件的损害与作为责任承担方式的损害赔偿金混用的情形,以损害指代两者,造成理论和实践中的困扰。除非在引用相关文献时特别指明,本书下文均在构成要件的意义上使用"损害"一词,在责任承担方式的意义上使用"损害赔偿金"一词。作为构成要件的损害与作为责任承担方式的损害赔偿金,主要存在以下区别:第一,作为构成要件的损害,包括已经造成的损失和造成损失的现实可能性,而损害赔偿金一般仅针对已经发生的损失。第二,基于第一项原因,作为构成要件的损害为各种责任承担方式都提供了逻辑前提,而损害赔偿金仅仅是损害所导致的逻辑结果之一。第三,同样是基于第一项原因,损害划定了责任承担的范围。除了在特殊情况下适用惩罚性赔偿之外,损害赔偿金以及其他责任承担方式均不应超出作为构成要件的损害的范围。即使是在适用惩罚性赔偿金的情

---

① European Group on Tort Law, *Principles of European Tort Law: Text and Commentary*, Springer, 2005, p.24.
② 本定义借鉴了现有研究成果,主要包括张新宝:《侵权责任法》(第 3 版),中国人民大学出版社 2013 年版,第 25—27 页;王利明:《侵权责任法研究》(上),中国人民大学出版社 2011 年版,第 283—286 页;邱聪智:《民法债编通则》,台湾自版,1997 年版,第 113 页。

形,也可能是按照实际损害的倍数计算惩罚性赔偿金的数额。第四,损害包括财产损害和非财产损害,而损害赔偿金主要适用于财产损害。对于非财产损害,应当首先考虑使用其他合适的责任承担方式,而非损害赔偿金。虽然在某些情况,对于非财产损害也适用损害赔偿金,但是损害赔偿金并非救济非财产损害的最佳责任承担方式,而是在其他责任方式难以适用时的一个次优选择。第五,基于前述原因,损害并不必然导致损害赔偿金,更不必然导致足额的损害赔偿金。在发生损害之后,还需要考虑归责原则、减轻或免除责任的事由、责任分担等因素,最后确定责任范围和责任承担方式。

在侵权责任法的语境下,损害以侵权责任法所保护的对象为前提。我国《侵权责任法》第1条规定该法的保护对象为民事主体的合法权益,并在第2条中以列举加兜底的方式,规定了民事权益的内容,同时也规定了该法的适用范围。具体而言,该法所称的民事权益,包括生命权、健康权、姓名权、名誉权、荣誉权、肖像权、隐私权、婚姻自主权、监护权、所有权、用益物权、担保物权、著作权、专利权、商标专用权、发现权、股权、继承权等人身、财产权益。该规定所使用的"权益"一词,表明我国侵权责任法的保护对象既包括民事权利,也包括合法的民事利益。以"权益"而非"权利"作为侵权责任法的保护对象,肯定了在民事权利之外还存在尚未被完全权利化的合法利益,扩张了侵权责任法的保护范围,保持了侵权责任法的开放性,使侵权责任法能够更好地适应社会发展及其所带来的新的利益关系。[1] 有关民事权益内容的规定,进一步明确了损害的涵义。

损害应当具有客观确定性。损害是一个客观存在的事实,具有确定性,并且能够依据社会一般观念和公平意识予以认定,而不能是尚未发生的、臆想的、虚构的现象。[2] 只有造成客观确定的不利益,才可能构成损害。此种不利益可以表现为实际发生的财产损失、人身伤害等,也可以表现为可能造

---

[1] 王利明:《侵权责任法研究》(上),中国人民大学出版社2011年版,第71—76页;张新宝:《侵权行为法的一般条款》,载《法学研究》2001年第4期;曹险峰:《在权利与法益之间——对侵权行为客体的解读》,载《当代法学》2005年第5期。

[2] 马俊驹、余延满:《民法原论》(第2版),法律出版社2005年版,第1012页。

成财产损失、人身伤害等不利益的客观确定的风险。需要注意的是,导致风险的事实应当是已经发生的,并且导致不利益的风险本身也应当是客观确定的。在现实生活中,有些风险在未实现之前,也可能已经造成财产损失或人身伤害,比如物的交换价值的降低、处于风险之下的受害人所经受的精神痛苦。

损害应当包含程度要求。只有达到一定程度的不利益,才可能构成损害。虽然损害以侵害民事权益为前提,但是对民事权益的侵害并不必然都构成损害。在考虑是否构成损害从而引发救济问题时,尚需要考虑侵害的程度。在社会生活中,民事主体应对其他民事主体的行为负担一定程度的容忍义务,并且此种容忍义务一般也具有互惠性,包括互负容忍义务以及从被容忍的行为直接、间接受益。容忍义务之产生,在于社会行为具有外部性,包括造成消极影响的负外部性和造成积极影响的正外部性。绝对地消除负外部性,为负外部性承担所有成本,或者绝对地消除正外部性,获得行为所导致的所有利益,在现实社会中既不可能,也不可行。而且,从纠纷解决的角度考虑,不承认容忍义务,则民事主体可能会耗费过多成本解决纠纷,审判机构也无法承受审判压力,极大地增加全社会的总交易成本,降低社会总净福利。容忍义务的程度,因时代、文化、地域等因素有所不同,应当根据具体案件,以处于该社会共同体中的理性人(reasonable man of the community)的标准判断。我国侵权责任立法中虽然没有明确规定此种容忍义务,但是应通过法解释承认此种容忍义务。在英美法中,也存在"法律不管鸡毛蒜皮"(de minimis non curat lex)的规则。根据该规则,法律不对过分小的事情提供救济。[①] 承认容忍义务的法律意义在于,如果对权益造成的不利益没有超出容忍义务的范围,则不构成损害,因此不需要进一步分析因果关系、归责原则等问题。这与受害人基于意思自治,在考虑诉讼成本——收益等因素之后放弃寻求救济不同。现有文献在分析损害的涵义时,有些

---

① *Black's Law Dictionary* (6th ed.), p. 431. 相关案例,比如 *Harris v. Time, Inc.*, 191 C. A. 3d 449, 337 Cal. Rptr. 584 (California Court of Appeals) (1987)(该案为侵权责任诉讼,法律以损失过小为由驳回起诉)。

指出了侵害程度要求①,有些则没有。本书希望强调的是,程度要求是损害的内在属性,没有达到一定程度,则不构成损害。如此处理,可以避免在损害、因果关系等侵权责任构成要件之外另外增加一个涉及损害程度的构成要件。否则,如果程度不是损害的内在属性,同时又不被作为一个构成要件,就会使原有的构成要件不完整。

民事主体根据侵权责任法应当负担的容忍义务以及损害应当具有的程度要求,在国际法中也有佐证。国际法不加禁止的行为所产生的损害性后果的国际责任(International liability for injurious consequences arising out of acts not prohibited by international law),可以类比国内法中的侵权责任问题,有关该问题的讨论对于分析国内法中的侵权责任问题也有借鉴意义。在国际法不加禁止的行为所产生的损害性后果的国际责任专题之下,联合国国际法委员会研究了危险活动所导致的越界损害(transboundary harm from hazardous activities),并先后通过了两个草案案文:一是 2001 年通过的《关于预防危险活动的越境损害的条款草案案文》(Draft Articles on Prevention of Transboundary Harm from Hazardous Activities)及其评注②;二是 2006 年通过的《关于危险活动造成的跨界损害案件中损失分配的原则草案案文》(Draft Principles on the Allocation of Loss in the case of Transboundary Harm Arising out of Hazardous Activities)及其评注。③《关于预防危险活动的越境损害的条款草案案文》第 1 条规定,其适用范围为国际法不加禁止的、其有形后果有造成重大越境损害的危险(Risk of causing significant transboundary harm)的活动。在该案文第 2 条评注中,国际法委员会认为国家的预防义务应当受到足够的限制,以便均衡各国因为国际法所

---

① 马俊驹、余延满:《民法原论》(第 2 版),法律出版社 2005 年版,第 1012 页("从量上看,损害虽已发生,但必须达到一定程度,在法律上才是可补救的")。

② 联合国国际法委员会:《关于预防危险活动的越境损害的条款草案案文及评注》,载《联合国国际法委员会报告第五十三届会议》,大会正式记录:第 56 届会议,补编第 10 号(A/56/10),中文版第 294—353 页。

③ 联合国国际法委员会:《关于危险活动造成的跨界损害案件中损失分配的原则草案案文及评注》,载《联合国国际法委员会报告第五十八届会议》,大会正式记录:第 61 届会议,补编第 10 号(A/61/10),中文版第 73—131 页。

不加禁止的活动所产生的利益关系。① 《关于危险活动造成的跨界损害案件中损失分配的原则草案案文》中的原则2规定,"损害"指对人员、财产或环境所造成的重大损害(significant harm)。原则2的评注认为,有资格获得赔偿的损害应达到一定的严重程度。国际法委员会的观点是基于此前长期的国际法实践。比如在"特雷尔冶炼厂仲裁案"中,仲裁庭认为损害必须达到"严重"(serious)的程度,才能够获得救济。② "拉努湖仲裁案"的裁决也认为损害应当具有严重性(serious)。③ 其后,若干公约和其他法律文件也提到"重大"(significant)、"严重"(serious)或"显著"(substantial)伤害或损害,认为这是引发法律求偿的临界线。④ 美国等国家的国内法也以"重大"作为标准。⑤ 所谓重大,是指超过"可觉察的"(detectable),但不必达到"严重"(serious)或"巨大"(substantial)的程度。⑥ 对于风险的严重程度,需要综合评估发生风险的概率以及风险一旦发生之后所造成的伤害程度两个方面。造成重大越境损害的危险,既包括造成重大越境损害的可能性较大的危险,也包括造成灾难性越境损害的可能性较小的危险。确定临界线,是为防止滥诉和缠讼。⑦ 预防危险活动越界损害案文,是国际法委员会对习惯国际法的编撰,体现了习惯国际法的要求,对国内法具有参考意义。损失分配案文,

---

① 联合国国际法委员会:《关于预防危险活动的越境损害的条款草案案文及评注》,载《联合国国际法委员会报告第五十三届会议》,大会正式记录:第56届会议,补编第10号(A/56/10),中文版第314页。

② Trail Smelter Case (United States, Canada) (16 April 1938 and 11 March 1941), *Reports of International Arbitral Awards*, Volume III, pp. 1905—1982, at p. 1965.

③ Affaire du lac Lanoux (Espagne, France) (16 November 1957), *Reports of International Arbitral Awards*, Volume XII, pp. 281—317.

④ 联合国国际法委员会:《关于危险活动造成的跨界损害案件中损失分配的原则草案案文及评注》,载《联合国国际法委员会报告第五十八届会议》,大会正式记录:第61届会议,补编第10号(A/61/10),中文版第89—90页。

⑤ E.g., American Law Institute, *Restatement of the Law*, Section 601, Reporter's Note 3, pp. 111-112.

⑥ 联合国国际法委员会:《关于预防危险活动的越境损害的条款草案案文及评注》,载《联合国国际法委员会报告第五十三届会议》,大会正式记录:第56届会议,补编第10号(A/56/10),第2条评注第4—5段,中文版第314页。

⑦ 联合国国际法委员会:《关于危险活动造成的跨界损害案件中损失分配的原则草案案文及评注》,载《联合国国际法委员会报告第五十八届会议》,大会正式记录:第61届会议,补编第10号(A/61/10),中文版第90页。

更多的是国家法委员会对国际法的逐步发展，对于国内法也具有一定的参考意义。

三、生态环境损害问题

"生态环境损害"是我国生态文明法治建设中比较常用的一个词语，但是对于生态环境损害的法律含义以及能否通过《侵权责任法》予以保护，还需要进一步思考。

中共中央办公厅、国务院办公厅于 2015 年 12 月印发的《生态环境损害赔偿制度改革试点方案》将生态环境损害定义如下："本试点方案所称生态环境损害，是指因污染环境、破坏生态造成大气、地表水、地下水、土壤等环境要素和植物、动物、微生物等生物要素的不利改变，及上述要素构成的生态系统功能的退化。"此前，环境保护部环境规划院从损害鉴定的角度，将生态环境损害定义为：由于污染环境或破坏生态行为直接或间接地导致生态环境的物理、化学或生物特性的可观察的或可测量的不利改变，以及提供生态系统服务能力的破坏或损伤。①

以上两个定义都是采用列举加排除的方法限定生态环境损害的范围。就列举的项目而言，前者列举了环境要素、生物要素和生态系统功能，后者列举了生态环境的物理、化学或生物特性等方面。就限定而言，两者都将人身损害、财产损害排除在生态环境损害的范围之外。

从字面上看，以上两个定义对损害程度的要求有所不同。环境保护部环境规划院的定义中包含了程度要求，即"可观察的或可测量的"不利变化。将生态环境损害限于"可观察的或可测量的"不利变化，体现了损害鉴定的要求，因为"可观察的或可测量的"变化是开展损害鉴定的起始程度要求，达到该程度才能够进入损害鉴定的范围。但是，该程度要求是否达到了侵权责任法对损害的程度要求，尚值怀疑。本书认为，以"可观察的或可测量的"不利变化为侵权责任法上的损害的起始点，过于严格。《生态环境损害赔偿

---

① 环境保护部环境规划院：《环境损害鉴定评估推荐方法（第Ⅱ版）》（2014 年 10 月），第 7 页。

制度改革试点方案》对生态环境损害的定义虽然在字面上没有提到损害程度要求,但是从实质上看,该《方案》关注的是严重的生态环境损害,显然需要在程度上有所要求和甄别。

进一步分析可以看出,以上两个定义都认为,生态环境损害,是对生态环境本身造成的消极影响,是环境污染、生态破坏导致的消极后果。这些消极影响、消极后果,都是以人类为中心,从整体上作出的判断。然而需要进一步思考的是,消极影响是否就构成"损害",特别是作为损害赔偿意义上的损害。如上所述,侵权责任法意义上的损害,是指受害人的合法权益因一定行为或事件所造成的、达到应予救济程度的各种不利益。损害赔偿制度中的损害,必然有其主体归属。甚至可以说,离开主体就无法判断是否发生了不利变化。大千世界,相生相克,甲之熊掌,乙之砒霜。即使仅仅考虑人类的利益,也并不是所有的生态环境不利改变都没有人因此受益。以渔业养殖为例,为了提高养殖产量,投肥养殖导致水质变差的情况并不鲜见。整体与局部的差异和冲突,使得考虑侵权责任法中的损害时,必须要考虑受害人是谁的问题。

在国际法上,生态环境损害的受害主体是国家,受害国可以本国生态环境遭受的损害主张权利。随着国际法的发展,环境本身已经成为国家责任的保护对象,也是国际法不加禁止的行为所产生的损害性后果的国际责任的保护对象。国家可以基于国家责任,或者基于国际法不加禁止的行为所产生的损害性后果的国际责任,保护本国的环境,并向污染的起源国或者实施不法行为的国家提出索赔要求。国家的这一权利,在"特雷尔冶炼厂仲裁案"就已经有萌芽[1],后来在"乌拉圭纸浆厂案"[2]"哥伦比亚飞机撒播除草剂案"等案件中都得到明确承认。比如,在"哥伦比亚飞机撒播除草剂案"中,针对哥伦比亚政府使用飞机在靠近厄瓜多尔的边境地区撒播除草剂的

---

[1] Trail Smelter Case (United States, Canada) (16 April 1938 and 11 March 1941), *Reports of International Arbitral Awards*, Volume III, pp. 1905—1982.
[2] Pulp Mills on the River Uruguay (Argentina v. Uruguay), Judgment, I. C. J. Reports 2010, p. 14.

行为,厄瓜多尔在国际法院提起诉讼,认为哥伦比亚的行为损害了厄瓜多尔境内的生物多样性,明确地将环境损害作为诉讼请求之一。[①] 虽然因为其他原因,厄瓜多尔已经撤诉[②],但是该案仍然值得关注。如果厄瓜多尔不撤诉的话,其诉讼请求很有可能获得国际法院的支持,因为环境本身已经是习惯国际法所保护的对象。事实上,厄瓜多尔撤诉的原因,也正是因为哥伦比亚承认厄瓜多尔有权提出权利请求,愿意与厄瓜多尔通过谈判解决争议。[③]

在国内法中,谁是侵权责任法意义上的生态环境损害的受害人,还没有在法理上彻底解决。而且,有关生态环境损害的受害人的讨论,也与环境公益诉讼的权利基础密切相关。环境权理论、公共信托理论、自然资源国家所有权理论、私人检察官理论都与此相关,但是理论众说纷纭,尚未达成共识。有学者认为只有承认环境公共利益的"共同善"(common good)特征和自然人独立享受特征,才能真正领悟到环境权利是环境公益诉讼的权利基础的真谛。[④] 如果按照这个观点思考,生态环境损害的受害人就是社会公众,并且社会公众可以作为侵权责任法意义上的受害人。也有学者对于环境权作为环境公益诉讼的支撑持否定态度,认为具体人的环境权益才能够为公民行使诉权提供基础。[⑤] 如果按照这个观点思考,生态环境损害的受害人是具体的民事主体,这些民事主体才具有损害赔偿请求权。也有学者认为,环境权、自然资源国家所有权和诉讼信托理论,都为环境公益诉讼提供了权利依据,并认为我国的环境公益诉讼分为公益性环境权诉讼、自然资源所有权诉

[①] Aerial Herbicide Spraying (Ecuador v. Colombia), the Application (31 March 2008), available at http://www.icj-cij.org/docket/files/138/14474.pdf (visited 20 September 2015).

[②] Aerial Herbicide Spraying (Ecuador v. Colombia), Removal from list (13 September 2013), available at http://www.icj-cij.org/docket/files/138/17528.pdf (visited 20 September 2015).

[③] *Ibid.*

[④] 王小钢:《论环境公益诉讼的利益和权利基础》,载《浙江大学学报(人文社会科学版)》2011年第3期。

[⑤] 徐祥民、凌欣、陈阳:《环境公益诉讼的理论基础探究》,载《中国人口·资源与环境》2010年第1期。

讼和环境权信托诉讼三大类型。① 按照这个思路理解,生态环境损害的受害人可以是不同的类型,即使不构成侵权责任法意义上的受害人,也可以提起环境公益诉讼。总体而言,学界较少从请求权人的角度思考生态环境损害的受害人问题,还需要进一步探讨。

生态环境损害与其他损害的关系,也影响着能否将其纳入侵权责任意义上的"损害"的范围。我国《侵权责任法》所保护的权益为人身权益和财产权益,环境权益并不在《侵权责任法》的权益保护范围之列,除非这些环境权益在性质上被视为人身、财产权益。② 而且,我国《侵权责任法》采用了"具体损害"的角度,主要是确定"直接损失"。在这种观点下,环境要素的"不利改变"和"系统服务功能退化"很难纳入"损害"的范畴。③ 因此,从解释论的角度看,基于我国现行的立法,将环境污染、生态破坏引起的消极影响解释为人身权益损害或者财产权益损害,原告以人身权益、财产权益遭受侵害为基础提起侵权诉讼,可能更容易获得法院支持,并且也能够在相当程度上实现保护环境本身的目的。

如果注意到生态环境损害赔偿责任构成中的"侵害"与"权益"两个基本要素所形成特殊"二元性"结构,则可以将生态环境损害定义为环境法权利和环境法益受损而产生的一种不利益状态。生态环境损害所涉权益是私益与公益两种不同性质权益的"复合"。④ 生态环境损害的"侵害"与"权益"结构的二元性特征表明,生态环境侵害不是单一侵权行为所引起的单一后果,而是一个类概念或者说是对各种不同类型的环境侵权行为所引起的不同后果的综合概括,其内涵、外延、本质特性、价值取向都不能为传统民法上的侵权概念所完全囊括:环境侵害的主体私法意义上的"人",也包括环境法意义上的"人类",前者为民事主体,后者为类主体;环境侵害行为所涉及的利益

---

① 杨朝霞:《论环境公益诉讼的权利基础和起诉顺位——兼谈自然资源物权和环境权的理论要点》,载《法学论坛》2013年第3期。
② 侯佳儒:《中国环境侵权责任法基本问题研究》,北京大学出版社2014年版,第85页、第99页。
③ 吕忠梅:《生态环境损害赔偿的法律辨析》,载《法学论坛》2017年第3期。
④ 吕忠梅:《论环境侵权纠纷的复合性》,载《人民法院报》2014年11月12日。

既包括民法上的个人利益,也包括环境法上的公共利益;环境侵害行为既有民法上的单纯个人的行为,也有环境法上的"人—自然—人"互动行为;环境侵害的损害后果既包括民法上的各种形式,也包括环境法上的特殊损害形式。①

综上,虽然在我国《民事诉讼法》已经允许提起环境公益诉讼,但是对于支撑环境公益诉讼的基础概念生态环境损害仍然存在理论争议,仍然需要反思生态环境损害的涵义、在侵权责任法上的意义、受害人等问题上进一步夯实环境公益诉讼的理论基础。

四、环境问题所引起的人格权益损害问题

自然人的人身权益包括人格权益和身份权益。与环境问题相关的人身权益主要是人格权益,基本不涉及身份权益问题。因此,本书仅仅分析人格权益损害问题,而不讨论身份权益损害问题。就主体而言,本书亦仅仅讨论自然人的人格权益问题。

所谓人格权益,是指存在于权利人自己人格之上的权利和相关利益,亦即以权利人自己的人格利益为标的的权利和相关利益。对于法律所保护的、主体的全部人格权益,可以概括地称为一般人格权。对于法律就特定人格利益所规定的权利,称为特别人格权。

人格权属于绝对权,所有其他法律主体都应尊重自然人的人格权。人格权具有开放性和发展性,虽然其核心内容在法学理论和法律实践中已有共识,但是其边界范围仍然存在一定的模糊性。作为一个抽象法律概念,人格权的内容与范围应随时间、地区及社会情况之变迁有所不同,立法上不宜过严,也不宜过宽。过严则限制受害人获得法律救济,有失公平;过宽则可能导致诉讼泛滥等问题,亦非国家社会之福。② 在特别人格权之外,尚未定型化的人格利益的内容和范围更加模糊。为了充分保护人格权益,应当保

---

① 吕忠梅:《生态环境损害赔偿的法律辨析》,载《法学论坛》2017年第3期。
② 王泽鉴:《民法总论》,中国政法大学出版社2003年版,第135页。

持人格权益的开放性,但是也需要兼顾社会经济条件、科技发展水平等因素,避免将其内容无限扩大。

生命权和健康权是人格权的核心内容。生命权,是指自然人享有的以生命安全利益为客体的人格权,以保障自然人生命活动的延续为基本内容。我国侵权责任法给予生命权最优先的地位,《侵权责任法》第2条在列举民事权益时就将生命权列在首位。健康权是自然人以其身体的生理机能的完整性和保持持续、稳定、良好的心理状态为内容的权利。在我国《侵权责任法》所保护的各项民事权益中,健康权的重要地位仅次于生命权,位居第二。

对于人身损害的损害赔偿,《侵权责任法》第16条规定:"侵害他人造成人身损害的,应当赔偿医疗费、护理费、交通费等为治疗和康复支出的合理费用,以及因误工减少的收入。造成残疾的,还应当赔偿残疾生活辅助具费和残疾赔偿金。造成死亡的,还应当赔偿丧葬费和死亡赔偿金。"此外,《侵权责任法》第20条对于侵害他人人身权益造成的财产损失,作出了规定。该法第22条还规定,侵害他人人身权益,造成他人严重精神损害的,被侵权人可以请求精神损害赔偿。

对于健康权是否包括心理健康的内容,存在争议。有主张健康权包括心理健康内容的,[1]也有明确反对或者不作正面肯定的观点。[2] 在多起涉及噪声、燥光等环境污染的案件中,周边居民作为受害人都主张其身体健康受到影响。虽然这些受害人并没有发生生理病变,但是法院在多起案件中仍然给予法律救济,包括判令污染者支付精神损害赔偿。从这些司法实践中可以看出,环境污染引起的某些心理健康问题,也能够通过侵权责任法获得一定程度的救济,尽管各地法院的判决并不一致,对心理健康的保护也并不全面。

---

[1] 比如,杨立新:《人身权法》,中国检察出版社1996年版,第365页。
[2] 比如,郭明瑞:《民商法原理》,中国人民大学出版社1999年版,第404页;马俊驹、余延满:《民法原论》(第2版),法律出版社2005年版,第106页。

案例讨论 3-1

噪声导致精神损害问题

姜建波与荆军噪声污染责任纠纷案涉及噪声所导致的精神损害问题。自 2009 年起,荆军租用了谷某的房屋和院落。此院落与姜建波住所前后相邻,仅一墙之隔。荆军在租用的院落里对钢铁制品进行切割作业,产生的噪声使姜建波不堪忍受。姜建波先后向村委会及米东区环境保护局反映,但问题仍未得到解决,遂提起诉讼,请求判令荆军停止侵害,排除妨碍,将产生噪声污染及粉尘污染的铁制品搬离与姜建波相邻的院落,赔偿其精神损失 8000 元。

该案经乌鲁木齐市米东区人民法院一审,乌鲁木齐市中级人民法院二审。对于原告主张的精神损失,一审法院判决被告赔偿原告精神损害抚慰金 2000 元。该院二审认为,钢铁制品在装卸、运送或者加工过程中产生的声音超出一般公众普遍可忍受的程度,已成为干扰周围居民生活的环境噪声,如果人们长期遭受噪声污染,就会影响到人们正常休息,以致损害人们的身体健康。原告称其因噪声无法休息导致精神受到伤害即是噪音对其的实际损害,符合日常生活经验法则,无需举证证明,应推定属实。据此,二审法院维持了一审法院判决。最高人民法院于 2014 年 7 月将本案作为典型案例公布。

需要注意的是,一审法院将本案的案由定为排除妨害纠纷。根据 2011 年 2 月 18 日《最高人民法院关于修改〈民事案件案由规定〉的决定》(法〔2011〕41 号),排除妨害纠纷系物权保护纠纷下的一个案由。二审法院认为一审法院确定案由不当,将案由改变为噪声污染责任纠纷,系环境污染责任纠纷之下的一个案由。另外,虽然在一审中,原告未提供其本人受噪声损害的证据,但是提供了其女儿受噪声损害的证据。一审法院在酌情确定精神抚慰金时,也许将原告女儿所遭受的噪声损害也考虑在内。最高人民法院在将本案作为典型案件公布时,强调二审判决适用了日常生活经验法则及事实推定规则,认定被告生产活动比较严重地影响原告的生活和休息,影响身心健康,即使原告没有出现明显症状,其受到噪声侵扰而导致精神损害的事实也是客观存在的。本案所说的精神损害,更多的是与健康相关,而非与情感相关。

(资料来源:乌鲁木齐市米东区人民法院(2012)米东民一初字第283号民事判决书;新疆维吾尔自治区乌鲁木齐市中级人民法院(2012)乌中民一终字第732号民事判决书;载中国法院网,http://www.chinacourt.org/article/detail/2014/07/id/1329699.shtml,2015年5月2日访问。)

即使仅仅考虑自然人的生理机能,不考虑心理健康问题,对于健康权的损害,是否存在起点的问题?如果有起点,起点应在何处?也是非常值得研究的问题。首先,健康本身就一个模糊概念,不健康的状态既包括需要治疗的疾病,也包括尚未达到疾病程度的亚健康状态。其次,如前所述,程度要求是构成损害的一项内在要求。因此,即使不以造成需要治疗的疾病作为构成侵害健康权益的损害的起点,也同样不能将对健康权益的轻微影响认定为损害。健康权益遭受侵害的程度,应当以健康权益遭受的实际侵害为准,环境质量本身不能证明健康权益是否遭受侵害,更不能直接证明侵害的程度。不能因为环境空气没有达标(超过二级浓度限值)、水没有达到较好的标准(地表水 III 类标准),就直接推定导致健康损害。[①]

隐私权与环境问题是否相关,污染环境、破坏生态是否侵害隐私权?对此问题需要斟酌。《欧洲人权公约》中有关隐私权(right to respect for privacy, family life and home)的规定见于第8条第1段:人人有权享有使自己的私人和家庭生活、家庭和通信得到尊重的权利。欧洲人权法院曾经在多个判例中,认为环境污染、环境污染风险构成对隐私权的侵害。相关案例涉

[①] 侵权责任法和行政管理法应当分工配合。如果健康损害达到需要治疗的程度,可以通过侵权责任法救济。如果健康损害没有达到需要治疗的程度,国家通过行使环境管理权,通过环境影响评价、环境标准、排污许可证等制度,能够更好地控制污染,维护公众健康。

及机场噪声①、恶臭及其他污染物②、有毒物质③，等等。甚至对于当事国侵害公民对其住宅附近化工厂的环境信息知情权，欧洲人权法院也以隐私权给予救济。④ 需要注意，在汉语以及中国民法的意义上，隐私是指自然人免于外界公开和干扰的私人秘密和私生活安宁。相应地，隐私权是指自然人享有的私生活安宁与私人信息依法受到保护，免受他人非法侵扰、知悉、搜集、利用和公开等侵害的一种人格权。⑤ 简言之，隐私权就是指个人对其私生活安宁、私生活秘密等享有的权利。⑥ 这种意义上的隐私权与环境问题基本没有关系。因此，欧洲人权法院相关判例所谈的隐私权不是我国民法所说的隐私权。欧洲人权法院借助隐私权保护的与环境有关的利益，应根据其内容归入我国民法所保护的生命权、健康权、安宁权等民事权益之中。欧洲人权法院之所以在审判实践中扩张了《欧洲人权公约》第 8 条规定的隐私权的内容，借助隐私权保护自然人的环境利益，其重要原因就是欧洲人权公约体系中没有环境保护条款，成员国又难以通过修订公约、附加议定书等方式增加环境保护条款。我国法学界有学者研究了欧洲人权法中的隐私权并主张借助隐私权保护自然人的环境利益，对于如何更好地保护环境权益具有启发意义。但是，由于欧洲人权法意义上的"隐私""隐私权"与我国通常赋予这些词语的含义有较大区别，为避免歧义，不宜采用。

对于破坏环境美学价值是否导致人格权益损害的问题，需要进一步思考。基于环境的美学价值，自然人从环境美学价值所获得的愉悦体验，是一种合法的民事权益。但是目前在我国的法律实践中，是否将其作为一项法律所保护的、当事人可依法获得法律救济的民事权益，还需要进一步研究。

---

① E. g., *Powell and Rayner v. United Kingdom* (Application no. 9310/81), Judgment of 21 February 1990; *Hatton and others v. United Kingdom* (Application no. 36022/97), Judgment of the Grand Chamber of 8 July 2003.
② E. g., *López Ostra v. Spain* (Application no. 16798/90), Judgment of 9 December 1994.
③ E. g., *Fadeyava v. Russia* (Application no. 55723/00), Judgment of 9 June 2005.
④ E. g., *Guerra and others v. Italy* (Application no. 14967/89), Judgment of 19 February 1998; 26 EHRR 357 (1998).
⑤ 张新宝：《隐私权的法律保护》，群众出版社 2004 年版，第 21 页。
⑥ 王利明：《侵权责任法研究》（上），中国人民大学出版社 2011 年版，第 79 页。

至少是对于受害人不享有物权的环境美学价值,目前尚不能将其纳入可以获得侵权责任法救济的人格权益的范围。

能否将与环境有关的人格权益概括地称为环境人格权,并寻求在私法上的保护,也是学界较为关注的问题,并且已经产生了相当数量的研究成果。① 此外,更宏观、更基础的公民环境权问题,也与此相关,研究成果也较为丰富。② 有关公民环境权、环境人格权的讨论强调了环境与人格权益的关系,丰富了对人格权益的理解,为进一步扩大侵权责任法保护的人格权益的范围提供了理论基础。目前在法律实务中,直接以环境权或环境人格权在侵权责任法之下寻求救济尚存在一定的障碍,尚需加强理论研究和实践探索。相应地,本书在分析环境问题对人格权益造成的损害问题时,主要讨论与环境相关的具体的人格权益。

五、环境问题所引起的财产损害问题

我国《侵权责任法》第 2 条在规定该法的保护范围时,明确列举了所有权、用益物权、担保物权等物权。用益物权和担保物权都是概括性概念,其中用益物权可以进一步细分为建设用地使用权、宅基地使用权、地役权等用益物权,担保物权包括抵押权、质权和留置权等类型。在法律实践中,环境问题对物权的侵害主要涉及所有权和用益物权问题,较少涉及担保物权。因此,本书不讨论环境问题所引起的担保物权损害问题。

生态环境由于其特殊性,可替代程度较低甚至不具有替代性,因此具有

---

① 比如,鄢斌:《社会变迁中的环境法》,华中科技大学出版社 2008 年版,第 120—136 页;鄢斌:《论环境人格权》,中南财经政法大学博士论文,2008 年;刘长兴:《论环境人格权》,载《环境资源法论丛》(第 4 卷),法律出版社 2004 年版;刘长兴:《论民法上的环境人格权制度》,载《环境资源法论丛》(第 5 卷),法律出版社 2005 年版;李劲、黄鹤、葛凡菲:《环境人格权及其法律保护》,载《渤海大学学报(哲学社会科学版)》,2004 年第 5 期;胡卫萍、邱婷:《环境人格权的立法确认及其侵权责任承担》,载《华东交通大学学报》2013 年第 1 期;等等。

② 比如,蔡守秋:《环境权初探》,载《中国社会科学》1982 年第 3 期;吕忠梅:《论公民环境权》,载《法学研究》1995 年第 6 期;吕忠梅:《再论公民环境权》,载《法学研究》2000 年第 6 期;吕忠梅:《保护公民环境权的民法思考》,载《清华法学》2003 年第 2 期;吕忠梅、刘超:《公民环境权的法律论证——从阿列克西法律论证理论对环境权基本属性的考察》,载《法学评论》2008 年第 2 期;等等。

特定物的特点。有关种类物损害的规则,一般不适用于环境损害。对于特定物来说,其损害主要体现为物本身的价值以及修复费用、避免或减轻损害的合理支出等。对于财产损害的赔偿范围和计算方法,法律有所规定。《侵权责任法》第19条规定,侵害他人财产的,财产损失按照损失发生时的市场价格或者其他方式计算。根据财产损害与侵害行为之间的因果链条的长短,可以将财产损害分为直接财产损害和间接财产损害。直接损失当然在赔偿范围之内,但是间接损失是否应当被纳入赔偿范围,该条规定并不是非常明确。对于该问题的回答,在环境污染案件中,影响到可以索赔的范围,进而甚至也影响到可以主张损害赔偿的原告的主体资格问题。尽管最高人民法院的态度是确保环境侵权受害人得到"及时全面的赔偿"[①],但是也没有明确回答是否赔偿间接损失。为了保护行为自由,除非有特殊情况并且有相关证据支持,否则间接损失不应纳入赔偿范围。法官应当根据个案情况处理。

生态系统服务功能损害,是生态环境损害的最主要方面。所谓生态系统服务,指人类或其他生态系统直接或间接地从生态系统获取的收益。生态系统的物理、化学或生物特性是生态系统服务的基础。生态系统服务功能损害包括生态系统服务功能的全部丧失或部分丧失,永久损害和暂时损害。从生态环境损害发生至生态环境恢复到基线状态期间,生态环境因其物理、化学或生物特性改变而导致向公众、物权的权利人或其他生态系统提供服务的丧失或减少,即受损生态环境从损害发生到其恢复至基线状态期间提供生态系统服务的损失量。该损失为生态服务功能期间损失,是生态环境损害的一个组成部分,同时也可能导致相关民事主体遭受财产权益损害。如果相关民事主体以其使用生态服务功能受到影响为由,主张财产损害,也可以客观上促进环境保护。

---

① 最高人民法院:《关于为加快经济发展方式转变提供司法保障和服务的若干意见》(法发〔2010〕18号)(2010年6月29日),载 http://www.court.gov.cn/qwfb/sfwj/yj/201008/t20100811_8490.htm(2015年4月2日访问)。

案例讨论 3-2

环境服务功能损失导致的财产损害

聂胜等 149 户辛庄村村民与平顶山天安煤业股份有限公司五矿等水污染责任纠纷案

自 2003 年 6 月起,聂胜等 149 户辛庄村村民因本村井水达不到饮用水的标准,而到附近村庄取水。聂胜等人以三被告排放的污水将地下水污染,造成井水不能饮用为由提起诉讼,请求判令三被告赔偿异地取水的误工损失等共计 212.4 万元。本案经河南省平顶山市新华区人民法院一审、平顶山市中级人民法院二审。一二审法院均认为井水污染导致的异地取水误工费用是可以救济的损害。

需要进一步思考的是,本案中"误工损失"是损失本身还是财产损失的一种计算方法。单就井水而言,受害村民所遭受的不利益主要是井水因污染而丧失使用价值。由于井水为种类物,因此可以用重置成本法计算其价值。由于村民无论是在本村水井中取水还是在其他村庄取水,都没有支付水资源费等费用,因此重置成本主要体现为去其他村庄取水所耗费的时间和劳动。因此,在本案中,"误工损失"应当更多地被理解为损失计算方法,而非损失本身。同时,将本案的误工损失作为损失计算方法,还可以避免"间接损失"的法律问题。

(资料来源:中国法院网,http://www.chinacourt.org/article/detail/2014/07/id/1329676.shtml,2015 年 4 月 3 日访问。)

在生态环境损害发生后,为防止污染物扩散迁移、降低环境中污染物浓度,将环境污染导致的人体健康风险或生态风险降至可接受风险水平,需要开展必要的、合理的行动或措施,以修复生态环境。生态环境修复费用是生态环境损害的一个重要部分。

污染环境或破坏生态环境行为发生后,各级政府与相关单位为保护公众健康、公私财产和生态环境,减轻或消除危害,需要开展环境监测、信息公开、现场调查、执行监督等相关工作,因此支出的费用可以称为事务性费用。① 除了政府与相关单位会发生事务性费用之外,农村集体经济组织、土地的承包经营人等物权人也可能发生类似的费用。这些费用也是环境污染和生态破坏所导致的损害。

环境污染和生态破坏构成突发环境事件的,还可能导致应急处置费用。该费用是指突发环境事件应急处置期间,为减轻或消除对公众健康、公私财产和生态环境造成的危害,各级政府与相关单位针对可能或已经发生的突发环境事件而采取的行动和措施所发生的费用。

案例讨论 3-3

生态环境损害案例(事务性费用、应急处置费用)

上海市松江区叶榭镇人民政府与蒋荣祥等水污染责任纠纷案

浩盟车料(上海)有限公司(以下简称浩盟公司)、上海日新热镀锌有限公司(以下简称日新公司)与上海佳余化工有限公司(以下简称佳余公司)存在盐酸买卖关系,并委托佳余公司处理废酸。佳余公司委托未取得危险废物经营许可证的蒋荣祥从上述两公司运输和处理废酸。2011年2月至3月期间,蒋荣祥多次指派其雇佣的驾驶员董胜振将从三公司收集的共计6车废酸倾倒至叶榭镇兴路红先河桥南侧的雨水井中,导致废酸经雨水井流入红先河,造成严重污染。污染事故发生后,上海市松江区叶榭镇人民政府(以下简称叶榭镇政府)为治理污染,拨款并委托松江区叶榭水务管理站对污染河道进行治理。经审计确认红先河河道污染治理工程款、清理管道污染淤泥工程款、土地征用及迁移补偿费、勘察设计费、合同公证及工程质量监理费、审计费等合计 887266 元。叶榭镇政府提起诉讼,请求判令蒋荣祥、董胜振、佳余公司、浩盟公司、日新公司连带赔偿经济损失 887266 元。

---

① 环境保护部环境规划院:《环境损害鉴定评估推荐方法(第Ⅱ版)》(2014年10月),第8页。

上海市松江区人民法院一审认为,本案中叶榭镇政府作为被污染河道的主管单位,有权对污染河道进行治理,也有权作为原告提起诉讼。一审法院所支持的损害赔偿金数额为887266元,包括原告所主张的污染修复费用、事务性费用等。

(资料来源:中国法院网,http://www.chinacourt.org/article/detail/2014/07/id/1329683.shtml。)

对于环境问题所导致的损害,《侵权责任法》的规定尚有很多不明确之处,尚需理论研究和司法实践的进一步发展。国家同时作为所有者和管理者,在财产损失的赔偿方面存在一些特殊问题,也需要进一步讨论。

七、环境权与损害问题

公民环境权是指公民享有的在不被污染和破坏的环境中生存及利用环境资源的权利。[①] 也有观点认为应当将公民环境权扩展为"公民环境权益",并将"公民环境权益"定义如下:公民环境权益是指公民在环境保护领域中享有的相关权利、利益,其中的"权利"要素既包括探讨中的"环境权",也包括公民可用以抵御环境侵害、保护环境利益的传统权利,而"利益"要素就是指"环境利益"。[②] 正如其他新型权利从提出到得到切实保护一般需要经过应有权利阶段、法定权利阶段和实有权利阶段,环境权在各国的发展阶段不一。在有些国家,环境权还停留在应有权利阶段,在有些国家已经成为法定权利。

我国法学界对于应否建立环境权,应否允许通过民事诉讼、侵权责任等法律机制保护环境权,存在不同的观点。有观点认为环境权不应当作为环境污染侵权的对象。该观点认为环境污染侵权的对象应当是特定民事主体

[①] 吕忠梅:《再论公民环境权》,载《法学研究》2000年第6期。
[②] 李艳芳、潘庆:《"公民环境权益"的再界定——基于对外国环境权理论的借鉴》,载《清华法治论衡》2013年第3期,第31—42页。

所享有的权益,由于环境权是公法上的权利,不属于民事权益的范畴,因此不能直接通过主张环境权寻求侵权责任法上的法律救济。该观点的主要理由如下:第一,环境权不是特定民事主体享有的权利。环境权无法归属特定主体,而民事权益的主体特定。第二,环境权超出了侵权责任法保护的民事权益的范畴。尽管我国《侵权责任法》第 2 条列举的民事权益具有开放性,但是由于该条款在列举具体权利之后采用了"等人身、财产权益"的表述,因此生态环境利益不在保护之列。第三,环境权的客体具有不确定性。民事权利的客体应当具有特定性,并且能够被特定民事主体享有或支配。然而,环境是个很宽泛的概念,即使赋予民事主体以环境权,其客体也很难确定,并且很多环境要素无法为人力所支配。第四,环境利益与民事权益不能完全等同。民法的介入,并非直接针对环境利益,而是救济受害者。有些环境问题侵害特定民事主体的权益,有些则不会。如果没有特定民事主体的权益遭受损害,民事主体就不能通过侵权责任法寻求法律救济。第五,如果民法承认环境权,将会导致环境权与生命权、健康权、所有权等民事权利交叉、重叠。虽然环境权的内容也存在一些私法上的利益,甚至涉及一些人格利益,但这并不意味着环境权可以作为一个独立的民事权利存在。各种环境污染的赔偿责任应当依据其侵害的不同法益确定。第六,通过比较法考察,域外将环境权作为侵权责任保护对象的法域比较少见。德国《环境责任法》、英国学界通说均将环境污染的损害赔偿限定在民事权益的范围内。综上,环境权只有转化为特定民事主体的利益之后,才能受到侵权责任法的保护。侵害环境本身如果没有侵害具体民事主体的民事权益,则难以受到侵权责任法的保护。[①] 易言之,原告如欲保护环境权所涵盖的内容,需要从民事主体的角度,对环境权所包含的内容重新表述为自然人个体的民事权益,才能够通过侵权责任法获得法律救济。

以上观点有合理之处,但是也隐含了一个前提条件:权利人是为了私人的民事利益主张权利。如果原告不是为了私人利益,而是为了公共利益,提

[①] 王利明:《侵权责任法研究》(下),中国人民出版社 2011 年版,第 428—432 页。

起公益诉讼,该观点是否仍然成立? 公益诉讼与私益诉讼最大的区别在于,原告提起公益诉讼的目的是为了公共利益。民事诉讼法和环境保护法的公益诉讼条款规定了提起公益诉讼的程序,但是环境公益诉讼的实体法基础是什么? 环境公益诉讼的原告能否以侵权责任法为实体法基础,提起公益诉讼? 如果可以,是否也需要满足损害要件? 如果是,侵权责任法是否也能够直接用于保护公共利益,从而使环境权有可能进入侵权责任法的保护范围? 对于这些问题,尚需进一步开展理论研究和实践探索。

在域外,有立法承认对公共环境利益的侵害构成可救济的损害,但是对原告以及寻求救济的程序作出了限定。比如,欧盟《关于预防和补救环境损害的环境责任指令》(2004\35\CE,2006、2009 年修订)第 2 条规定:环境损害是指对受保护物种和自然栖息地的损害,此种损害对受保护栖息地或者物种的顺利保育状况的延续或者保持产生了重大不利影响。有法学理论提出了"纯粹生态损害"(pure ecological damage)的概念,用以指称没有对个人造成明显损害的环境污染。就受害主体而言,纯粹生态损害不是对特定个人造成的损害,而是对不特定公众造成的损害,是一种"集体的损害"(collective damage)。就法律性质而言,纯粹生态损害既不是纯粹的公法问题,也不是纯粹的私法问题,而是处于公法和私法的边界之处。[①] 损害的请求权主体不是个人,而是政府或者有关公共机构,但是损害赔偿的责任性质仍然是民事责任。

案例讨论 3-4

公益诉讼对于环境权的救济问题

一、朱正茂、中华环保联合会与江阴港集装箱公司环境污染责任纠纷案

2004 年上半年,江阴港集装箱公司(以下简称集装箱公司)未经环境保

[①] Christian v. Bar, *Principles of European Law Non-Contractual Liability Arising out of Damage Caused to Another*, Oxford University Press, 2009, p. 529.

护行政主管部门环境影响评价和建设行政主管部门立项审批,自行增设铁矿石(粉)货种接卸作业,并采用露天接卸的作业方式,造成如下环境污染:(1)铁矿石粉尘直接侵入周边居民住宅;(2)冲洗粉尘形成的污水直接排入到周边河道和长江水域,并在河道中积淀。集装箱公司的作业活动严重影响了周边地区空气质量、长江水质和附近居民的生活环境。虽经朱正茂等周边居民反映情况,江阴市人民政府召开协调会议,集装箱公司亦采取了整改措施,但仍未彻底消除污染现象。2009年7月6日,朱正茂作为周边居民代表与中华环保联合会共同向无锡市中级人民法院(以下简称无锡中院)提起诉讼,请求判令集装箱公司停止侵害,使港口周围的大气环境符合环境标准,排除妨碍;对铁矿粉冲洗进行处理,消除对饮用水源地和取水口产生的危险;将港口附近的下水道恢复原状,铁矿粉泥做无害化处理。

经过多方努力之后,原被告达成调解协议,无锡中院于2009年9月制作了民事调解书。最高人民法院于2014年7月将本案作为典型案例公布。

本案兼具私益诉讼和公益诉讼的特点。被告的行为污染的是整个区域的大气环境和水环境,对朱正茂的健康权益有一定的影响,但没有影响到中华环保联合会的权益。原告的诉讼请求主要是排除妨害和消除危险,除了救济朱正茂的健康权益之外,也同时救济了整个区域居民的环境权益。虽然本案以调解结案,没有以判决书的形式解释法律适用过程,但是至少可以看出无锡中院认为可以通过民事诉讼寻求对公众的环境权益的法律救济。如果严格坚持原告只能为自己寻求法律救济,则被告对朱正茂的健康权益造成的侵害是否构成可以通过法律救济的损害存在疑问,即使构成损害,是否应当适用排除妨害、消除危险的救济形式也存在疑问。

二、中华环保联合会、贵阳公众环境教育中心与贵阳市乌当区定扒造纸厂水污染责任纠纷案

贵阳市乌当区定扒造纸厂(以下简称定扒纸厂)自2003年起经常向南明河偷排生产废水或超标排放锅炉废气,多次受到当地环境保护行政主管部门处罚。中华环保联合会、贵阳公众环境教育中心提起诉讼,请求判令定扒纸厂立即停排污水,消除危险并支付原告支出的合理费用。本案的受诉法院为贵州省清镇市人民法院(以下简称清镇法院),系一家环保法庭。

清镇法院于 2011 年 1 月作出一审判决,认为被告的排污行为严重危害了环境公共利益,故其应当承担侵权民事责任。最高人民院于 2014 年 7 月将本案作为典型案例公布。

(资料来源:1. 朱正茂、中华环保联合会与江阴港集装箱公司环境污染责任纠纷案,载中国法院网,http://www.chinacourt.org/article/detail/2014/07/id/1329692.shtml,2015 年 3 月 20 日访问;2. 中华环保联合会、贵阳公众环境教育中心与贵阳市乌当区定扒造纸厂水污染责任纠纷案,载中国法院网,http://www.chinacourt.org/article/detail/2014/07/id/1329674.shtml,2015 年 3 月 20 日访问。)

第二节 因果关系问题

一、因果关系的涵义

"因果关系"的基本含义是指事物之间的引起与被引起关系。但是,在不同的语境中,"因果关系"具有不同的含义和判断标准。侵权责任法中的因果关系,是指可将损害追溯至被诉的原因行为的联系。该定义包含以下要素:第一,因果关系中的果,是指受害人的损害。第二,因果关系中的因,是指行为人的行为或物。第三,因果关系是具有法律意义的客观事实。侵权责任法中的因果关系,基于事实而又超越事实,是以事实为基础的法律判断。考虑到侵权责任法是救济法,损害是侵权责任的第一构成要件,因此在侵权责任构成要件中,对于因果关系的分析,实际上是考虑损害结果可否追溯到污染行为,而不是污染行为是否一定会造成损害结果。易言之,在侵权责任中,因果关系分析应该是从果溯因,而非从因到果。侵权责任法中的因果关系,体现了法律价值判断,具有主观性。之所以如此,主要是基于因果关系在侵权责任法中的功能。

在很多著作中,侵权责任法中的因果关系被定义为行为或物件与损害事实之间的前因后果关系。① 也有学者给出了与此相似的定义,认为侵权法中的因果关系是指违法行为与损害事实之间的引起与被引起关系。② 这些定义与其分析路径是相一致的。由于这些著作都采用了先分析侵权行为、后分析损害的分析路径,因此认为因果关系是侵害行为与损害结果之间的引起与被引起关系。但是,采用先损害、后原因的分析路径,更符合侵权责任法作为损害救济法的特征。侵害行为与损害结果之间的引起与被引起关系固然是构成因果关系的基础,但是因果关系的更关键作用在于提供将损害追溯至原因的联系。因此,本书对侵权责任法中的因果关系予以重新定义。

二、因果关系的功能

对于因果关系的功能,存在两种分析范式:第一,归因的功能分析范式。该分析范式认为因果关系在法律责任的归结过程中仅仅扮演着将结果归结于行为的角色,也就是说因果关系的存在只是法律责任成立的必要条件,在存在着因果关系的前提下,法律责任能否归结于行为人还要取决于其他条件,因果关系在法律责任的归结过程中只起着次要的作用。第二,归责的功能分析范式。该分析范式认为因果关系还扮演着将法律责任归结于行为人的角色。也就说,因果关系是法律责任成立的充分条件甚至是充分必要条件,应该在法律责任能否归结于行为人的层面上分析因果关系的存在与否,因果关系在法律责任的归结过程中发挥着万能的作用。因果关系的归责功能分析范式不恰当地混淆了因果关系理论和归责理论,会导致理论混乱和实践困境。正确的认识是,因果关系在法律责任的归结过程中仅仅起着归因的功能。③

从归因的范式分析,因果关系,是侵权责任构成的重要构成要件,联系

---

① 王利明:《侵权责任法研究》(上),中国人民大学出版社2011年版,第350页。
② 杨立新:《侵权法论》(第5版),人民法院出版社2013年版,第227页。
③ 孙晓东、李炜:《法律因果关系分析》,载《法学杂志》2009年第10期。

着责任构成中原因要件(侵权行为)和结果要件(损害),旨在解决可追溯问题。作为侵权责任的构成要件,因果关系的主要目的在于确定责任的归属及其范围,排除不应承担责任的被告,最终有利于解决已经存在的纠纷,体现了人类解决错综复杂社会矛盾时的妥协性和意志性。① 在确定责任范围时,因果关系要件可以过滤无关原因,令行为人为且仅为自己的行为负责,以贯彻自己责任原则。因果关系要件,合理地截取因果关系链条,控制责任范围,避免人们为过于遥远的后果负责,以维护合理的行为自由。② 此外,基于原因力理论,在共同侵权中,因果关系对于各连带责任人内部责任的分配上发挥着巨大作用;在多因现象中,因果关系在于确定行为人的责任份额;在加害人与受害人均有过错的情况下,因果关系以原因力的大小为依据,适用过失相抵原则。③ 侵权责任法上的因果关系所具有的这些功能,使其与哲学上的因果关系区别开来。

  有观点认为,因果关系要件的功能不是去判断损害事实是否由某一行为引起的,而是在被告的行为被确定为违法的情况下,考察判断它与损害事实之间是否具有引起与被引起的因果关系,有因果关系才可能构成侵权责任;无因果关系则不构成侵权责任。④ 但是,被控的行为是否违法,是归责原则的问题,并不是考察因果关系的前提。如果只能在被控的行为被确定为违法的情况,才能考察原因行为和损害之间是否存在引起与被引起的关系,则因果关系就不能适用于无过错责任了。虽然该观点认为,坚持该观点不必担心以违法行为为损害事实的原因会舍弃损害的真正的原因。⑤ 但是,却可能导致难以适用于无过错责任的情况。

---

 ① 王利明:《侵权责任法研究》(上),中国人民大学出版社2011年版,第352页;王利明:《我国侵权责任法的体系构建——以救济法为中心的思考》,载《中国法学》2008年第4期。
 ② 程啸:《侵权责任法》(第2版),法律出版社2015年版,第220页。
 ③ 刘贞磊:《侵权归责中因果关系功能之初探》,载《长春工业大学学报(社会科学版)》2013年第2期。
 ④ 杨立新:《侵权法论》(第5版),人民法院出版社2013年版,第229页。
 ⑤ 同上。

三、因果关系的适用规则

侵权责任中的因果关系的核心问题是对原因的分析，关注事实上的原因如何成为具有法律意义的原因，并使之成为承担法律责任的根据。在分析环境污染侵权中的因果关系问题时，不仅需要注意事实因果关系与法律因果关系、条件关系与相当性之间的区别，而且还需要注意因果关系举证责任倒置对于因果关系的影响。

大陆法系和英美法系都注意从事实和规范两个方面区分因果关系。英美法系一般以事实因果关系和法律因果关系区分事实意义上的因果关系和规范意义上的因果关系。大陆法系目前的主流理论是相当因果关系理论，该理论所说的条件关系和相当性分别指称事实意义上的因果关系和法律意义上的因果关系，大体分别对应英美法系中的事实因果关系和法律因果关系。对于事实意义上的因果关系，主要考察被告的行为与原告的损失之间在事实上的联系，可以称为"事实上的原因"（cause in fact）或者"自然科学的原因"（scientific cause）等。

在判断事实意义上的原因时，采用"如果不"（but for）的判断标准。即，如果没有被告的行为，原告就不会遭受该项损失。事实意义上的因果关系不涉及价值判断，仅仅客观分析原因与结果之间的联系。在认定事实因果关系时，没有必要考虑加害行为与损害结果之间是必然因果关系还是偶然因果关系。只要被告没有实施加害行为，原告就不会遭受损害，就可以认定事实因果关系。

但是，法律意义上的因果关系则体现了价值判断和法政策考量。在认定事实因果关系之后，需要根据价值判断和法政策考量筛选原因、截断因果关系链条，因此需要考虑必然因果关系与偶然因果关系、直接因果关系与间接因果关系的区别以及可预见性等问题。虽然在认定事实意义的因果关系时不需要考虑必然因果关系与偶然因果关系的区分，但是在判断因果关系是否具有相当性，或者是否构成法律因果关系时，需要考虑具体案件中被告的行为与原告的损害之间的因果联系是否具有必然性。直接因果关系和间接因果关系的区分,也是认定相当性时需要考量的问题。可预见性也是判断法律因果关系的重要考量,各国均强调损害发生须符合一般事件自然、正常的发展过程,并将责任限制于正常人可合理预见的风险范围。① 生态环境的各个环境要素之间存在相生相克的联系,任何环境要素的变化都可能引起连锁反应。对于是否存在必然联系,需要科学技术的支撑。在当前科学技术水平下,同时考虑到被告的特征,损害是否具有可预测性,在有些案件中难以判断。

原告的选择在一定程度上影响因果关系的认定。原告在起诉时需要提交初步证据,但是在很多环境污染侵权案件中,原告能够以初步证据证明的被告可能有多家,但是原告有可能仅仅选取其中的部分潜在被告作为被告。尽管理论上被告可以证明其他潜在被告也贡献了原因力,但是在现实中,由于实行举证责任倒置,被告的反驳难度很大。

由于以上原因,加之环境问题的复杂性,在很多案件中无法在完全认定事实因果关系的前提下构建、认定法律因果关系,从而导致因果关系的客观真实与法律真实之间的区别。虽经实务和理论努力,我国司法实践中对于因果关系问题的处理已经有很大的发展,但是理论和实务中对于因果关系的认识仍然存在很多不一致,还需要进一步加强研究。

第三节 加害行为问题

一、加害行为在侵权责任构成中的意义

广义的侵权行为,既包括自己的加害行为,也包括准侵权行为。但是,没有行为也不一定不会产生侵权责任。在有些情况下,即使被告并未直接实施致害行为,但是由于被告系致害物件的管理人,或者与实际行为人之间

---

① 郑永宽:《论责任范围限定中的侵权过失与因果关系》,载《法律科学》2016 年第 2 期。

用工等特别关系,仍可能依法承担赔偿责任。因此,加害行为并不是侵权责任构成的一般构成要件。① 当然,对此也存在不同的观点,也有认为加害行为是侵权责任构成的一般构成要件的观点。②

二、环境侵权加害行为的分类

环境侵权的加害行为包括污染环境和破坏生态两种行为。污染环境行为和破坏生态行为交叉重叠,但是也有只是污染环境或者只是破坏生态的行为。即使是对于交叉重叠的行为,也应该根据加害行为在实施时的主要属性判断行为的性质。不能因为排放污染行为造成了生态破坏的效果,就将其认定为破坏生态行为;同样,也不能因为破坏生态行为造成了环境污染的效果,就将其认定为污染环境行为。

(一)污染环境行为

污染环境行为,是指排放大气污染物、水污染物、噪声、固体废物等物质和能量,造成环境影响的行为。需要注意的是,由于《侵权责任法》第八章实行无过错的归责原则,因此该章规定的污染环境行为,是指企业事业单位和其他生产经营者排放污染物的行为。居民之间生活污染适用过错责任,不在该章的调整范围之内。③ 同样,由于生活行为排放污染物造成的其他环境损害,也应当适用过错责任,不在该章的调整范围之内。简而言之,对于《侵权责任法》第八章中的污染环境行为应作限缩解释,仅指企业事业单位以及其他生产经营者因为生产活动排放污染物的行为。

按照最高人民法院民事案由规定,因为污染环境的行为所引起的侵权责任纠纷,主要涉及的三级案由是编号为 352 的"环境污染责任纠纷"。在该三级案由之下,进一步分为 7 类,即大气污染责任纠纷、水污染责任纠纷、噪声污染责任纠纷、放射性污染责任纠纷、土壤污染责任纠纷、电子废物污染责任纠纷和固体废物污染责任纠纷。此外,第 353 号"高度危险责任纠

---

① 王利明:《侵权责任法研究》(上),中国人民大学出版社 2011 年版,第 279—283 页。
② 部分地因为避免这一争议,本章标题"环境侵权责任的构成"中没有加上"要件"二字。
③ 王胜明主编:《中华人民共和国侵权责任法解读》,中国法制出版社 2010 年版,第 325 页。

纷"之下的民用核设施损害责任纠纷，占有、使用高度危险物损害责任纠纷、高度危险活动损害责任纠纷，遗失、抛弃高度危险物损害责任纠纷和非法占有高度危险物损害责任纠纷中被告的行为都可能构成污染环境行为。

(二) 破坏生态行为

破坏生态行为，是指非以排放污染物的方式或者主要不是以排放污染物的方式造成生态破坏的行为。虽然很多排放污染的行为也会造成生态破坏，但是也有很多行为直接破坏生态环境，并且破坏生态的原因不是因为污染或者主要不是因为污染。比如，为开采矿产资源破坏森林、植被的行为，就是直接造成生态破坏的行为。对于这类行为，应当与污染环境行为区分开来，不应将其纳入污染环境行为的范围之内。《环境保护法》第64条规定，因污染环境和破坏生态造成损害的，应当依照《侵权责任法》的有关规定承担侵权责任。该条规定，也是将污染环境行为与破坏生态行为并列。

第四节 归责原则问题

一、归责原则的涵义

侵权责任的归责原则，是指在受害人遭受损害之后，以何种标准和原则将其损害归于行为人。① 该定义体现了以受害人为中心的立法理念，体现了侵权法作为救济法、责任法的立法定位。

作为救济法，侵权责任法所需要解决的一个基本问题就是，由于权益遭受侵害而发生的损害是由受害人承担还是由侵害人承担损害赔偿责任。各国法律均采取相同的基本原则，即被害人需承担遭受损害，除非有特殊理由方得向加害人请求损害赔偿。美国著名法学家霍尔姆斯(Holmes)曾云，

---

① 该定义参考了吕忠梅等：《侵害与救济：环境友好型社会中的法治基础》，法律出版社2012年版，第137页。但是，本书的定义是从受害人为中心出发的。

"良好的政策应让损失停留于其所发生之处,除非有特别干预的理由存在"。霍尔姆斯所指的良好政策,在于避免受害人向侵害人寻求损害赔偿所发生的交易成本,避免在损害已然发生之后由于寻求损害赔偿进一步增加社会总成本。所谓特殊理由,指应将损害归由加害人承担,使其承担赔偿责任的事由,学说上称之为损害归责事由或损害归责原则。① 有学者将归责事由和归责原则作出区分,认为归责原则是对具体案件中的可归责事由(基础责任)的进一步抽象,是同类侵权行为共同的责任基础。②

从损害救济法的角度看,归责原则的实质是受害人能否以侵害存在过错、由受害人承受损失是否公平等理由要求侵害人承担责任,侵害人能否以不存在过错对受害人的请求进行抗辩。该抗辩的发生只在损害可以追溯到污染行为时才需要作出,因此本书将归责原则问题放在损害和因果关系之后讨论。

二、污染环境行为的归责原则

我国对环境污染侵权责任实行无过错责任,过错不是侵权责任的构成要件。《侵权责任法》第65条规定,因污染环境造成损害的,污染者应当承担侵权责任。根据该条规定,环境污染责任适用无过错责任原则,即在受害人有损害,污染者的行为与损害之间有因果关系的情况下,不论污染者有无过错,都应当对其污染造成的损害承担侵权责任。需要注意的是,居民之间生活污染适用过错责任,主要适用物权法中有关相邻关系的规则。③ 结合2014年新修订的《环境保护法》加以理解,适用无过错责任的污染者为"企业事业单位和其他生产经营者"。④

---

① 王泽鉴:《侵权行为法》(第1册),中国政法大学出版社2001年版,第11—12页。
② 张新宝:《侵权责任法原理》,中国人民大学出版社2005年版,第24—25页。
③ 王胜明主编:《中华人民共和国侵权责任法解读》,中国法制出版社2010年版,第325页。
④ 即使对于生产经营者,也可能存在请求权竞合的问题。在既可以根据《侵权责任法》的规定主张权利,也可以通过《物权法》中的相邻关系主张权利的情形,受害人既可以基于侵权请求权主张权利,也可以基于物上请求权主张权利。受害人有权基于自身利益考量,在各种请求权之间进行最佳的选择。

在适用无过错责任的情况下,是否完全不用考虑被告的过错,也许不能一概而定。至少为了以下两个目的,可能仍有必要考虑被告的过错。第一,确定被告的责任范围。由于环境要素之间的联系,环境污染或生态破坏可能会引起连锁反应,在截取因果链条、限定被告的责任范围时,是否需要考虑被告的过错状态究竟是故意、过失或者无过错?与此相关,被告的过错状态对于从事实因果联系到法律因果关系之间的转换是否有一定意义,也许还需要进一步研究。第二,区分连带责任和按份责任。在多个被告的情形,如果污染者之间存在共同过错,构成共同侵权,并需要因此承担连带责任。第三,确定数人侵权中每个责任人的分担份额。《侵权责任法》第 67 条规定,两个以上污染者污染环境,污染者承担责任的大小,根据污染物的种类、排放量等因素确定。该条采用不完全列举的方式规定了考量因素,为将过错状态作为考量因素留下了空间。综上,对于污染环境行为,仍有讨论过错的必要。

三、破坏生态行为的归责原则问题

有观点认为,《环境保护法》第 64 条对破坏生态的行为造成环境损害也适用《侵权责任法》第八章的相关规定。[①] 该观点可能存在问题。《环境保护法》第 64 条采用了"转致"的立法技术,没有直接规定污染环境、破坏生态的民事责任,而是规定有关民事责任的问题应适用《侵权责任法》的规定。《侵权责任法》没有对破坏生态行为的民事责任作出专章规定,但是这并不意味《侵权责任法》中没有可以适用于破坏生态行为的规定,也不意味着就应当对破坏生态行为适用第八章的规定。《侵权责任法》前四章为总则性规定,第五章到十一章为分则性规定,总则性规定与分则性规定之间是一般法与特别法的关系,没有特别法规定的,应适用于一般法规定。《侵权责任法》第八章是针对污染环境的民事责任作出的特别规定,将其适用于非排污行为造成的生态破坏,超出了《侵权责任法》第 65 条的文义范围。更为妥当的解

[①] 信春鹰主编:《中华人民共和国环境保护法释义》,法律出版社 2014 年版,第 224 页。

释是,如果加害行为在破坏生态的同时没有造成环境污染,应适用《侵权责任法》的总则性规定。

四、违法性问题

我国《侵权责任法》的制定体现了从行为法到责任法的嬗变。以《侵权责任法》命名而非以《侵权行为法》命名,体现了立法理念的转变,特别是价值判断的改变。传统侵权法定位为行为法,强调了对行为本身的非难,需要对行为是否违法作出判断。因此,违法性与侵权法作为行为法的整体理念是相适应。但随着社会的发展,在大量的侵权行为中(比如,高度危险责任、环境污染责任),行为本身可能是合法的,行为人的行为本身并不一定具有可非难性。这就说明仅仅通过不法行为难以概括所有需要承担侵权责任的行为。在现代社会中,侵权法的理念转而强调对受害人的救济,侵权法也相应地由行为法逐渐演变为救济法和责任法,由以加害人为中心转变为以受害人为中心。相应而言,法律技术的中心对象就不是侵权人的行为,而是受害人所遭受或可能遭受的损害。此时,以行为作为判断重点的违法性要件就无法完全符合现代侵权法的整体理念。从保护范围而言,我国《侵权责任法》未严格区分权利和利益的制度框架也与违法性要件不相容。根据我国《侵权责任法》,即使是在实行过错责任的一般侵权责任构成要件中,违法性也为"过错"所吸收,不构成独立的责任构成要件。[①] 在环境污染侵权责任实行无过错责任归责原则的情况下,违法性更不可能成为环境污染侵权责任的构成要件。

五、高度危险责任的归责原则问题

除了可以将加害行为分为污染环境行为和破坏生态行为外,还可以根据加害行为的危险程度,将加害行为分为一般危险行为和高度危险行为。《侵权责任法》第九章规定的高度危险责任,也可以适用于造成环境污染或

---

① 王利明:《我国〈侵权责任法〉采纳了违法性要件吗?》,载《中外法学》2012年第1期。

生态破坏的高度危险责任。该法第 69 条总括性地规定，从事高度危险作业造成他人损害的，应当承担侵权责任。本章的其他条款涵盖了民用核设施，民用航空器，易燃、易爆、剧毒、放射性等高度危险物，高空、高压、地下挖掘活动或者使用高速轨道运输工具，等等。

高度危险责任，是比第八章的无过错责任更为严格的无过错责任，即严格责任。严格责任是无过错责任的特殊形式，与第八章中的无过错责任的区别在于免责事由。对此，本书将在下一节进一步讨论一般无过错责任和严格责任在免责事由上的区别。

第五节　免除或减轻责任的事由

加害行为、因果关系、损害等，是从正面证明环境侵权责任的成立。但是，在即使损害能够通过因果关系联系追溯至加害行为，被告在一些特殊的情形中，也不需要承担或者不需要完全承担侵权责任。这些特殊情形即免除或减轻责任的事由，是对侵权责任的构成做"减法"。

一、不可抗力

（一）不可抗力的涵义

所谓不可抗力，是指不能预见、不能避免且不能克服的客观情况。对于不可抗力的理解，存在主观说、客观说、折中说等理论。客观说强调不可抗力作为外来力量所具有的不能避免并不能抗拒的客观性，主张应以事件的性质和外部特征为标准。主观说以当事人的预见能力和预防能力为标准，强调不可抗力的不可预见性，强调当事人虽尽最大努力仍然不能预见和克服。折中说认为应当采用主客观相结合的标准，凡属基于外来因素发生的、当事人以最大谨慎和最大努力仍不能防止的事件,即为不可抗力。①

我国立法采用了折中说。通说认为,确定不可抗力,应当符合下列标准:

第一,属于客观情况。该要求是指事件外在于人的行为的客观性。是否具有客观性,应当以社会公认为准。地震等事件,是社会公认的客观情况。但是,也有一些情况可能是客观存在的,但是囿于现有科学知识人类社会并不认可其具有客观性,即使可能产生严重的消极影响,也不能作为不可抗力。比如,UFO即属于科学上无法确定其存在与否的情形,不能纳入不可抗力。② 虽然不可抗力也包括战争等社会现象,但是通说认为不可抗力不包括单个第三人的行为。第三人的行为由于不具有外在于人的行为的客观性,因此不能作为不可抗力对待。③ 但是,也有例外情况。比如,《海洋环境保护法》第92条规定的"负责灯塔或者其他助航设备的主管部门,在执行职责时的疏忽,或者其他过失行为"就可能是单个第三人的行为。由于各国通例均不要求此种行为产生侵权责任法上的侵权责任,因此侵权人和受害人都无法根据侵权责任法中有关第三人加害行为的规则,要求负责灯塔或者其他助航设备的主管部门承担侵权责任。在此情况下,将负责灯塔或者其他助航设备的主管部门在执行职责时的疏忽或其他过失行为视为不可抗力,有利于在侵权责任法领域解决侵害人和受害人之间的损失分配问题。

第二,该客观情况必须是来自于行为人的外部。自然现象当然符合该项标准,但是在判断特定的社会现象是否符合该项标准,存在相当困难。如果仅仅是某个用人单位的劳动者罢工,不宜认为构成不可抗力。但是如果某个地区、某个行业发生大面积罢工,则有可能构成不可抗力。④ 对于具有

---

① 王利明、杨立新:《侵权行为法》,法律出版社1997年版,第93页;杨立新:《侵权法论》(第五版),人民法院出版社2013年版,第353页;王利明:《侵权责任法研究》(上),中国人民大学出版社2011年版,第414页。
② 叶林:《论不可抗力制度》,载《北方法学》2007年第5期。
③ 杨立新:《侵权法论》(第5版),人民法院出版社2013年版,第353页;王利明:《侵权责任法研究》(上),中国人民大学出版社2011年版,第414—415页。
④ 叶林:《论不可抗力制度》,载《北方法学》2007年第5期。

替代性的污染处置设施及其投入料,如果某个供货商拒绝供货或者无法供货,一般不构成不可抗力。但是如果大范围的供货商都无法供货,则可能构成不可抗力。是否构成来源于行为人外部的客观情况,应当根据相关情况综合判断。

第三,不可预见。该要求从人的主观认识能力方面考虑不可抗力的因素,是指根据现有的科学技术水平,一般人对某种事件的发生无法预料。对于预见能力,不是以当事人的实际预见能力为标准,而是以与当事人处于同等地位的人的预见能力为标准,即对于预见能力实行客观标准。如果当事人为普通社会公众,即以普通社会公众的预见能力为标准。如果当事人是具有特殊资质、从事特殊行业的人,即以具备该资质、从事该行业的人应当合理具备的预见能力为标准。

第四,不可避免并且不可克服。"避免"是使得事件不发生,"克服"是指消除损害后果。该要求是指当事人已经尽到最大努力和采取一切可以采取的措施,仍然不能避免某种事情的发生并克服事件造成的损害后果。不可避免并且不可克服,表明事件的发生及其损害具有客观性。有些社会行为虽然是行为人之外的客观情况,但是在发生该等情况之后,如果污染者能够避免发生污染,则不可认定为不可抗力。比如,某公司的污染防治设施需要使用某种药剂,该药剂的供货商全都无法供货,污染设施无法正常运行,此时该公司一般应选择停止生产,避免产生污染。

我国立法一般仅仅规定不可抗力的涵义,通常并不列举不可抗力的具体情形。比如《民法通则》第153条、《合同法》第117条第2款。也有少数法律列出了不可抗力的情形,比如1999年《海洋环境保护法》第92条规定:"完全属于下列情形之一,经过及时采取合理措施,仍然不能避免对海洋环境造成污染损害的,造成污染损害的有关责任者免予承担责任:(一)战争;(二)不可抗拒的自然灾害;(三)负责灯塔或者其他助航设备的主管部门,在执行职责时的疏忽,或者其他过失行为。"

我国较早的很多环境立法采用了"不可抗拒的自然灾害"的用语。比如,1987年《大气污染防治法》第37条规定:"完全由于不可抗拒的自然灾害,并经及时采取合理措施,仍然不能避免造成大气污染损失的,免于承担责任。"1989年《环境保护法》第41条第3款规定:"完全由于不可抗拒的自然灾害,并经及时采取合理措施,仍然不能避免造成环境污染损害的,免予承担责任。"此后很多环境立法也都根据1989年《环境保护法》的规定,采用了"不可抗拒的自然灾害"的表述方式。这些法律规定的"不可抗拒的自然灾害",属于不可抗力的范围,但是比不可抗力的范围要窄。虽然在理论上,这些立法并不排除其他不可抗力情形的免责效果,但是实务中仍然产生了一些混乱。2008年修订的《水污染防治法》明确采用了"不可抗力"的表述,有助于消除实践中的困惑。

(二) 预见、避免和克服能力的法定化

不可抗力具有相对性。同样的外在消极影响,对于甲是不可预见、不可克服、不可避免的,对于乙则不一定。如何使具有相对性的不可抗力成为具有公平性、合理性的免责条件,需要进一步反思。其中一个问题就是,不可抗力之不可预见、不可克服和不可避免,与建设项目设计规范、设计标准之间有无关系? 如有,设计规范、设计标准对于不可抗力的构成有什么影响? 对于这些问题的回答,影响着对不可抗力的理解。由于以往的文献对此讨论较少,并且这些问题在环境侵权领域较为突出,因此单独讨论。

首先,何为不可预见? 不可抗力的不可预见,非指预见到事件发生的具体时间、具体地点,而是指事件发生的可能性。由于科学技术的发展和知识经验的积累,人类的预见能力已经大大加强。以洪水为例,可以根据洪水规模出现的概率,将洪水分为一年一遇的洪水、十年一遇的洪水、百年一遇的洪水,等等。再以地震为例,也可以根据地质构造,合理推断某地发生高烈度地震的可能性。对于地震带上发生高烈度地震,似乎很难主张完全不可预见。同时,预见能力也与具体的人相关。对于有些事件,不具有资质的普通人可能难以预见,但是具有相应资质的人则可以预见。法律设定资质类行政许可的目的,就包括要求从业人员应当具有高于普通公众的预见能力。因此,在法律已经设定资质类行政许可的领域,判断某事件是否不可预见,应当以具备该资质的人是否应当预见为标准进行判断。与资质相似的是,某些特殊行业的从业人员根据行业特点应当具备高于普通社会公众的预见能力。即使法律没有对该行业设定资质行政许可,也应当以该行业从业人员的预见力为标准判断事件是否为不可预测的事件。总之,是否可以预见,应当以处于同等情况的人进行判断。

其次,何为不可避免和不可克服？同样规模的洪水或者同样烈度的地震,对于某些建筑可能会产生毁灭性的打击,从而导致该建筑物内的污染物外溢,进而造成环境污染损害,但是对于同一地区按照更高标准建设和维护的建筑物可能不会产生毁灭性打击,不会因此造成环境污染损害。前者的经营人是否就因此不能基于不可抗力免责,对此的回答仍然是不可一概而论。在符合一定条件时,前者的经营者仍然可以基于不可抗力免责。但是如果不符合一定条件,则不可基于不可抗力免责。

考虑到避免和克服外在力量的消极影响总是与备灾救灾成本密切相关,因此可以认为对于不可抗力的认定包含了对成本、收益的考量。特别是在预测能力和备灾救灾能力都已经得到极大提升的当代,何为不可抗力、能否基于不可抗力免责,包含了很强的公共政策属性,并因此影响了有关不可抗力的法律规则。比如,对于应对洪水灾害,适用五十年一遇的建设标准和适用十年一遇的建设标准,成本差距巨大。法律应当建立一定程序和标准,以确定当事人应当采用何种最低设计标准。再者,对于经营核设施等高度危险行为是否可以基于不可抗力免责,也体现了政策考量。

可以认为,资质、设计规范、设计标准等技术性规范是对外在消极影响的预见能力以及避免和克服消极影响能力的法定化,明确了当事人应尽的"最大谨慎和最大努力"的内容,使判断不可抗力的"一般人"标准更为客观。

资质、设计规范、设计标准具有动态性,主管部门可以要求从业人员接受继续教育,可以按照法定的程序适时修改、提高相关设计规范、设计标准。如果具有某个资质的人在取得资质时不具有预见能力,但是通过继续教育应当具有该预见能力,一旦发生通过继续教育可以预见的事件,并且该事件的影响是可以克服、可以避免的,则不可以基于不可抗力免责。这一要求也同样适用于某些特殊行业的从业人员,即使法律没有对该行业设定资质行政许可要求。与此同理,如果有关主管部门对在用设施规定了新的更高的设计规范和设计标准并要求限期达标的,该在用设施的经营者必须限期达标。一旦发生达标之后可以克服的外在消极影响,但是由于未能限期达标而发生损害,则该在用设施的经营者无权基于不可抗力免责。

(三) 不可抗力对于侵权责任构成的意义:免责条件的相对化

按照免责事由是否为法律所明确规定,可以将免责事由分为法定免责事由和非法定免责事由。不可抗力为法律明确定,属于法定免责事由。根据免责事由是否有除外条件,可以将免责事由分为绝对免责事由和相对免责事由,前者指没有除外条件的免责事由,后者指有除外条件的免责事由。按此划分标准,不可抗力为相对免责事由。《民法通则》第107条、《民法总则》第180条都规定:因不可抗力造成他人损害的,不承担民事责任,法律另有规定的除外。《侵权责任法》第29条沿袭了《民法通则》,规定:"因不可抗力造成他人损害的,不承担责任。法律另有规定的,依照其规定。"从这些规定可以看出,《民法通则》《侵权责任法》和《民法总则》都将不可抗力规定为法定的相对免责事由。

在有些环境侵权领域,主要是适用高度危险责任的领域,污染者主张不可抗力免责受到很大限制。比如,《侵权责任法》第70条规定:"民用核设施发生核事故造成他人损害的,民用核设施的经营者应当承担侵权责任,但能够证明损害是因战争等情形或者受害人故意造成的,不承担责任。"战争是不可抗力的一种,民用核设施的经营者可以此主张免责。但是对于战争之外的其他不可抗力,民用核设施的经营者不得主张免责。[①] 又如,《侵权责任法》第71条规定:"民用航空器造成他人损害的,民用航空器的经营者应当承担侵权责任,但能够证明损害是因受害人故意造成的,不承担责任。"该规定将所有不可抗力都排除在免责事由之外。因此,在民用航空器造成环境

---

① 民用核设施的经营者应包括民用设施的所有者和运营者。虽然目前所有民用核设施的所有者和运营者均为同一主体,但是不排除将来会存在所有权人与运营者分离的情形。在此情形,如果将民用核设施的所有权人解释为经营者的范围之外,则可能导致民用核设施采用所有权人和运营者分离的安排,以规避法律责任。

权益损害时,民用航空器的经营者需要承担侵权责任。

即使污染者能够主张不可抗力免责,污染者也负有采取合理措施避免或者减轻损害的义务。有观点认为,在环境保护法领域,对于主张不可抗力附加了"经及时采取合理措施仍然不能避免损害"的条件。① 其实,采取措施以避免和减轻损害,不是环境保护法领域对基于不可抗力免责的额外附加条件,而是主张不可抗力免责的人必须承担的一般性义务。不可抗力之不可避免和不可克服,一方面是指事件的发生不可避免和不可克服,但更重要的一方面是指损害的不可避免和不可克服。采取合理措施能够避免和减轻的损害,是可以克服的损害,不是不可抗力本身的损害,不可基于不可抗力免责。

(四)不可抗力与污染者违规的叠加问题

在污染者违法行为与不可抗力叠加的情形,污染者能否基于不可抗力全部或者部分免责?1989年《环境保护法》的态度是明确的。该法第41条第3款规定:"完全由于不可抗拒的自然灾害,并经及时采取合理措施,仍然不能避免造成环境污染损害的,免于承担责任。"该规定的中的"完全"一词,表明只有在不可抗力是造成损害的唯一因素时,污染者才能够基于不可抗力免责。也就是说,在污染者违法与不可抗力叠加时,尽管不可抗力是最后发生的损害的原因力之一,但是污染者不能基于不可抗力免责,污染者应当就全部损害承担责任。我国有些其他的环境立法,采用了与1989年《环境保护法》第41条第3款相同的立法语言,也具有相同的含义。

现行的《环境保护法》删掉了1989年《环境保护法》第41条第3款的内容,并在第64条中规定:"因污染环境和破坏生态造成损害的,应当依照《中华人民共和国侵权责任法》的有关规定承担侵权责任。"《侵权责任法》第29条只是规定"因不可抗力造成他人损害的,不承担责任。"该规定没有直接规定不可抗力与当事人违法行为叠加的法律后果。但是,通说认为,主张基于不可抗力免责时,不可抗力必须是造成损害的唯一因素,当事人对损害的发

---

① 杨立新:《侵权法论》(第5版),人民法院出版社2013年版,第354页。

生和扩大不能产生任何作用。① 因此,根据现行法律,在污染者违法与不可抗力叠加时,污染者不得基于不可抗力免责。

法律不允许污染者在其违法行为与不可抗力叠加时基于不可抗力免责,是为了促使污染者遵守相关法律规范。很多污染者出于侥幸心理,设备设施的配备和运行不完全符合法律规定,在很多时候也不会造成环境污染损害,但是一旦遇到暴雨等不可抗力,就会造成严重的环境污染。此时不允许污染者基于不可抗力免责,能够加重污染者违法的成本,促使污染者合规建设和运行安全生产、环境保护设施,合规排放污染物。

(五)不可抗力直接作用于受害人的情形

不可抗力通过两种方式造成损失:一是直接作用于受害人导致的损失,二是先作用于污染者,然后导致环境侵权造成受害人损失。不可抗力的免责问题,仅仅涉及后一种方式。这两种方式是两个不同的问题,考虑到容易混淆,在此予以说明。

案例讨论 3-5

符乃华、李表与广东粤电湛江风力发电有限公司水污染责任纠纷案

2012年6月18日和26日,李表、符乃华分别在位于广东省徐闻县新寮镇洋前对虾养殖场虾塘里投放南美白对虾苗,其中,符乃华第1号虾塘水面面积1.8亩,第6号虾塘水面面积4.3亩;李表第1号虾塘水面面积5亩。2012年8月14日7时左右,粤电公司位于徐闻县新寮镇洋前风电场第十四号风机由于风机齿轮漏油飘滴在符乃华、李表的虾塘里,符乃华、李表发现后,遂向粤电公司反映,粤电公司和符乃华、李表虽然采取了一些救治措施,但效果不明显,符乃华的第1、6号虾塘和李表的第1号虾塘养殖的南美白对虾出现病变死亡。

事故发生后,符乃华、李表与粤电公司协商无法达成一致意见。2012

---

① 杨立新:《侵权法论》(第5版),人民法院出版社2013年版,第353页。

年8月23日,符乃华、李表向徐闻县新寮镇人民调解委员会提出调解申请。尔后,徐闻县经济促进局、徐闻县环保局、徐闻县海洋与渔业局、徐闻县新寮司法所组成联合小组对该事故进行调处。徐闻县新寮司法所分别委托湛江市海洋与渔业环境监测站、徐闻县物价局价格认证中心对虾塘水环境(监测项目:石油类)、虾预期收益价格进行鉴定。2012年9月10日,湛江市海洋与渔业环境监测站作出编号 2012091001《监测报告》,监测项目及结果为:采样点符乃华1号塘,石油类0.30 mg/L;6号塘,石油类0.35 mg/L;采样点李表1号塘,石油类0.28 mg/L。同年10月12日,徐闻县物价局价格认证中心作出徐价认(2012)117号和119号《关于南美白对虾收益的价格鉴定结论书》,对符乃华第1、6号和李表第1号虾塘养殖的对虾(90天一造)预期收益进行价格鉴定,鉴定过程为先计算出鱼虾在长成之后的预期完全收益,然后扣减事故发生时至鱼虾长成之间的未实际发生的后期成本投入。价格鉴定结论为:符乃华本次标的物预期收益价格为109312元;李表本次标的物预期收益价格为89600元。符乃华、李表与粤电公司对该鉴定结论未提出复核申请。2012年10月26日,在新寮镇人民调解委员会调解时,李表承认其养殖的第1、2号虾塘收获对虾955斤,出售价格为每斤10元。

在新寮镇人民调解委员会调解失败后,符乃华、李表向徐闻县人民法院提起诉讼,请求:(1)判令粤电公司赔偿符乃华虾塘污染造成南美白对虾死亡损失109312元,虾塘清污费4760元;(2)判令粤电公司赔偿李表虾塘污染造成南美白对虾死亡损失89600元,虾塘清污费1870元。庭审时,符乃华、李表表示放弃要求粤电公司赔偿虾塘清污费4760元、1870元的主张。

一审法院查明:2012年第13号台风"启德"于2012年8月17日在湛江市麻章区湖光镇沿海登陆,登陆时中心最大风力13级(38米/秒)。受其影响,徐闻县最大风力7级,阵风10级,并普遍出现暴雨,局部大暴雨。2012年8月16日、17日、18日徐闻观测站录得雨量分别为14.5毫米、123.6毫米、0.2毫米。

一审法院认为,本次鉴定产量为标的物正常成长至收益期的预期收益产量,未考虑自然灾害等因素。而在事故发生的2012年8月17日,第13

号台风"启德"在湛江市麻章区湖光镇沿海登陆。受其影响,徐闻县最大风力7级,阵风10级,并普遍出现暴雨,局部大暴雨。当天,徐闻观测站录得雨量为123.6毫米。因此,综合考虑台风暴雨等因素对养虾的实际影响,一审法院酌定粤电公司承担75%的赔偿责任,并同时扣除李表已经收获的标的物的价值。

一审原被告均不服一审判决,上诉至湛江市中级人民法院。经审理,二审维持原判。

(资料来源:广东省湛江市中级人民法院(2014)湛中法民一终字第514号民事判决书。)

二、紧急避险

(一) 紧急避险的涵义

紧急避险,是指为了社会公共利益、自身或者他人的合法利益免受更大的损害,在不得已的情况下采取的造成他人少量损失的紧急措施。

构成紧急避险,必须具备如下要件:第一,危险正在发生并威胁公共利益、本人或者他人的合法利益。第二,采取紧急避险须为不得已。第三,避险行为不得超过必要的限度。

(二) 与紧急避险有关的法律责任

《侵权责任法》第31条规定与紧急避险有关的法律责任:"因紧急避险造成损害的,由引起险情发生的人承担责任。如果危险是由自然原因引起的,紧急避险人不承担责任或者给予适当补偿。紧急避险采取措施不当或者超过必要的限度,造成不应有的损害的,紧急避险人应当承担适当的责任。"

根据该规定,与紧急避险有关的基本责任规则包括如下方面:

第一,引起险情发生的人承担责任。在一般情况下,如果有引起险情发生的人,应由引起险情发生的人承担民事责任。引起险情发生的人,既可能是第三人,也可能是紧急避险人自己,还可能是避险行为的受害人。险情发生系由紧急避险人引起的,由紧急避险人对自己的过错负责。险情发生系由紧急避险人的受害人引起的,避险受害人对自己的过错负责。险情发生系由第三人引起的,第三人对自己的过错负责。以上主体对自己过错负责的范围,应以紧急避险必要限度或避险措施得当所造成的损失为标准,超过部分不应由其负责。对于第三人引起的险情,下文有关第三人过错的部分将进一步阐述。

第二,自然原因引起险情的责任。在危险系由自然原因引起,没有引起险情发生的人的情形,责任的承担分为两种情况。一是在一般情况下,紧急避险人不承担责任,对造成的损失不予赔偿。二是在特殊情况下,避险人也可以承担适当的民事责任。此时可以适用《侵权责任法》第 24 条有关公平责任的规定。该条规定:"受害人和行为人对损害的发生都没有过错的,可以根据实际情况,由双方分担损失。"需要考虑的实际情况,应当包括紧急危险的情形、当事人的经济状况、有无保险等情况。在分担损失时,数额、比例应当适当,应当考虑当事人的承受能力。

第三,超过必要限度的赔偿。紧急避险采取措施不当或者超过必要限度,造成不应有的损害的,避险人应当承担适当的责任。

第四,受益人适当补偿。如果既没有第三人的过错,紧急避险人本身也没有过错,并且遭受损害的人与受益人非为同一人的,则受益人应当适当补偿受害人的损失。这是因为,受益人的利益得到保全或者损失得以减少,是以牺牲受害人的利益为前提的。

环境污染事故可能对他人构成紧急危险。如果因此处于紧急危险状态的人,为保护自己或者他人的合法权益采取合理的紧急避险行为并造成第三人损害的,污染者应当承担紧急避险造成的损害。

三、受害人过错

(一) 受害人过错致其损害的涵义

受害人过错引起的损失,是指损害的发生或扩大是由于受害人的故意或过失引起的。受害人过错致其损害,是侵权损害的一种特殊情形。

受害人过错的过错形态,包括故意和过失,其中过失又可以进一步分为重大过失和一般过失。受害人故意,是指受害人明知自己的行为会发生损害自己的后果,并且希望或者放任此种结果发生的心理状态。受害人重大过失,是指受害人对于自己的人身和财产安全毫不顾及、极不注意的心理状态。其他过失,即为受害人的一般过失。

(二) 受害人过错致其损害的法律责任

对于受害人过错致其损害的法律责任,应当考虑受害人的过错形态、侵权行为应当适用的归责原则、加害人的过错形态等因素。根据受害人主观过错程度,行为人承担不同程度的法律责任,分为以下三种情形:

第一,损害完全是由于受害人故意造成的,行为人应当获得免责。《侵权责任法》第 27 条规定:"损害是因受害人故意造成的,行为人不承担责任。"本条适用于损害完全是由于受害人的故意造成的情形,即受害人的故意是损害发生的唯一原因。如果受害人的故意不是发生损害的唯一原因,则需要适用《侵权责任法》第 26 条或者其他规定。下文将进一步讨论《侵权责任法》第 26 条。不论侵权行为应当适用何种归责原则,对于受害人故意造成的损害,加害人都可以获得免责。对于应当适用过错责任归责原则的加害行为,如果加害人只有轻微过失,而受害人具有故意,则加害人也可获得免责。[①] 需要注意的是,基于受害人故意的免责是以受害人具有相应的民事行为能力为前提的。如果无民事行为能力人造成自身损害时也介入了加害人的轻微过失,加害人仍然应当承担适当的责任。[②]

第二,受害人的故意不是损害发生的唯一原因时,可以减轻侵权人的责任。《侵权责任法》第 26 条规定:"被侵权人对损害的发生也有过错的,可以减轻侵权人的责任。"该条使用的是"过错"一词,当然包括故意的心理形态。如果仅针对受害人故意讨论该条的适用,则可以将该条重新表述为:被侵权人对损害的发生也有故意的,可以减轻侵权人的责任。此规则不仅适用于

---

① 杨立新:《侵权法论》(第 5 版),人民法院出版社 2013 年版,第 350 页。
② 同上;王利明、杨立新:《侵权行为法》,法律出版社 1997 年版,第 88 页。

加害人的过错责任,也适用于加害人的无过错责任。只要是受害人存在故意,受害人即应承担相应的责任。在其故意不是致害的唯一原因时,即使侵权人应当承担无过错责任,也可以减轻侵权人的责任,否则有失公平并且可能蕴含道德风险。

第三,受害人存在过失并且其过失与其损害之间有因果关系时,需要根据侵权人应当适用的归责原则,分别分析:

一方面,应当对侵害人适用过错责任的归责原则的情形,在侵权人和受害人对损害的发生都有过错时,可以减轻侵权人的责任。但是,如果只有受害人对损害的发生有过错,而行为人对损害的发生没有过错,则该行为人不需要承担责任。

另一方面,应当对侵害人适用无过错或者过错推定的归责原则的情形,侵权人能否获得(部分)免责,情况较为复杂,并且在理论和实践中都存在争议。有观点认为,应当依照立法的特殊规定确定,即立法规定可以作为减轻责任事由的,可以减轻侵权人的责任;如果没有该特别规定的,则不能作为减轻侵权人责任的事由。① 该观点可能存在一些问题。从总则与分则的关系来看,《侵权责任法》第 27 条为总则的内容,当然适用于各分则部分,除非分则部分另有不同的规定。如果分则部分没有特别规定,自然应当适用总则的规定,即侵权人有权获得减轻责任。《侵权责任法》分则部分确实有些关于无过错责任的条文,明确规定受害人的过失或者重大过失可以作为侵权人减轻责任的事由。比如,第 72 条规定:"占有或者使用易燃、易爆、剧毒、放射性等高度危险物造成他人损害的,占有人或者使用人应当承担侵权责任,但能够证明损害是因受害人故意或者不可抗力造成的,不承担责任。被侵权人对损害的发生有重大过失的,可以减轻占有人或者使用人的责任。"又如,第 73 条规定:"从事高空、高压、地下挖掘活动或者使用高速轨道运输工具造成他人损害的,经营者应当承担侵权责任,但能够证明损害是因受害人故意或者不可抗力造成的,不承担责任。被侵权人对损害的发生有

---

① 《中华人民共和国侵权责任法注释本》,法律出版社 2015 年版,第 35 页。

过失的,可以减轻经营者的责任。"还有些分则条文没有明确规定受害人过失是否可以侵权的免责事由,但是特别予以补充规定的。比如,《侵权责任法》第 71 条规定:"民用航空器造成他人损害的,民用航空器的经营者应当承担侵权责任,但能够证明损害是因受害人故意造成的,不承担责任。"民用航空器或从民用航空器落下的人或物造成地面上的人身、财产损害的,也属于民用航空器致人损害的范围。《民用航空法》第 127 条和第 161 条规定,飞行中的民用航空器或者从飞行中的民用航空器落下的人或物,造成地面上的人身伤亡或者财产损害的,民用航空器的经营人能够证明损害是部分由于受害人的过错造成的,相应地减轻其赔偿责任。但是,这些规定的存在,并不能被解读为只有分则或者特别法明确作出规定,侵权人才可以受害人过失作为减轻责任的事由。当然,这也并不意味着分则的规定或者特别法的规定是没有意义的。相反,这些规定很有意义,因为这些规定区分了受害人的过失和重大过失,明确了侵权人能够以受害人的所有过失还是只能以受害人的重大过失作为减轻责任的事由。比如,根据《侵权责任法》第 72 条的规定,对于高度危险物损害责任,只有被侵权人对损害的发生有重大过失的,才构成占有人或使用人减轻责任的事由。对于第 74 条规定的遗失、抛弃高度危险物损害责任以及第 75 条规定的非法占有高度危险物损害责任,也应当理解为以受害人的重大过失为减轻责任的事由。虽然这两条没有明确规定,但是基于这两条规定的损害也是由于高度危险物导致的损害,因此对于受害人过失作为侵权人的免责事由,应当作出相同的要求。有些环境保护单行法也对受害人过失作为侵权人减轻责任事由的规定。比如 2008 年《水污染防治法》第 85 条第 3 款规定:"水污染损害是由受害人重大过失造成的,可以减轻排污方的赔偿责任。"该规定也是以受害人的重大过失作为侵权人减轻责任的事由。总体而言,对于侵权人应当承担无过错责任的侵权行为,规定只有在受害人具有重大过失时才能够作为减轻责任的事由,有利于体现侵权人在过错责任和无过错责任方面的责任轻重区别,有利于体现社会对于危险程度高、更加应予责难的行为的严厉态度,有利于更好地保护受害人,有利于实现侵权人和受害人之间的利益平衡。如果应当对侵权人适用无过错责任,作为减轻侵权人责任的事由,应当以重大过失为一般规则,以普通过失为特殊。在侵权人应当承担无过错责任的情形,如果法律没有明确规定以受害人的过失或者重大过失作为减轻侵权人责任的事由,应当将《侵权责任法》第26条规定的受害人过错中的过失形态解释为重大过失,毕竟该条使用了"可以"一词,赋予了法官一定的裁量权。

此外,对于《侵权责任法》第26条中规定的"被侵权人对损害的发生也有过错的"中使用的"也"字的含义,也需要进一步思考。基于该条所使用的"也"字,有观点认为该条仅适用于受害人和加害人都有过错的情形,而不适用于加害人没有过错的情形。[①] 该观点可能存在一定的问题。在侵害人应当承担无过错责任的情形,侵害人是否有过错并不影响其侵权责任的成立。在侵害人无过错但是应当根据无过错责任的归责原则承担侵权责任的情形,如果受害人存在故意的并且其故意不是造成其损害的唯一原因,侵权人仍然可以基于受害人的故意主张减轻责任。对于《侵权责任法》第26条中的"也"字,更为合理的解释是,侵权人主张减轻责任限于受害人因为过错也需要承担责任的情形。"也"真正指向的是受害人需要承担责任,即受害人也需要承担责任,并不是暗指侵权人一定存在过错。"也有过错",实际暗示了对于受害人不能适用无过错责任的归责原则,而只能适用过错责任。

受害人重大过失作为减轻责任的事由争议较小,但是能否作为免责事由,存在较大争议。有观点认为,如果损害完全是由受害人的重大过失所致,加害人对损害的发生没有任何过错,则加害人应当获得免责。如果加害人具有过错,则只在加害人具有轻微过失的情况下,才可以免除加害人的责任。在其他情形则应按照过失相抵规则处理。[②]

[①] 王利明:《侵权责任法研究》(上),中国人民大学出版社2011年版,第395页。
[②] 杨立新:《侵权法论》(第5版),人民法院出版社2013年版,第351页。

第四章　举证责任及证明方法问题

第一节　关于损害的证明责任及证明方法问题

一、对于损害的举证责任

"证明责任乃是诉讼的脊梁。"民事证明责任在民事诉讼法中居于关键地位,是实体法与程序法交汇的主战场,是法院裁判中法律表达与法律实践最激烈碰撞的领域。①《民事诉讼法》第64条规定,当事人对自己提出的主张,有责任提供证据。该规定即为"谁主张,谁举证"的原则。《侵权责任法》第66条虽然规定对于环境污染责任实行举证责任倒置,但是被倒置的举证责任仅仅是因果关系,而不包括损害,原告仍应当对其主张的损害承担举证责任。因此,原告应当注意保全证据,避免因为没有及时收集证据、证据灭失等原因影响举证。

与无过错责任归责原则相适应,《侵权责任法》第66条规定,因污染环境发生纠纷,污染者应当就法律规定的不承担责任或者减轻责任的情形及其行为与损害之间不

---

① 肖建国、包建国:《证明责任:事实判断的辅助方法》,北京大学出版社2012年版,自序。

存在因果关系承担举证责任。该条规定重申了《水污染防治法》(2008年修订)第87条、《固体废物污染环境防治法》第86条、《最高人民法院关于民事诉讼证据的若干规定》第4条、《最高人民法院关于适用〈中华人民共和国民事诉讼法〉若干问题的意见》第74条等规定所体现的举证责任。根据该条规定，环境污染侵权实行因果关系的举证责任倒置。相对于"谁主张，谁举证"的基本规则，举证责任倒置免除了本应由原告承担的举证责任，而就待证事实的反面事实，由被告承担举证责任。对环境污染侵权实行举证责任倒置，有利于解决因果关系的证明问题，有利于保护受害者的合法权益。对于因果关系的举证责任等问题，本书下文将进一步分析。

案例讨论 4-1

原告对于损害的举证责任

某生物公司承租了临湘庙港湖、云溪长港湖的养鱼水域用于养殖珍珠蚌。2015年5月，某生物公司发现有珍珠蚌死亡，但未对珍珠蚌死亡原因进行鉴定。某生物公司认为某药业公司通过其厂区大门前的排污口向珍珠蚌养殖水域排放了污染物，致使珍珠蚌死亡，应当赔偿损失，遂诉至法院。

岳阳市云溪区人民法院认为，畜牧水产部门在请求评估的报告中称，珍珠蚌死亡"疑似"污染中毒所致。但某生物公司对死亡珍珠蚌未进行生物化验，也未保存提交生物样本，导致珍珠蚌死亡原因无法查清。因珍珠蚌在养殖过程中投放有机肥等物质也有可能导致养殖水域的化学需氧量等数值发生变化，而监测报告并未就水质是否被某药业公司的工业有害物质污染作出结论，亦不能证明珍珠蚌的死因。此外，本案中争议的排水口系与公路S201线的排水沟相连，公路沿线及工业园区附近的水流皆由此排出，并非某药业公司专用的排水口，因此不足以证明某药业公司通过该排水口进行排污行为。故判决驳回某生物公司要求某药业公司赔偿损失的诉讼请求。二审维持了原判。

（资料来源：湖南某生物公司诉岳阳某药业公司环境污染责任纠纷案，湖南省岳阳市云溪区人民法院民事判决书(2016)湘0603民初301号。）

二、损害鉴定评估方法

损害认定是环境污染侵权损害赔偿纠纷中的重要问题。在很多环境污染纠纷中,污染者自己也知道自己存在污染,无法避免败诉,于是将诉讼的重点放在减轻责任上,包括尽量减少赔偿金数额。可以说,在这样的案件中,污染者即使败诉,但是如果实际承担的责任低于法律规定,低于自己的心理预期,需要支付的赔偿数额远远小于其能够接受的赔偿上限,对其来说也是虽败犹胜,对于受害人则是虽胜犹败。因此,损害赔偿、损害评估问题,应当是法院和环境律师的重要工作之一。最高人民法院也强调,各级人民法院应当确保环境侵权受害人得到及时全面的赔偿。[①]

损害评估必须要有符合法律规定的科学、合理的评估方法和技术规范。环境保护部、农业部、司法部对于提高环境损害评估服务水平、推动环境损害评估的规范化,作出了很大的努力。2015年12月21日,司法部、环境保护部联合下发了《关于规范环境损害司法鉴定管理工作的通知》,对环境损害司法鉴定行业的未来发展规划、环境损害司法鉴定工作要求、执业类别、规范管理作出了统一的规定和要求。目前,对于环境损害评估最常用、最重要的技术方法为《环境损害鉴定评估推荐方法(第Ⅱ版)》和《渔业污染事故经济损失计算方法》。

(一) 环境损害鉴定评估推荐方法

环境保护部于2011年5月发布了《关于开展环境污染损害鉴定评估工作的若干意见》,要求在评估环境损害时坚持污染者负担原则,旨在解决"违法成本低,守法成本高"的突出问题,全面追究污染者的环境责任。[②] 该《意见》以附件的形式,发布了《环境污染损害数额计算推荐方法(第Ⅰ版)》(以

[①] 最高人民法院:《关于为加快经济发展方式转变提供司法保障和服务的若干意见》(法发〔2010〕18号)(2010年6月29日),载http://www.court.gov.cn/qwfb/sfwj/yj/201008/t20100811_8490.htm(2017年7月25日访问)。

[②] 环境保护部:《关于开展环境污染损害鉴定评估工作的若干意见》(环发〔2011〕60号)(2011年5月25日),载http://www.zhb.gov.cn/gkml/hbb/bwj/201105/t20110530_211357.htm(2015年5月3日访问)。

下简称《推荐方法(第Ⅰ版)》)。环境保护部将该《方法》的适用范围定位为:"主要适用于指导试点地方环境保护部门开展突发性环境污染事故的损害评估工作,也可作为环境污染纠纷处理或环境污染案件审理时的参考。"

为贯彻落实中国共产党《十八大报告》和中国共产党第十八届三中全会关于"实行最严格的损害赔偿制度、责任追究制度"的精神,积极推进环境损害鉴定评估技术规范体系建设,环境保护部委托环境保护部环境规划院在借鉴国内外环境损害鉴定评估方法并总结国内外环境损害鉴定评估实践经验的基础上,对《推荐方法(第Ⅰ版)》进行了修订,编制完成了《环境损害鉴定评估推荐方法(第Ⅱ版)》(以下简称《推荐方法(第Ⅱ版)》)。环境保护部办公厅于 2014 年 10 月 24 日印发了该推荐方法,供有关单位在开展环境污染损害鉴定评估有关工作中参照执行。① 该方法适用于因污染环境或破坏生态行为(包括突发环境事件)导致人身、财产、生态环境损害、应急处置费用和其他事务性费用的鉴定评估,但是不适用于因核与辐射所致环境损害的鉴定评估,也不适用于突发环境事件应急处置阶段环境损害评估。对于突发环境事件应急处置阶段环境损害评估,应适用《突发环境事件应急处置阶段环境损害评估技术规范》。

《推荐方法(第Ⅱ版)》将环境损害定义为:因污染环境或破坏生态行为导致人体健康、财产价值或生态环境及其生态系统服务的可观察的或可测量的不利改变。② 该定义是根据 2014 年修订后的《环境保护法》以及相关司法解释作出的,比第Ⅰ版对环境损害的定义更为准确。《推荐方法(第Ⅱ版)》规定的损害评估方法,涵盖了人身损害、财产损害、生态损害、应急处置费用、事务性费用等方面的损害。

对于人身损害,该《推荐方法(第Ⅱ版)》将其定义为"因污染环境行为导

---

① 环境保护部办公厅关于印发《环境损害鉴定评估推荐方法(第Ⅱ版)》的通知(环办[2014]90 号)(2014 年 10 月 24 日),载 http://www.mep.gov.cn/gkml/hbb/bgt/201411/t20141105_291159.htm(2015 年 5 月 3 日访问)。

② 该《推荐方法》对"环境损害"的定义与环境法学界对"环境损害"的通说定义不同,如果将该《推荐方法》所指的"环境损害"表述为"环境污染和生态破坏所导致的损害"更好。

致人的生命、健康、身体遭受侵害,造成人体疾病、伤残、死亡或精神状态的可观察的或可测量的不利改变",并援用《最高人民法院关于审理人身损害赔偿案件适用法律若干问题的解释》《最高人民法院关于确定民事侵权精神损害赔偿责任若干问题的解释》计算人身损害赔偿数额和精神损害抚慰金。

财产损害,指因污染环境或破坏生态行为直接造成的财产损毁或价值减少,以及为保护财产免受损失而支出的必要的、合理的费用。生态环境损害,指由于污染环境或破坏生态行为直接或间接地导致生态环境的物理、化学或生物特性的可观察的或可测量的不利改变,以及提供生态系统服务能力的破坏或损伤。应急处置费用,指突发环境事件应急处置期间,为减轻或消除对公众健康、公私财产和生态环境造成的危害,各级政府与相关单位针对可能或已经发生的突发环境事件而采取的行动和措施所发生的费用。事务性费用,指污染环境或破坏生态环境行为发生后,各级政府与相关单位为保护公众健康、公私财产和生态环境,减轻或消除危害,开展环境监测、信息公开、现场调查、执行监督等相关工作所支出的费用。生态系统服务,指人类或其他生态系统直接或间接地从生态系统获取的收益。生态系统的物理、化学或生物特性是生态系统服务的基础。

生态系统服务功能、基线、期间损害、永久性损害,是理解损害赔偿范围的 4 个关键词。生态系统服务功能,指人类或其他生态系统直接或间接地从生态系统获取的收益。基线,指污染环境或破坏生态行为未发生时,受影响区域内人体健康、财产和生态环境及其生态系统服务的状态。期间损害,指生态环境损害发生至生态环境恢复到基线状态期间,生态环境因其物理、化学或生物特性改变而导致向公众或其他生态系统提供服务的丧失或减少,即受损生态环境从损害发生到其恢复至基线状态期间提供生态系统服务的损失量。永久性损害,指受损生态环境及其服务难以恢复,其向公众或其它生态系统提供服务能力的完全丧失。① 该定义涵盖的赔偿范围除了直接损失之外,还包括间接损失。而且,根据该《推荐方法》计算出的间接损

---

① 《环境损害鉴定评估推荐方法(第 II 版)》。

失,一般都会大于直接损失。

该《推荐方法(第Ⅱ版)》没有具体讨论人身损害的计算方法,但是对于财产损害、应急处置费用、污染修复费用等有较为深入的讨论。

表 4-1 财产损害评估方法

评估子项目	评估方法
固定资产损失	如果完全损毁,采用重置成本法计算;如果部分损毁,采用重置成本法或修复费用法计算
流动资产损失	按不同流动资产种类分别计算购置时的价格与残值之间的差额,并汇总
农产品财产损失	按照《农业环境污染事故司法鉴定经济损失估算实施规范》(SF/ZJD 0601001)、《渔业污染事故经济损失计算方法》(GB/T 21678)和《农业环境污染事故损失评价技术导则》(NY/T 1263)计算
林业损失	直接市场价值法计算,评估方法参见农产品财产损失计算方法
清除财产污染的额外支出	通过审核额外支出费用的票据后进行计算

(资料来源:《环境损害鉴定评估推荐方法(第Ⅱ版)》。)

生态环境损害评估方法包括替代等值分析方法和环境价值评估方法,其中替代等值分析方法包括资源等值分析方法、服务等值分析方法和价值等值分析方法,环境价值评估方法包括直接市场价值法、揭示偏好法、效益转移法和陈述偏好法。在选择方法时,优先选择替代等值分析方法中的资源等值分析方法和服务等值分析方法。以上每种方法中,又包含进一步细分的评估方法。比如,常用的环境价值评估方法中包含揭示偏好法,而揭示偏好法中又包含虚拟治理成本法等方法。所谓虚拟治理成本,是按照现行的治理技术和水平治理排放到环境中的污染物所需要的支出。虚拟治理成本法适用于环境污染所致生态环境损害无法通过恢复工程完全恢复、恢复成本远远大于其收益或缺乏生态环境损害恢复评价指标的情形。虚拟治理成本法的具体计算方法,应遵守《突发环境事件应急处置阶段环境损害评估技术规范》。近年来数十个生态损害案件都使用虚拟成本法评估环境损害,主要是民事案件①,也有少量刑事案件②。

应急处置费用,应按照《突发环境事件应急处置阶段环境损害评估技术规范》进行评估。事务性费用,应按实际支出进行汇总统计。

(二) 渔业污染事故经济损失计算方法

渔业污染事故,是指单位和个人将某种物质和能量引入渔业水域,损坏渔业水体使用功能,影响渔业水域内的水生生物繁殖、生长或造成该生物死亡、数量减少,以及造成该生物有毒物质积累、质量下降等,对渔业资源和渔业生产造成损害的事实。③ 对于渔业污染事故所导致的损失,农业部曾经于1996年10月发布了《水域污染事故渔业损失计算方法规定》(以下简称《损失计算方法规定》),作为经济损失鉴定与评估的主要法律依据。《损失计算方法规定》对于渔业因污染而受到损害时应当赔偿的范围作出了较为详细规定,主要将直接经济损失纳入赔偿范围,但是对于天然渔业资源,也考虑了渔业资源恢复费用。具体规定如下:(1) 因渔业环境污染、破坏直接对受害单位和个人造成的损失,在计算经济损失额时只计算直接经济损失;(2) 直接经济损失包括水产品损失、污染防护设施损失、渔具损失以及清除污染费和监测部门取证、鉴定等工作的实际费用;(3) 因渔业环境污染、破坏不仅对受害单位和个人造成损失,而且造成天然渔业资源和渔政监督管理机构增殖放流资源无法再利用,以及可能造成的渔业产量减产等损失,在计算经济损失额时,将直接经济损失额与天然渔业资源损失额相加。

农业部1996年10月发布的《水域污染事故渔业损失计算方法规定》对

---

① 比如,泰州市环保联合会与泰兴锦汇化工有限公司等环境污染侵权赔偿纠纷案,最高人民法院(2015)民申字第1366号民事判决书,《中华人民共和国最高人民法院公报》2016年第5期;连云港市赣榆区环境保护协会诉王升杰环境污染损害赔偿公益诉讼案,《中华人民共和国最高人民法院公报》2016年第8期;徐州市鸿顺造纸有限公司环境污染责任纠纷案,江苏省徐州市中级人民法院(2015)徐环公民初字第6号民事判决书,江苏省高级人民法院(2016)苏民终1357号民事判决书;江苏省常州市人民检察院诉许建惠、许玉仙民事公益诉讼案,最高人民检察院指导案例第28号。

② 比如,陈伯银污染环境案,江苏省泰州市海陵区人民法院(2016)苏1202刑初244号刑事判决书;瑞安宝源化工有限公司、林文弟等污染环境案,浙江省瑞安市人民法院(2015)温瑞刑初字第1329号刑事判决书。

③ 《渔业污染事故经济损失计算方法》(GB/T 21678—2008)。

于污染事故渔业损失量、污染事故经济损失量都规定了若干计算方法。《渔业污染事故经济损失计算方法》(GB/T 21678—2008)在《计算方法规定》的基础上增加了直接计算法、比较法、定点采捕法、模拟实验法、生产效应法等计算方法,并进一步完善了原有的计算方法。

表 4-2　渔业污染事故经济损失计算方法及其适用对象

评估事项	计算方法	适用对象
污染事故渔业损失量	直接计算法	本方法适用于天然渔业水域渔业资源损失量的评估(不包括定点采捕法的评估范围),并且: ——拥有事故发生前近5年内同期渔业资源调查历史资料; ——拥有事故发生后渔业资源现场调查资料。
	比较法	本方法适用于天然渔业水域渔业资源损失量的评估。并且: ——无事故发生前近5年内同期渔业资源调查历史资料; ——拥有事故发生后,污染区和非污染区渔业资源现场调查资料,非污染区为污染区的邻近区域。
	定点采捕法	本方法适用于天然水域底栖渔业生物和底播养殖区等无法拖网采样,但可进行定点采捕区域渔业生物资源损失量的评估。
	围捕统计法	本方法适用于能进行围捕操作的湖泊、外荡以及浅型水库等渔业资源量的损失评估。
	统计推算法	本方法适用于增养殖水域渔业生物损失量的评估,并且: ——能提供确切的投苗数量; ——现场调查能获得损失率数据。
	调查统计法	本方法适用于增养殖水域渔业生物损失量的评估,现场调查能获取单位水体的生物量和损失率。
	模拟实验法	本方法是通过一定的试验手段评估外源污染物对养殖生物造成的危害。适用于污染物不是单一物质,或为渔业水质标准、海水水质标准和地表水环境质量标准中没有列出的物质,或污染物不明确但造成生物大量急性死亡的事故,主要用于苗种生产或封闭式养殖受外源污染造成生物损失的评估。

(续表)

评估事项	计算方法	适用对象
污染事故渔业损失量	生产效应法	适用于增养殖水域渔业生物量的损失评估,也可用于天然渔业水域渔业生产的损失评估。并且: ——由于环境条件所限,无法获得放苗数量等资料; ——现场调查无法进行单位面积生物数量的定量调查; ——现场调查可获得污染前后评估生物生产情况资料。
	生产统计法	适用于增养殖水域渔业生物损失量的评估。并且: ——由于环境条件所限,无法获得放苗数量等资料; ——现场调查无法进行单位面积生物数量的定量调查; ——现场调研、调查无法获得污染后评估生物生产情况资料。
	专家评估法	当天然渔业水域环境比较复杂,难以进行现场定量调查,又无法获取满足上述几种方法所需资料时,可由有经验的专家组成评估组对渔业资源损失量进行评估。
	鱼卵、仔稚鱼评估法	适用于天然渔业水域鱼卵、仔稚鱼的损失评估,苗种场中鱼卵、仔稚鱼的损失可以参照本方法。
污染事故经济损失量	直接经济损失计算方法	渔业资源渔业生物损失量与该种水产品当地的平均价格指乘积减去后期投资。
	鱼卵、仔稚鱼经济损失计算方法	将鱼卵、仔稚鱼损失量换算为商品苗种损失量,乘以当地鱼类苗种的平均价格,减去苗种生产后期投资。
	天然渔业资源损失恢复费用的估算	适用于天然渔业资源。 由于渔业水域环境污染、破坏造成天然渔业资源损害,在计算经济损失时,应考虑天然渔业资源的恢复费用,原则上不低于直接经济损失额的3倍。

(资料来源:《渔业污染事故经济损失计算方法》(GB/T 21678—2008)。)

三、对损害认定的反思

(一)赔偿范围问题

赔偿范围是一个法律问题。在解决赔偿范围之后,才能委托损害评估机构对可赔偿项目进行评估鉴定,才能对评估鉴定意见作出审查。现实中,对于赔偿范围存在较大争议,主要涉及预期收益、预期损失、间接损失、生态服务功能损失等问题。

预期收益、预期损失是否纳入赔偿范围,在实践中存在争议。在渔业污染案中,由于污染所造成的消极影响往往是长期的,后期的损失难以避免。也就是说,污染造成的未来预期收益的损失是难免的,甚至是巨大的。由于司法实践中经常参考的行政规章《损失计算方法规定》中没有相关规定,因此司法实践中多数鉴定意见都基本没有涉及该项损失。例如,在江苏省徐州市中级人民法院审理的"申请再审人银燕公司与被申请人赵先才、王军山、孙宝林、顾洪生及原审被告张鸿公司环境污染损害赔偿纠纷案"中,法院委托东海县价格认证中心对赵先才、王军山的经济损失进行鉴定,认定二人的直接损失 70111 元,受污染鱼塘未来收益 110960 元。蹊跷的是,法院最后判决第三人孙宝林赔偿赵先才、王军山的经济损失 110960 元,刚好与受污染鱼塘未来收益吻合。① 但是判决书对此没有进一步的论证,因此无从知晓该金额到底是如何得来的,赔偿金额与未来收益之间到底是巧合还是本身等同。实践中已经出现了要求赔偿未来收益的案例。比如,在"浙江省象山县新桥镇崇馋港张祥和网箱养殖鲈鱼死亡事故案"中,鉴定意见对原告养殖鲈鱼的预期收益也作了评估。② 环境污染造成树木枯萎,虽然当时没有死亡,但是可以合理预计将会受到消极影响,因此造成的预期损失是否可以赔偿?法院倾向于采取支持态度。③

间接损失是否纳入赔偿范围,也是环境损害赔偿范围的一大争议。民事诉讼司法实践中,对环境侵权的受害人所遭受的财产损失,一般只赔偿直接损失,即现有财产的损害,一般不赔偿间接损失。有学者主张,加害人不仅应赔偿直接损失,也应赔偿间接损失,即"可得利益",并将"可得利益"界定为未来应当得到的但因环境污染而未能得到的收入。④ 对于间接损失的赔偿,在理论上属于所谓的"纯粹经济损失"问题。不同国家的侵权责任法

---

① 江苏省徐州市中级人民法院(2009)徐民二监字第 0005 号民事判决书。
② 《浙江省海洋渔业环境监测站渔业污染事故鉴定报告》[(2009)浙海渔环(鉴)字第(001)号]。
③ 王林与中国石油天然气股份有限公司长庆油田分公司第二采油厂财产损害赔偿纠纷案,甘肃省庆阳市中级人民法院(2015)庆中民终字第 169 号民事判决书。
④ 张梓太:《环境法律责任研究》,商务印书馆 2004 年版,第 119—120 页。

律制度对此态度不一,不仅两大法系之间存在较大差异,就是大陆法系内部的法国和德国也采取了不同的态度。我国侵权责任法对于纯粹经济损失采取部分认可的态度,但是对于环境损害中的间接损失是否纳入赔偿范围,尚未形成定论。在论证是否将间接损失纳入可赔偿的环境损害范围时,需要注意以下几点:第一,应当在总体保持加害人与受害人之间利益平衡的前提下,适当向受害人倾斜;第二,应当与其他相似性质的加害行为的赔偿范围基本保持一致,体现法律的公平性;第三,应当与因果关系问题结合在一起研究。赔偿范围不仅涉及侵权责任法的损害要件,也涉及因果关系要件。英美法对于侵害行为与损害结果之间的近因关系(proximity)要求,有一定的借鉴意义。总之,即使将间接损失纳入赔偿范围,也应当限定范围。应当纳入赔偿范围的间接损失,必须是极有可能实现的,而非遥不可及;必须有确定的范围,而非虚妄的利益。

生态服务功能损失是否应当纳入赔偿范围,如何纳入赔偿范围,还需要进一步思考。《推荐方法(第 I 版)》和《推荐方法(第 II 版)》都为生态服务功能损失提供了评估方法。在实践中,有些案件将生态服务功能损失纳入赔偿范围。比如,在"北京市朝阳区自然之友环境研究所、福建省绿家园环境友好中心诉谢知锦等四人破坏林地民事公益诉讼案"中,法院首次通过判决明确支持了生态环境受到损害至恢复原状期间服务功能损失的赔偿请求,判决被告共同赔偿生态环境受到损害至恢复原状期间服务功能损失 127 万元,用于本案的生态环境修复或异地公共生态环境修复。[①] 需要反思的是,在确定是否以及如何将生态服务功能纳入环境损害赔偿范围时,至少需要考虑受害人的主体地位以及损害与加害行为之间的远近程度。在私益诉讼中,可能更为适当的做法是,先考虑生态服务功能损失是否可以纳入直接损失或者间接损失的范围,然后根据适用于直接损失、间接损失的规则,

---

① 北京市朝阳区自然之友环境研究所、福建省绿家园环境友好中心诉谢知锦等四人破坏林地民事公益诉讼案,福建省南平市中级人民法院(2015)南民初字第 38 号民事判决书、福建省高级人民法院(2015)闽民终字第 2060 号民事判决书、最高人民法院(2016)最高法民申 1919 号民事裁定书。

确定是否应当纳入赔偿范围。对于公益诉讼而言,在考虑生态服务功能损失时,也许不应局限于侵权责任法,而应将物权法、合同法等其他民法领域以及行政法、刑法都考虑在内,综合构建污染环境、破坏生态的人与社会、国家之间的关系,进而决定是否将生态服务功能纳入损害赔偿范围。参考纯粹经济损失理论构建"纯粹环境损失"的概念,也许具有重要理论意义和实践价值。

(二)损害评估问题

对于纳入赔偿范围的损失,需要根据真实的事实,按照科学的方法,计算出赔偿金额。由于环境损害的复杂性,损失数额在很多案件中就成了一个专业性很强的事实问题,往往需要由鉴定机构对损失进行评估并出具鉴定意见。为了保证损害评估的科学性、准确性、可比性和公信力,需要通过司法鉴定技术规范等形式规定评估程序、计算方法等问题。目前我国司法实践中,损害评估存在以下问题:

第一,法院的委托不具体。鉴定评估机构的权限来自于法院的委托,法院在委托鉴定评估机构时,应当列明评估鉴定的事项和范围。相应地,鉴定评估机构在提交的报告中,也应当分项逐一列出鉴定意见和评估数额。这是因为,赔偿范围是法律问题,应由法院决定。然而在实践中,法院作出的有些鉴定评估委托过于概括,事实上将确定赔偿范围的权力交给了评估机构行使。加之有些鉴定意见和评估报告也没有很好地细分项目,分别报告鉴定意见、评估结果,导致质证困难,也容易误导法院。在很多损失鉴定中,鉴定意见只是笼统地报告直接损失的金额,而对金额的组成不予细分,这种鉴定结论是缺乏说服力的,也容易受到质疑。因此,法院应当在明确当事人的争点之后,在合适的时间作出明确、具体的鉴定评估委托。比如,对于水污染导致渔业损失案件中,法院就可以在委托中将水产品损失明确区分为不可食用的存鱼的损失额、因污染导致鱼类死亡的损失额、因水质污染导致的合理时间内养鱼收益降低所导致的损失额等子项目。鉴定机构也应当了解案情,就其接受委托提供鉴定意见的具体事项与法院沟通、确认,并在必要时向法庭、当事人解释,以便法院依据当事人的申请或者依职权调整委托评估鉴定的范围。

第二，鉴定评估技术规范需要进一步完善、进一步提高操作性。目前，有关计算损失的法律规则比较原则，操作性有待提高，导致鉴定评估机构的选择空间过大，也导致不同鉴定评估机构的鉴定意见差异过大，损害了鉴定意见、评估意见的权威性，加剧了当事人之间的争议。比如，以虚拟成本法评估污染修复费用时，不仅评估出来的修复费用高，而且根据不同系数计算出来的修复费用差异巨大，容易导致争议。在江苏省高级人民法院于2014年12月30日针对"江苏省泰州市环保联合会诉常隆农化等6公司环境污染侵权赔偿纠纷案"所作出的二审判决中，判令江苏常隆农化有限公司等六家公司赔付1.6亿元的环境修复费用，即是根据《环境污染损害数额计算推荐方法(第Ⅰ版)》中规定的虚拟成本法计算出来的。① 又如，《渔业污染事故经济损失计算方法》(GB/T 21678—2008)没有明确作为损失计算依据的水产品平均价格取值方法。水产品的平均价格取决于水产品种类、销售环节等方面。同种类但是不同产地、不同等级的水产品价格差异很大，损害发生地的价格部门或市场管理部门所统计的价格，既可能包括本地所产同类产品的价格，也可能包含外地输入本地的同类产品的价格，以本地和外地同类水产品的平均价格作为计算本地同类水产品的损失，并不合理。因此，在对平均价格进行取值时，应当考虑产地等因素。就销售环节而言，该国家标准规定水产品价格按照当时当地价格认证部门或市场管理部门提供的主要市场水产品平均零售价格计算，没有很好地考虑不同销售环节之间的价格差异。水产品的批发环节和零售环节价格差异很大，渔业污染的受害者主要是通过批发销售的方式出售水产品，因此应当适用批发价格计算损失。以零售价格计算损失会引起畸高的评估结果，导致对污染者的不公平。在有些案件中，被告已经对使用零售价格评估损失提出质疑，法院对此的态度不完全一致。

---

① 泰州市环保联合会与江苏常隆农化有限公司、泰兴锦汇化工有限公司等环境污染责任纠纷案，江苏省泰州市中级人民法院(2014)泰中环公民初字第00001号民事判决书、江苏省高级人民法院(2014)苏环公民终字第00001号民事判决书。

第三,鉴定评估技术规范中的有些术语容易引人误解,需要进一步规范。比如,《渔业污染事故经济损失计算方法》(GB/T 21678—2008)在规定"直接经济损失计算方法"时所使用的"直接经济损失"一词,与"直接损失"涵义就有所不同,容易引起误解。该标准中"直接经济损失计算方法"仅仅针对水产品本身的直接损失,并未包含受害者能够主张的全部直接损失。除了水产品本身的直接损失之外,受害者至少还有权主张农业部《水域污染事故渔业损失计算方法规定》所规定的污染防护设施损失、渔具损失以及清除污染费和监测部门取证、鉴定等工作的实际费用。与此相应,对于该标准所规定的"由于渔业水域环境污染、破坏造成天然渔业资源损害,在计算经济损失时,应考虑天然渔业资源的恢复费用,原则上不低于直接经济损失额的3倍",也应将"直接经济损失额"理解为"水产品损失额"。另外,《水域污染事故渔业损失计算方法规定》将清除污染费包含在直接损失中,这是合适的,因为清除污染必然存在费用。但是"清除污染费"的称呼也造成了一定的误解,即在渔业污染事故中,清除污染固然必要,然而更加重要的是恢复水域原状,而恢复水域原状需要耗费时间,更需要耗费成本。所以这里的"清除污染费"应该包括清除污染与恢复原状两部分的费用,而这种笼统的称呼似乎将恢复水域原状的费用排除在直接损失之外,为受害人的索赔带来一定的困难。

第四,如何处理尚未发生但是需要发生的费用,存在疑问。《渔业污染事故经济损失计算方法》(GB/T 21678—2008)规定,"清除污染费用按实际投入计算。"清除污染可能需要很长时间,而"实际投入"的数额,只能等到清理结束之后才可能算出。如果等到清理工作结束之后再请求赔偿,受害人可能无力先期承担清理费用,而且也可能超过诉讼时效。如果为了诉讼时效考虑,起诉之后再完成清理工作,法院可能需要中止案件审理,又会带来法院审限问题。在实践中,有些鉴定意见就以清除污染费用尚未发生为由,不予列出。例如,某评估报告就表明,"由于污染物的清除需要在第2年进行,污染水域的跟踪监测及污染物的清除费用不在此次的计算之内。"①当然,也有少数案件预估了尚未发生的污染清理费用。比如,湖北省襄阳市渔政船检港监管理处为"周金泉诉中石油宜城分公司环境污染侵权纠纷案"所做的《渔业经济损失鉴定书》单独列出了"鱼池恢复原状所需要的费用"一栏:"综合考虑池塘结构、地理位置、外周环境、交通条件,并参照类似案例,经鉴定人员评定,鱼池恢复原状所需要的费用取 3000 元/亩,计 3000×10.5＝31500 元。"《推荐方法(第Ⅰ版)》和《推荐方法(第Ⅱ版)》虽然列出了估算尚未发生的清理污染费用的方法,但是所采用的虚拟治理成本法又存在上述数额不精确的问题。

第五,鉴定评估所依据的参考数据,来源可疑、审查不严。由于缺乏科学手段,或者缺乏高度责任心,很多评估鉴定报告在采集基础性数据时,过于依赖受害人自述。受害人自述的客观性与其个人品格、当时的情绪与环境等具有重大关系,其客观性难以保证。在有些鉴定中,鉴定人为了保证客观性,直接在受害人自述的基础上予以扣减一定比例,这样的做法也会放纵那些不诚实的受害人,而伤害到诚信者。在采集、使用第三方参考数据时,很多鉴定报告不严谨。比如,《渔业污染事故经济损失计算方法》(GB/T 21678—2008)要求根据当地主要菜市场零售价格计算水产品损失额,但是很多评估鉴定意见没有明确、准确地交代参考价格的来源、确定方式。对于原始凭证的审查,也存在不严格之处。计算受害人的投资时,需要原始凭证作为依据。但是在鉴定评估时,很多证据都是白条收据、个人证明、案外人的证人证言等,随意性很大,真实性难以验证。为了提高损失鉴定评估的科学性,需要从以下几个方面加强:其一,鉴定或评估人应尽可能利用第三方数据,而减少对受害人自述的依赖程度;其二,第三方数据必须标明明确的来源,阐述引用该数据的科学性;其三,为了减少司法鉴定的不确定性,可以尝试委托鉴定前先进行质证,鉴定或评估应依据质证后的证据进行;其四,

---

① 时彦民、张红波:《九里涧水库渔业污染事故鉴定与经济损失的评估》,载《齐鲁渔业》2009年第 11 期。

鉴于我国的现实,确定损失时的原始凭证全部要求正规发票难度很大,但是对于这些真实性不强的凭证,鉴定人员有义务予以进一步核实。

(三) 法院对鉴定意见的审查

环境损害评估鉴定机构出具的评估报告或者鉴定报告,在证据性质上属于鉴定意见。鉴定意见属于专家证据的一种形式,由具有特别知识或者经验的专家接受委托,根据所提供的案件材料,运用自己的专门知识或技能,借助一定的方法和仪器,对于与案件事实有关的专门性问题进行研究、检验、分析后给出的判断性意见。鉴定意见仅仅针对事实问题中的专门性问题,对于法律问题和一般性事实问题,不适用鉴定。

对于鉴定意见,当事人有权质证。对于鉴定意见,法院有审查的权力,更有审查的义务,不应在不做审查的情况下对鉴定意见照单全收。从我国的司法实践可以看出,法院对于当事人所主张的损害赔偿范围、赔偿数额以及鉴定意见所评估的赔偿数额行使了审查权。司法实践表明,由权威机构按照一定的方法所作出的评估报告,对于法院有更强的说服力。评估报告的数额能否被法院接受,在多大程度上被法院接受,取决具体案件中评估报告所采用的基础数据、核算方法、评估机构的权威性等方面。

案例讨论 4-2

环境损害评估案例

一、完全接受

在"周金泉诉某加油站水污染纠纷案""江阴市环保局诉王文峰等 5 人污染责任纠纷案"等案件中,法院采纳了原告方对环境损害赔偿所主张的数额。在这些案例中,对环境损害的评估都是由比较权威的第三方按照权威方法计算出了合理的结果。有关"江阴市环保局诉王文峰等 5 人污染责任纠纷案"的详细案情,见下文有关"公益诉讼"的分析。

二、相关金钱凭证存在不实或者无其他证据佐证

在(2008)常鼎民初字第 628 号案中,原告尹昌健要求赔偿经济损失

57500元,并提交了两组证据。证据一为购虾、购水鱼苗和推龙虾池支付工资的凭证;证据二为丁时斌、尤建国的评估报告。但是湖南省常德市鼎城区人民法院认为,证据一系原告提供的白纸条凭证,并且也无其他证据充分佐证,证据二丁时斌、尤建国的评估报告也是基于证据一作出的。因此法院认为,原告提交的证据不足以证明经济损失数额。法院依据其调查报告走访材料将原告的经济损失酌定为15000元。

三、不符合客观实际情况

在(2009)株中法民一终字第120号判决书中,湖南省株洲市人民法院认为"茶陵县渔政管理站和价格认证中心作出的损失评估结论存在诸多方面的问题,在法律上是站不住脚的,不能作为认定实际损失的依据。从现实情况来看,对于实际损失,因鉴定难度大,任何鉴定机构都难以作出准确的结论,重新鉴定没有意义"。"茶陵县渔政管理站和价格认证中心所做的评估结论完全不符合客观实际,而且完全不符合法律规定,应认定为无效,不能作为认定损失的依据"。法院驳回了原告的诉讼请求。

四、法院较为详细地说明调整评估数额的理由

在(2012)高民初字第210号民事判决书中,山东省高密市人民法院对于鉴定机构对损失数额提供的鉴定意见作了调整,并较为详细地说明了调整理由。在该案中,双方协商共同委托东北农业大学司法鉴定中心的鉴定意见为:亩产山药3121.9公斤,单价5.4元/公斤。法院认为该鉴定程序合法,应予采信,但是认为该价格为山药成熟后的价格,本案原告山药受损时尚未成熟,后期挖掘山药的费用并未实际发生,因此应予扣减。

(资料来源:湖南省常德市鼎城区人民法院(2008)常鼎民初字第628号民事判决书;湖南省株洲市人民法院(2009)株中法民一终字第120号民事判决书;山东省高密市人民法院(2012)高民初字第210号民事判决书。)

第二节　对于加害行为的举证责任和证明方法问题

一、原告对加害行为的举证责任问题

根据《最高人民法院关于审理环境侵权责任纠纷案件适用法律若干问题的解释》第 6 条,原告应当就污染者排放了污染物承担举证责任。对于该条的理解,集中在原告需要证明的程度问题,即原告对于被告排放的污染物的成分和数量需要证明的程度。如果要求原告证明被告排放了造成自己损害的具体的污染物并且排放的该污染物达到了致害的程度,则要求过高,原告难以完成举证责任。如果仅仅要求概括式地证明被告排放了污染物,而不需要证明排放何种污染物,也可能要求过低。在实务中,原告对被告加害行为的举证责任与因果关系的举证责任密切相关,交织在一起。综合考虑,不应要求原告对于被告的加害行为承担过重的举证责任。

在实践中,原告可以借助政府信息公开、企业环境信息公开、环境监测等方式,完成举证责任。

二、通过政府信息公开证明加害行为的问题

政府负有信息公开义务,政府信息公开是我国推进依法行政的重要举措。2007 年制定的《政府信息公开条例》,是我国有关政府信息公开的综合性立法。2014 年修订的《环境保护法》对于环境保护领域的政府信息公开,规定了专门要求。环境保护部及其前身对于公开政府的环境信息,做了大量制度建设。早在 2007 年 4 月,原国家环境保护总局就以部门规章的形式发布了《环境信息公开办法(试行)》。此后,环境保护部又发布了多个与环境信息公开有关的文件。2013 年 7 月,环境保护部发布了《关于加强污染源环境监管信息公开工作的通知》,对信息公开的主体、内容、时限、方式、平台等多方面进一步细化,明确和规范了污染源监管信息公开。政府机关依

法公开的环境信息,为受害者获取污染者信息提供了重要的信息来源。

政府公开信息的方式包括主动公开和依申请公开两种方式。相应地,受害者获取有关加害行为的信息的方式也包括查询政府主动公开的信息以及申请政府公开相关信息两种方式。对于从政府机关获取的证据,应当赋予较高的证明力,但是也应当允许反证。

政府主动公开的环境信息中,与受害人举证加害行为比较密切的信息主要包括如下方面:环境影响评价报告书和报告表及批复、环保验收、排污许可证、其他行政许可、行政处罚,等等。

从受害人以及其他行政相对人的角度分析,依法获取环境信息,是公民、法人和其他组织的一项重要权利,是公众参与环境保护、监督环保法律实施的一项重要手段。对于属于依申请公开的信息以及政府应当主动公开但是没有主动公开的信息,受害人可以向负有信息公开义务的政府信息公开工作机构提出信息公开申请,以获取相关信息。受害人申请信息公开后,政府信息公开义务机关没有依法公开信息的,受害人可以提起行政诉讼。在申请内容明确具体且申请公开的信息属于公开范围的情况下,人民法院应当支持。

案例讨论 4-3

中华环保联合会诉贵州省贵阳市修文县环境保护局环境信息公开行政二审案

本案原告为中华环保联合会,被告为贵州省贵阳市修文县环境保护局。2011年10月,原告向贵州省清镇市人民法院环保法庭提起环境公益诉讼,起诉贵州好一多乳业有限公司超标排放工业污水。因案件需要好一多公司的相关环保资料,原告便向被告提出申请,要求被告向其公开好一多公司的排污许可证、排污口数量和位置、排放污染物种类和数量情况、经环保部门确定的排污费标准、经环保部门监测所反映的情况及处罚情况、环境影响评价文件及批复文件、"三同时"验收文件等有关环境信息,并于2011年10月

28日将信息公开申请表以公证邮寄的方式提交给被告。被告收到该信息公开申请表后,认为原告所申请公开的信息内容不明确、信息形式要求不具体、不清楚、获取信息的方式不明确,故一直未答复原告的政府信息公开申请,也未向原告公开其所申请的信息。被告辩称的理由是:(1)原告申请表未附原告机构代码证等主体材料,也未明确需要好一多公司三个基地中具体哪一家基地的信息,其申请公开的信息内容不明确;(2)原告要求公开信息的形式不具体、不清楚;(3)原告获取信息的方式不明确;(4)原告申请信息公开时未提供相关的检索、复制、邮寄等成本费用。(4)被告已于2011年10月31日电话告知了原告的联系人宋杰彬,要求原告对申请公开的信息内容进行补充说明,以方便被告履行信息公开的职责。

本案一审争议的焦点是:原告向被告提交的信息公开申请是否明确具体。

贵州省清镇市人民法院一审认为:原告所申请的好一多公司的环境信息资料并非相关法律法规所禁止公开的内容,被告未向原告公开其所需信息的行为违反法律法规的规定。原告通过邮政快递的方式提出了环境信息公开的书面申请,并在申请中载明了申请人的名称、联系方式、申请公开的具体内容、获取信息的方式等,申请信息的程序亦符合《政府信息公开条例》第20条、《环境信息公开办法(试行)》第16条的规定。原告在信息公开申请表中已正确填写了单位名称、住所地、联系人及电话并加盖了公章,原告机构代码证等主体材料不是申请人依法必须提供的材料。在本案中,原告在申请表中已经明确提出需要贵州好一多乳业股份有限公司的排污许可证、排污口数量和位置、排放污染物种类和数量情况、经环保部门确定的排污费标准、经环保部门监测所反映的情况及处罚情况、环境影响评价文件及批复文件,其申请内容的表述是明确具体的,至于好一多公司在修文县有几个基地,并不妨碍被告公开信息,被告应就其手中掌握的所有涉及好一多公司的相关环境信息向原告公开。关于被告认为原告申请信息公开时未提供相关检索、复制、邮寄等成本费用的意见,根据《贵州省政府信息公开暂行规定》第26条规定,行政机关依申请提供政府信息,可以收取实际发生的检索、复制、邮寄等成本费用,但被告并未向原告提出收费要求,原告也未向被告明示不支付相关费用,故被告以此理由不公开环境信息不符合法律规定。

据此,一审法院判决:被告于判决生效之日起 10 日内对原告的政府信息公开申请进行答复,并按原告的要求向其公开贵州好一多乳业股份有限公司的相关环境信息。

贵州省贵阳市修文县环境保护局不服一审判决,向贵州省贵阳市中级人民法院提起上诉。在二审过程中,上诉人以"环保局向公民、法人及其他组织主动公开政府信息是其义务和责任,自愿服从清镇市人民法院(2012)清环保行初字第 1 号行政判决书"为由,于 2012 年 3 月 9 日向二审法院递交撤诉申请书。二审法院准许撤回上诉。

(数据来源:《中华人民共和国最高人民法院公报》2013 年第 1 期。)

三、通过企业环境信息公开证明加害行为的问题

《环境保护法》第 55 条规定,重点排污单位应当如实向社会公开其主要污染物的名称、排放方式、排放浓度和总量、超标排放情况,以及防治污染设施的建设和运行情况,接受社会监督。重点排污单位不公开或者不如实公开环境信息的,根据该法第 62 条的规定,由县级以上地方人民政府环境保护主管部门责令公开,处以罚款,并予以公告。重点排污单位的名录,也是地方人民政府环境保护主管部门应予主动公开的事项。有些重点排污单位,也是上市公司。因此,这些公司向证券交易所提交的信息披露文件也是获取加害行为的线索。

四、通过环境监测证明加害行为的问题

环境监测,是指按照有关技术规范,运用物理、化学、生物、遥感等技术,收集污染物排放、环境质量等环境信息的活动。环境监测包括环境质量监

测、污染源监督性监测、突发环境污染事件应急监测、为环境状况调查和评价等环境管理活动提供监测数据的其他环境监测活动。按照监测主体划分,环境监测机构包括环境保护部门所属的环境监测机构以及社会环境监测机构。

环境保护部门所属的环境监测机构依法公开环境质量数据、污染源监督性监测数据以及环境应急监测数据。受害人可以借助这些数据证明加害行为。受害人还可以委托社会监测机构对污染者的排污行为、加害行为发生地以及受害结果发生地的环境质量进行监测。需要注意的是,对于民事纠纷,环保部门的监测机构没有法定监测义务。随着环境监测社会化的推进,环保部门的环境监测机构应当逐步退出民事纠纷环境监测领域,民事纠纷的当事人应当委托社会监测机构为其诉讼活动提供监测数据。

对于环境监测数据,仍然需要进行真实性、关联性、合法性分析。对于监测的数据的合法性分析,主要分析监测机构、监测人员以及监测设备的合法性。

对于监测数据的真实性,比较难以直接质疑。虽然对监测时所采集的样本可以进行复检,但是一般意义不大。如果监测机构进行数据造假,一般都会替换样本,至少保证监测数据与保存的样本一致。此时,可以通过将监测报告数据与其他相关数据比对的方式,间接质疑监测数据的真实性。

对于监测数据的关联性,主要分析主体关联、地点关联、时间关联三个方面。主体关联,是指监测的对象应当是被告。地点关联,是指监测采样的地点应当是能够反映原告所主张的加害行为的采样点。时间关联,是指监测采样的时间应当在原告所主张的加害行为期间,或者是能够证明加害行为的采样时间。虽然环境质量监测、污染源监督性监测和应急监测所产生的数据对于证明加害行为都有一定的意义,但是对于证明加害行为的关联程度有所区别。针对具体排污者的污染源监督性监测数据、突发环境污染事件应急监测,是直接针对加害行为所作的监测,作为证据具有很强的关联性。环境保护部门所属的环境监测机构为了收集区域环境质量信息所作的环境质量监测,因为不是针对具体污染源的监测,与加害行为的关联性不强,对于证明加害行为的证明力很弱。但是,被告可以在一定程度上使用区域环境质量数据证明环境污染状况的背景值,以免除或减轻其侵权责任。

对于监测数据的合法性,主要分析监测机构和监测人员的资质以及监测设备是否通过计量认证。根据相关规定,监测机构和监测人员都应当具有相应的资质,监测设备应当通过计量认证。监测机构的资质证书载明了监测机构的业务范围。监测人员的资质证书,表明其从业资质。两者都是监测报告的必备材料。此外,监测报告还应该加盖监测机构公章,应有CMA(China Metrology Accreditation,中国计量认证)标志。现实中,监测机构一般不会超出资质范围开展监测工作并对外出具监测报告,因此一般难以对监测机构的资质提出异议。从合法性的角度考虑,更需要关注的是监测人员的资质。由于监测人员不足,社会监测机构有时派出不具有资质的人员开展监测工作,监测人员在监测记录上的签名存在他人代签或者事后补签的问题。要求监测人员出庭解释监测报告,核对监测记录签名,对于质疑监测报告的合法性具有一定意义。环境保护部针对不同的监测项目,制定了详细的监测技术规范,涵盖采样点位、采样方法、分析方法等内容。监测机构在开展监测工作时,应当严格遵守监测技术规范。在分析监测报告的证据效力时,应当对照监测技术规范,核实监测过程的每一个环节,以便提出有力的质疑。

第三节　对于因果关系的举证责任和证明方法问题

一、因果关系的涵义及类型

侵权责任法上的因果关系,是指行为或物件与损害事实之间的前因后果联系,是确定责任归属和责任范围的重要条件,是责任人承担责任的基础和必要条件。①

因果关系包括事实部分和法律部分。按照大陆法系的相当因果关系学说,因果关系包括条件关系和相当性两个方面,前者为事实部分,后者为法律部分。按照英美法系的因果关系学说,因果关系包括事实因果关系和法律因果关系两个层面。不管是大陆法系还是英美法系,都是在认定因果关系的事实部分之后,再进行法律判断。

环境污染损害往往存在多因一果、外来因素的情况。对于多因一果、外来因素介入,可以区分为累积因果关系、部分因果关系、超越因果关系、因果关系中断、假想因果关系、替代因果关系等类型②,也有理论将此区分为聚合的因果关系、修补的因果关系、结合的因果关系、择一的因果关系和假想的因果关系。③

二、对于因果关系的举证责任

我国对环境污染所引起的侵权责任实行举证倒置。《侵权责任法》第66条规定,因污染环境发生纠纷,污染者应当就法律规定的不承担责任或者减轻责任的情形及其行为与损害之间不存在因果关系承担举证责任。我国有些单行环境立法中的侵权责任条款也规定了相同的举证责任倒置。比如,《固体废物污染环境防治法》第86条规定,因固体废物污染环境引起的损害赔偿诉讼,由加害人就法律规定的免责事由及其行为与损害结果之间不存在因果关系承担举证责任。在制定《侵权责任法》之前,《最高人民法院关于民事诉讼证据的若干规定》第4条、《最高人民法院关于适用〈中华人民共和国民事诉讼法〉若干问题的意见》第74条等规定也都体现了举证责任倒置。举证责任倒置与无过错责任是相一致的。

规定对于因果关系实行举证责任倒置,体现了法律对于环境污染侵权的特殊情况以及环境污染受害者需要特殊照顾的政策考量。环境污染侵权

---

① 王利明:《侵权责任法研究》(上),中国人民大学出版社2011年版,第350页。
② 同上书,第367—375页。
③ 程啸:《侵权责任法教程》,中国人民大学出版社2017年版,第103—106页。

在因果关系上具有三个特点：第一，环境污染损害一般具有长期性、潜伏性、持续性、广泛性的特点；第二，环境污染造成损害的过程具有复杂性，损害并非总是由污染物直接作用于人身和财产造成的，往往是通过环境媒介造成的，甚至是与其他因素结合在一起造成的；第三，有些环境损害与污染行为之间的因果关系需要运用复杂的物理、化学、生物学、医学等现代专业科学知识、借助现代检测手段才能证明；第四，环境污染与损害之间存在多因一果的情况。这些特殊性使得证明污染行为与损害结果之间的因果关系非常困难。按照民事诉讼法中"谁主张，谁举证"的一般规则，由受害人承担因果关系的举证责任，对于受害者非常不利。考虑到受害者处于被动地位并且往往也是弱势群体，法律改变了举证责任的分配，要求污染者承担举证责任。如果污染者不能完成举证责任，则需要承担败诉风险。因果关系举证责任倒置的涵义，包括以下方面：

（一）原告应承担的初步证明责任

举证责任倒置并不应当理解为受害人不需要对因果关系承担任何举证责任。受害人仍然需要提供相当的证据，证明其遭受的损害与污染者的行为之间具有一定的关联性，达到初步证据的标准。举证责任倒置仅仅分配对举证不能所导致的败诉风险，而非完全豁免受害人的所有举证义务。原告可以通过提供以下证据，完成其初步证明责任：(1) 污染者排放了有造成污染发生可能的污染物；(2) 该污染物到达损害发生地，或者被侵权人接触了该污染物；(3) 污染物具有造成被侵权人的损害的可能性。

案例讨论 4-4

原告对因果关系应承担的初步证明责任

2010年10月，曾某承租了修水河边某养殖场养殖鸭子8600只，饲养过程中出现鸭子未出栏就大量死亡的现象，曾某认为是由修水河上游A钢铁公司、B矿产公司、C制药公司排放重金属所致，故诉至法院，要求三被告赔偿经济损失237064.5元。为证明其损害是由水污染所致，原告提供了以下证据：县兽疫防治检疫站、兽医卫生监督检验所出具的紧急流行病学调查一份，证明鸭子是非疫病性死亡；市环境监测中心站监测报告一份，证明鸭子死亡是重金属超标所致；三被告排污照片、光碟若干，证明三被告排放污水的地点和污染情况；贵州师范大学分析检测中心检测报告一份，表明鸭肝中氰化物含量为2.95毫克/千克。

A公司辩称，被告在生产过程中所产生的污水，已经得到最大限度的循环利用，没有对外排放，且被告的生产污水的各项指标符合《钢铁工业水污染的排放标准》，即便排入河中，对人或者家禽也是无害的，因此被告与鸭子死亡之间没有任何因果关系。B公司辩称，被告为国控企业，工业废水采用闭路循环使用，没有外排，且生活废水经过三级沉降池处理，经市环境监测中心站监测符合环保要求，故不可能造成原告的鸭子死亡。C公司辩称，其在厂区修建了污水处理站，经监测，各项指标均达到排放要求。与此同时，被告属于中药制药企业，所产生废水主要是对药材洗涤后的泥水，自2000年建厂以来，厂门口的河道从未发生过生物死亡的现象，故被告不可能造成原告的鸭子死亡。

三被告各提供证据若干以支持其主张。一审、二审法院对两次提出的所有证据均予以确认，并认定为本案定案的依据。一审认为，根据《民法通则》第124条和《侵权责任法》第65条规定，环境污染责任有以下构成要件：污染行为、损害事实、污染行为与损害事实之间有因果关系。从举证责任分配角度而言，污染行为与损害事实应由原告举证，而因果关系应根据《侵权责任法》第66条规定，实行举证责任倒置。但是，这并不能绝对排除原告在因果关系上的基本举证义务，原告对损害后果与污染行为之间的基本联系仍应当承担相应的举证义务，只是这种证明责任的要求较为基础。具体而言，原告需证明：被告有排污的事实；污染物通过一定途径传播到原告所在地；原告受到损害；原告损害与被告排污之间存在基本的因果关系。原告在完成上述证明责任后，才能适用举证责任倒置，要求被告证明其排污与损害后果之间不存在因果关系。在本案中，原告虽然提交了鸭子死亡的证据，证实其受到了损害，但其需要证明的其他几方面事实却未能完成。第一，关于被告是否排污,原告提交了几张照片,认为系被告的排污口,但被告A公司、B公司否认照片上排污口系被告所有,并提交环评报告表明其生产污水系内部循环,没有向外排放。经一审法院实地踏勘,该两家公司距养殖场有数公里之遥,两家公司生产废水并未向外排放,原告提交的排污口所流出的污水与被告生产污水特征也不相符,故不能认定是二被告的排污口。第二,从因果证明看,原告在庭审中提交了一份证明及一份监测报告,认为鸭子死于重金属中毒。在第一次庭审后,原告又提交一份鸭肝检测报告,进一步认为鸭子死于氰化物中毒。但根据被告C公司提交的监测报告,该公司虽向外排放生产废水,但废水经过处理,且并无氰化物成分;被告B公司虽向外排放生活用水,但经检测,废水中也不含氰化物成分,故鸭子死亡与被告C、B公司的排污行为之间缺乏连接点。从被告B公司提供的视频资料看,在三被告厂区下游几公里、原告养鸭地上游,也有其他农户养鸭,但并未发生问题,从另一角度也否定了原告损失与三被告之间的关联。因此,原告除能证明鸭子死亡事实外,在三被告是否有排放行为、三被告污染物通过何种途径传播到其饲养场所、导致鸭子死亡的具体因素与三被告污染物之间的基本关联性等问题上都未提供有力证据予以证明。原告认为三被告排污造成其损失缺乏事实依据,要求三被告共同承担其经济损失没有法律依据,故一审判决驳回原告诉讼请求。

原告不服提起上诉,认为一审法院要求上诉人承担基本因果关系的举证责任属于适用法律错误。二审法院认为,第66条规定的举证责任倒置以原告承担的受损事实、排污事实的完成为前提,而本案中上诉人未能证明被上诉人实施了排污致损的行为,因而未能履行法律规定的应当承担的基本举证义务,故判决驳回上诉、维持原判。

(资料来源:贵阳市清镇市人民法院(2011)清环保民初字第2号民事判决书;张宝:《论环境侵权案件中的举证责任分配——以贵阳市水污染责任纠纷案为例》,载《环境保护》2013年第14期。)

但是在司法实践中,适用因果关系举证责任倒置的情况并不理想。根

据对2008年调研不完全收集到的10年间共782份与环境污染民事责任有关的裁判文书的分析,认定"行为与后果之间没有因果关系"的案件占比约37.2%,基本上不承认因果关系的推定,或者事实上降低因果关系的证明标准。当然,当造成损害结果的来源不止一家时,裁判文书中多按照比例来划分加害方的责任,又似乎实际上承认了因果关系的成立。在收集到的样本中,仅有2个案例认为"排放污水是造成鱼塘死鱼的原因",占比仅为0.3%。进一步分析这些样本之后可以发现,在75%的案件中,法院依赖具体的鉴定结论或者明确的法律规定而认定因果关系;单凭法官的自由裁量认定因果关系的案件仅为25%。① 以上为《侵权责任法》实施之前的数据。对《侵权责任法》实施之后的120份环境侵权责任纠纷案件进行分析,认为原告负完全举证责任,被告无需举证的案件数为16件,所占比例为19.75%;认为原告负有初步举证义务的案件数为18件,所占比例为22.22%;认为被告负完全举证责任,原告不负举证责任的案件数37件,所占比例为45.68%;对举证责任分配不置可否的案件数共10件,所占比例为21.35%。② 这表明,《侵权责任法》的实施改变了法院对于因果关系举证责任倒置的态度,法院已经在很大程度上接受了因果关系举证责任倒置。但是也应当看到,仍然有相当多的案件没有适用举证责任倒置,或者对举证责任分配不置可否。这与法院长期形成的高度依赖鉴定意见、慎用因果关系推定的保守态度有关。正是在此背景下,最高人民法院要求各级法院"正确适用环境侵权案件举证责任分配规则,准确认定环境污染与损害后果之间的因果关系"③,表明最高人民法院对此问题的关心。

(二) 被告应承担的最终证明责任

在受害人的证据达到初步证据的标准之后,由污染者对其行为与受害

---

① 吕忠梅等:《理想与现实:中国环境侵权纠纷现状及救济机制构建》,法律出版社2011年版,第24页。
② 叶峰:《新司法解释视域下环境侵权责任因果关系的反思与重构——以120份民事判决书为分析样本》,载《法律适用》2016年第4期。
③ 最高人民法院:《关于为加快经济发展方式转变提供司法保障和服务的若干意见》(法发〔2010〕18号)(2010年6月29日),载 http://www.court.gov.cn/qwfb/sfwj/yj/201008/t20100811_8490.htm(2017年6月20日访问)。

人所遭受的损害之间的因果关系予以反驳。污染者举证证明如下情形之一的,法院应当认定其行为与损害之间不存在因果关系:(1) 未排放可导致损害发生的污染物,或者排放污染物无导致损害发生的可能性的;(2) 排放可导致损害发生的污染物未到达损害发生地,或者受害人未接触污染物的;(3) 该损害于排放该污染物之前已发生并且该损害并未因排污行为加重的;(4) 其他应当认定其行为与损害之间不存在因果关系的情形。

被告不能以其排污行为符合环境行政管理要求为由,证明其排污行为与损害之间不存在因果关系。在实践中,对于合规排放与举证责任之间的关系,存在一定争议。合规排放包括排放浓度和排放数量两个方面。对于实行排污许可证管理的排放,排放许可证对于排放浓度和排放数量作出具体规定。尚未实行排污许可证管理的,合规排放仅指排放浓度没有超过应当适用的排污控制标准。实践中有观点提出,应当以司法解释的方式规定,实行排污许可管理的被告提交充分证据证明排污符合排污许可证要求的,原告应就污染环境、破坏生态行为和损害之间存在因果关系承担举证责任。该观点是错误的。首先,举证责任已经规定在《侵权责任法》之中,司法解释无权变更。其次,排污许可证既包括浓度控制也包括总量控制,并且在性质上属于行政管理要求,与民事责任制度在目标、原理等方面存在较大的差别。因此,不应当将是否符合排污许可证的要求与举证责任分配关联起来。

三、因果关系的证明方法

因果关系证明方法,主要涉及的是因果关系的事实方面,即大陆法系所谓的条件关系或者英美法系所谓的事实因果关系。传统民事诉讼要求以直接证明的方法证明因果关系。即,原告必须直接而确定地证明加害行为与损害结果之间的因果关系。该要求体现在三个方面。第一,要求加害行为与损害结果具有直接的因果关系,不承认对间接损失的赔偿,行为人只对自己行为的直接后果负责。第二,要求损害为必然发生,不承认对可能发生之损害结果的赔偿。第三,不承认偶然侵权因果关系,否认因偶然性所发生损害的赔偿。① 但是在环境污染案件中，即使仅仅要求受害人承担初步的举证责任，采用直接的证明方法仍然会使受害人难以完成举证责任，难以获得保护。

为了给予受害人更好的保护，避免因为举证不能而不能获得保护，法律应当允许以因果关系推定间接证明因果关系的存在，即允许使用间接证明方法。所谓因果关系推定，即对于某种表见事实发生损害，即推定损害与事实之间的因果关系存在，受害人无须再证明其间的因果关系，即可对表见事实之行为请求损害赔偿，而行为人则仅可在能够以反证证明损害与该事实无关时方可免责的法则。② 在间接证明方法中，流行病学证明方法和生态学证明方法对于证明环境污染损害的因果关系能够发挥一定作用。

流行病学，又称为疫病学，是研究特定人群中疾病、健康状况的分布及其决定因素，并研究防治疾病及促进健康的策略和措施的科学，是预防医学的基础和重要组成部分。统计学是流行病学的重要研究工具。借助流行病学证明因果关系，需要对流行病学上可能考虑的若干因素，利用统计学方法，调查各因素与疾病之间的关系，选择相关性较大的因素，对其作综合性研究，以判断其与结果之间有无联系。具体做法为，用医学实验的方法确定一定区域内流行疾病的发生与该区域环境中存在的某些污染物质有关，并且流行疾病患者居住地附近的某些污染源所排放的污染物中恰好含有这些污染物质，则可推定患者所患疾病与某些污染源排放污染物之间存在因果关系。借助流行病学推定因果关系的基础为：(1) 流行疾病产生的区域内有导致该疾病产生的某种因子存在；(2) 某因子在该流行疾病产生前已在区域内存在；(3) 某因子在环境中的存在完全可能引起该流行疾病的产生；(4) 某因子的作用程度与流行疾病的患病率成正比；(5) 一定区域内有一定数量的患者患同一疾病；(6) 某因子作为某流行疾病的致病原因，其机理基本上能与生物学上的说明相一致。满足以上条件，并有一定的统计数据说

---

① 梁慧星：《民法学说判例与立法研究》，中国政法大学出版社1993年版，第278页。
② 曾隆兴：《公害纠纷与民事救济》，台北三民书局1995年版，第136页。

明，便可推定某因子与某流行病之间的因果关系成立。如果污染者排放的污染物中包含该物质，则污染者的排污行为与受害者所遭受的损害之间被推定存在因果关系。① 流行病学推定方法对于危险废物所致损害大有用武之地，因为危险废物所致损害一般涉及较大范围的人群，能够满足统计学上样本量的需要。但是，也需要注意，流行病学研究本身直接得出的结论更多的是关联性，而非因果关系。所谓关联性，是指甲现象的发生概率与乙现象的发生概率的正相关或负相关；如果甲现象的发生概率上升而乙现象的发生概率也上升，为正相关；如果甲现象的发生概率上升而乙现象发生的概率下降，则为负相关。具有关联性的两者既可能存在因果关系，也可能是同一第三方因素所导致的共同结果，也可能没有直接或间接因果关系。因此，应当允许污染受害者使用流行病学证明污染排放和损害之间的关联性，在该关联性符合一定条件时应当承认受害者完成了初步证明责任，但是也应当允许反证。

  疫学因果关系属于盖然因果关系的一种典型形式。疫学因果关系以及其他盖然因果关系证据并不能直接证明加害行为与损害之间的因果关系，只是证明了加害行为与损害之间存在较大的概率关系，需要与民事诉讼实行的优势证据规则结合才能够证明加害行为与损害结果之间的因果关系。举证责任倒置，进一步降低了原告的举证责任。如果原告提出的疫学因果关系证据与现有科学知识不矛盾，并且被告也没有提出更为具有证明力的证据，法院应当认定因果关系成立。但是，这并不意味着原告仅凭疫学因果关系证据就必然能够完成因果关系的举证责任。如果被告能够以更有证明力的证据否定原告提出的疫学因果关系证据，法院应当认定因果关系不成立。

---

  ① 吕忠梅等：《理想与现实：中国环境侵权纠纷现状及救济机制构建》，法律出版社 2011 年版，第 336—337 页。

案例讨论 4-5

运用疫学因果关系证据证明因果关系

二被告自 2006 年起开办养猪场至今。在按照当地环保局的要求整改前,养猪场产生的粪便等废水经沼气池处理后,再进入净化池净化,最后再经过管道横穿王成沟至保和镇、中和镇的村道公路排放至该公路旁的蓄粪池内。该蓄粪池系在被告租用的农田内。被告租用的该片农田在原告责任田的上游。2015 年 7 月 28 日,当地环保局作出《责令改正环境违法行为决定书》认定被告养猪场未取得《排污许可证》即向外环境排放污染物和养殖废水经沼气池处理后进入净化池,再经过管道排放到未经防渗漏的水田里违反法律规定,并责令被告停止违法行为。

原告所举证据能够证明:(1) 被告养殖生猪所产生的污水未经无害化处理,也未采取防渗漏措施,直接排放入租用的田内,该田处于原告责任田的上游,污水渗漏及洪水期均可污染原告的责任田;(2) 原告在感染钩端螺旋体病前在其责任田里进行了施肥等作业。同时,猪是钩端螺旋体病菌的重要保菌带菌宿主,通过尿液长期排菌,猪系钩端螺旋体病主要传染源,故原告所举证据能够证明被告养殖猪排放的污染物与其患钩端螺旋体病之间存在关联。故应由被告就法律规定的不承担责任或者减轻责任的情形及其行为与损害之间不存在因果关系承担举证责任。本案中,被告所举证据不能证明存在法律规定的不承担责任或者减轻责任的情形及其行为与损害之间不存在因果关系,故被告应对原告感染钩端螺旋体病造成的损害后果承担赔偿责任。

被告不服一审判决,对一审法院所作的因果关系认定等问题提出质疑。二审法院确认了一审法院认定的事实,并对疫学因果关系作出如下分析:"猪和鼠类是钩端螺旋体的主要传染源,是钩端螺旋体的主要保菌带菌宿主,并通过尿液排放钩端螺旋体病菌;钩端螺旋体病多发生在水稻收割或河水、洪水泛滥之后,人主要是接触动物排出的带病原体的尿液或被其污染的水、土壤、食物而感染。因此,被上诉人所提交的证据能够证明其感染钩端螺旋体与上诉人养殖生猪所排放的污水有关联性,养猪场所造成的环境污染与被上诉人感染钩端螺旋体具有因果关系。"据此,以相同的理由认定了因果关系并维持了一审判决。

(资料来源:张红兵、李红与范洪东生命权、健康权、身体权纠纷二审案,四川省资阳市中级人民法院(2016)川 20 民终 447 号民事判决书。)

第四节　司法鉴定和专家辅助人的特殊问题

一、鉴定意见

2012 年修订后的《民事诉讼法》第 63 条、2014 年修订后的《行政诉讼法》第 33 条,都对证据形式进行了列举。根据这些规定,证据包括当事人的陈述、书证、物证、视听资料、电子数据、证人证言、鉴定意见、勘验笔录和现场笔录等 8 种。在这些证据形式中,鉴定意见对于环境污染损害具有非常重要的意义。但是,司法实践中,围绕鉴定问题仍然存在以下主要问题。

(一) 鉴定程序的启动、鉴定人的选任

《民事诉讼法》第 76 条规定了鉴定程序的启动和鉴定人的选任。该条规定,当事人可以就查明事实的专门性问题向人民法院申请鉴定。当事人申请鉴定的,由双方当事人协商确定具备资格的鉴定人;协商不成的,由人民法院指定。当事人未申请鉴定,人民法院对专门性问题认为需要鉴定的,应当委托具备资格的鉴定人进行鉴定。

民事诉讼中,委托、组织鉴定人对涉及专门性问题的事实进行鉴定,是人民法院的法定职权。鉴定程序启动的途径包括当事人申请和人民法院依职权委托两种,当事人申请鉴定和人民法院依职权委托鉴定都是通过鉴定获取证据的方式。

在民事诉讼中对涉及专门性问题负有举证责任的当事人负有申请法院启动鉴定程序的义务。当事人不提出鉴定申请导致待证事实无法查明的,应当承担证明不能的后果。当事人申请启动鉴定程序,应遵守举证期限,于举证期限届满前提出。由于人民法院委托鉴定在性质上为法院调查收集证据,因此当事人申请鉴定应当遵守当事人申请人民法院调查收集证据的要求。当事人申请的鉴定事项与待证事实无关、无意义的,人民法院不予准许。

人民法院依职权启动鉴定程序的,性质上属于人民法院依职权调查收集证据的行为,应当遵守依职权调查收集证据的条件,即存在"人民法院认为审理案件需要的证据"的情形。根据《民事诉讼法司法解释》,涉及可能损害国家利益、社会公共利益的事实,涉及公益诉讼的,人民法院可依职权调查收集取证。环境污染损害诉讼符合该规定,因此,人民法院有权依职权启动鉴定程序。

鉴定人的选任方式,包括当事人协商确定和人民法院指定两种方式。当事人协商确定是首选方式,只有在当事人协商不成时才能由人民法院指定。在当事人申请鉴定时,可先由当事人协商,协商一致后,由人民法院认可;协商不成的,由人民法院指定。对于人民法院依职权启动鉴定程序的,由人民法院在征求当事人意见后,指定鉴定人。

(二) 鉴定机构和鉴定人的资质

我国对鉴定机构和鉴定人规定了资质要求,不管是当事人协商确定的鉴定机构,还是人民法院指定的鉴定机构,都必须具有相应的鉴定资格。根据 2005 年 2 月 28 日通过的《全国人民代表大会常务委员会关于司法鉴定管理问题的决定》,国家对从事司法鉴定业务的鉴定人和鉴定机构实行登记管理制度。国务院司法行政部门主管全国鉴定人和鉴定机构的登记管理工作,省级人民政府司法行政部门依照该决定的规定,负责对鉴定人和鉴定机构的登记、名册编制和公告。鉴定机构只有经过批准之后才能在批准的范围内从事鉴定业务,不得超出许可的鉴定资质范围,否则鉴定意见将不具有合法性,从而不具有证据效力。

《全国人民代表大会常务委员会关于司法鉴定管理问题的决定》最初并没有明确规定环境损害鉴定。该《决定》第2条规定，国家对从事下列司法鉴定业务的鉴定人和鉴定机构实行登记管理制度：(1)法医类鉴定，(2)物证类鉴定，(3)声像资料鉴定，(4)根据诉讼需要由国务院司法行政部门商最高人民法院、最高人民检察院确定的其他应当对鉴定人和鉴定机构实行登记管理的鉴定事项。根据该规定，对于法医类、物证类和声像资料之外的司法鉴定，需要由司法部商最高人民法院、最高人民检察院确定后，纳入司法鉴定的范围。在环境损害鉴定被正式纳入司法鉴定范围之前，有些机构已经开展了环境损害鉴定探索。

案例讨论 4-6

中国环境科学学会已开展的典型案例

一、氟污染导致人体氟骨症案例

1. 委托鉴定内容：对黑龙江省穆棱市河西乡雷锋村和普兴村的46名村民是否患有氟骨症及其原因进行鉴定。

2. 主要鉴定专家：王云钊——中国环境科学学会环境损害评估鉴定专家委员会(专家库)专家、北京大学积水潭医院教授、原放射科主任。

3. 鉴定结论：在居住于"特高氟污染区"的两个村中，经鉴定的46人中，20人患有不同程度明显的氟骨症，且多为儿童、妇女和老年人，其他26名未见明显氟骨症征象。由于氟骨症是慢性氟中毒引起的人体骨骼损害，尚需进一步做其他项目的检查。

4. 委托鉴定单位：中国政法大学环境资源法研究和服务中心

5. 委托鉴定日期：2005年9月1日

6. 完成鉴定日期：2006年9月25日

二、苗木损害与电厂排放二氧化硫因果关系鉴定案例

1. 委托鉴定内容：对山东省阳谷县百果山庄院内西端地块上的苗木损害原因进行鉴定，确定原告苗木损害与阳谷县电厂排放的二氧化硫之间是否存在因果关系。

2. 主要鉴定专家:尚鹤——中国林业科学研究院研究员、中国环境科学学会环境损害评估鉴定专家委员会委员。

3. 鉴定结论:阳谷县百果山庄地块的苗木损害不是二氧化硫造成的,该苗木损害与阳谷县电厂排放二氧化硫没有因果关系。

4. 法院判决结果:2006年10月30日,山东省聊城市中级人民法院对该环境纠纷诉讼案作出了民事判决((2005)聊民一初字第32号)。根据中国环境科学学会环境损害评估鉴定中心作出的鉴定分析结论,判决原告败诉,驳回原告要求被告索赔的诉讼请求,驳回原告要求重新鉴定的请求。

5. 委托鉴定单位:山东省聊城市中级人民法院

6. 委托鉴定日期:2006年5月11日

7. 完成鉴定日期:2006年9月24日

三、养猪厂、医院排放污水污染鱼塘案例

1. 委托鉴定内容:安徽省巢湖市居巢区光明社区养猪厂和道德医院东风社区服务站排放污水与鱼塘死鱼是否存在直接的因果关系。

2. 主要鉴定专家:王希华研究员——农业部全国渔业环境污染事故技术审定委员会委员、中国环境科学学会环境损害评估鉴定专家委员会委员。

3. 鉴定结论:原告鱼塘内鱼的死亡与被告排放污水有直接的因果关系(该环境污染鉴定案例已在社会上产生了较大的影响,中央电视台科技7频道于2008年7月4日晚间的"绿色空间"栏目特予以新闻报道)。

4. 委托鉴定单位:安徽省巢湖市居巢区人民法院

5. 委托鉴定日期:2008年2月29日

6. 完成鉴定日期:2008年4月21日

四、铁粉选矿厂尾矿粉污染鱼塘案例

1. 鉴定内容:对辽宁省大石桥市高坎镇铁粉选矿厂堆放在鱼塘边上的尾矿粉是否污染鱼塘,致鱼死亡的因果关系鉴定,并对相关的经济损失进行评估。

2. 主要鉴定专家:李宝华——农业部渔业环境及水产品质量监督检验

测试中心研究员。

3. 鉴定、评估结论：原告鱼塘死鱼事件与铁粉选矿厂尾矿粉堆放池污染有直接的因果关系，根据农业部颁布的"水域污染事故渔业损失计算方法规定"评估，被告造成的相关经济损失总额为662,964元。

4. 委托鉴定单位：辽宁省大石桥人民法院

5. 委托鉴定日期：2008年3月18日

6. 完成鉴定日期：2008年5月30日

五、硼酸生产厂排放污水污染农田案例

1. 委托鉴定内容：辽宁省凤城市大雁化工厂排放污水与百亩以上农田盐渍化是否存在直接的因果关系。

2. 主要鉴定专家：王敬国——中国农业大学资源与环境学院（土壤学）教授、中国环境科学学会环境损害评估鉴定专家委员会委员。

3. 鉴定、评估结论：大雁化工厂排放的废水与近百亩基本农田不同程度受到污染有直接的因果关系，丧失基本功能，完全不能耕作的农田面积约50亩。

4. 委托鉴定人：辽宁省凤城市草河经济管理区保卫村村民代表（4人）

5. 委托鉴定日期：2008年4月25日

6. 完成鉴定日期：2008年6月5日

（资料来源：中国环境科学学会官方网站。载 http://www.chinacses.org/cn/zh_hjshjd/dianxinganli.html，2015年9月20日访问。）

为了促进环境损害鉴定的发展，最高人民法院、最高人民检察院、司法部于2015年12月21日印发了《关于将环境损害司法鉴定纳入统一登记管理范围的通知》（司发通［2015］117号），正式将环境损害司法鉴定纳入司法鉴定的范围。环保部分别已于2014年和2016年分两批公布了推荐机构名录，其中第一批为12家，包括中国环境监测总站、环境保护部华南环境科学研究所、环境保护部环境规划院环境风险与损害鉴定评估研究中心、中国环境科学学会环境损害鉴定评估中心等机构。第二批为17家，包括中国环境

科学研究院、环境保护部南京环境科学研究所等机构。

(四) 鉴定技术规范

鉴定技术是司法鉴定准确性和公信力的重要保障。《全国人民代表大会常务委员会关于司法鉴定管理问题的决定》第 12 条要求鉴定人和鉴定机构在从事司法鉴定业务时尊重科学，遵守技术操作规范。根据《司法鉴定程序通则》第 23 条，司法鉴定人进行鉴定，应当按照国家标准、行业标准和技术规范、该专业领域多数专家认可的技术方法的顺序，选择适当的技术标准、技术规范和技术方法。

环境司法鉴定主要涉及损害和因果关系两个专门技术问题。对于环境损害鉴定技术规范，环境保护部于 2011 年 5 月发布了《环境污染损害数额计算推荐方法(第 I 版)》。此后，环境保护部进一步组织对环境损害评估技术开展研究，对《环境污染损害数额计算推荐方法(第 I 版)》进行了修订，编制完成了《环境损害鉴定评估推荐方法(第 II 版)》。环境保护部办公厅于 2014 年 10 月 24 日印发了该推荐方法。① 对《环境损害鉴定评估推荐方法(第 II 版)》的分析，详见本书上文有关环境损害的讨论。与环境损害鉴定技术规范相比，因果关系鉴定的技术规范发展得更慢一些。

案例讨论 4-7

司 法 鉴 定

安徽某氟化学公司生产中排出废气致何某所栽苗木死亡司法鉴定
一、司法鉴定方案
(一) 任务来源：受安徽省宣城市中级人民法院委托
(二) 承接时间：2011 年 5 月 10 日
(三) 鉴定性质：何某与安徽某氟化学有限公司大气污染侵权纠纷案

---

① 环境保护部办公厅关于印发《环境损害鉴定评估推荐方法(第 II 版)》的通知(环办[2014] 90 号)(2014 年 10 月 24 日)，载 http://www.mep.gov.cn/gkml/hbb/bgt/201411/t20141105_291159.htm (2017 年 10 月 2 日访问)。

（四）鉴定程序及内容

1. 由江苏省环境科学学会在江苏省内选择2位植保专家对何某种植苗圃中死亡树木进行分析研究，排除病虫害和土壤条件等因素造成的苗木死亡；

2. 组织2名植保专家和1名环保专家组成专家组赴现场勘查，排除周边其它污染因素，鉴定本案中苗木死亡原因；

3. 组织有监测资质的专业技术人员赴现场对安徽某氟化学有限公司生产过程中产生的废气进行采样分析；

4. 根据监测结果由3位专家提出鉴定意见；

5. 根据鉴定专家组提出的鉴定技术意见，由江苏省环境科学学会出具鉴定报告。

（五）监测内容及方案

监测点位		测点编号	监测内容	监测频次
燃煤锅炉排放口		Q1	废气参数、颗粒物排放浓度和排放速率	监测2天，每天3次
萤石粉、氢氧化铝上料系统和成品包装系统布袋除尘器出口		Q2	废气参数、颗粒物排放浓度和排放速率	
氟化氢、氟化铝制取工段排放口		Q3	废气参数、氟化物排放浓度和排放速率	
排石膏工段尾气排口		Q4	废气参数、氟化物排放浓度和排放速率	
HF反应炉废气排口		Q5	废气参数、烟尘、二氧化硫排放浓度、排放速率	
靠近苗圃一侧的厂界无组织排放	上风向	Q6	TSP、二氧化硫、氟化物	
	下风向扇形分布	Q7	TSP、二氧化硫、氟化物	
		Q8	TSP、二氧化硫、氟化物	
本案苗圃敏感点		Q9	TSP、二氧化硫、氟化物	

（六）注意事项

1. 安徽某氟化学有限公司正常生产；

2. 由法院提供当地主导风向等气象资料；

3. 现场监测时需请双方当事人（或代理人）在现场采样监测记录上签字。

（七）司法鉴定费用

1. 按照《江苏省环境监测专业服务收费标准》收取监测费、报告费、交通费等费用：41560 元；

2. 参照《江苏省面向社会服务的司法鉴定收费标准》收取鉴定咨询费、交通费、报告费、专家及技术人员出庭费等费用 16900 元；

以上两项共计 58460 元。

（八）司法鉴定时间

1. 现场勘查及采样监测计划下申请鉴定方缴费后 10 天内完成；

2. 司法鉴定报告计划于 6 月 20 日前完成。

江苏省环境科学学会
2011 年 5 月 16 日

二、司法鉴定结论

1. 比较"安徽某氟化学有限公司年产 40000 吨氟化铝项目竣工废气排放监测结果"和"江苏省环境监测中心对安徽某有限公司生产时环境空气和废气排放监测结果"，各监测数据的差异属生产时正常波动范围，两者监测结果是一致的，监测结果可信。

2. 根据两者监测的数据，该企业正常生产时，工艺废气中的氟化物、颗粒物的排放浓度和速率均满足《大气污染物综合排放标准》（GB 16297—1996）二级标准排放要求；锅炉烟气烟尘和 SO_2 排放浓度均满足《锅炉大气污染物排放标准》（GB 13271—2001）二类区限值要求；热风炉烟道气烟尘和 SO_2 排放浓度均满足《工业炉窑大气污染物排放标准》（GB 9078—1996）中二级标准排放要求；氟化物、颗粒物等污染物的无组织排放厂界监控浓度均满足《大气污染物综合排放标准》（GB 16297—1996）无组织排放浓度限值要求。企业排放废气满足达标排放标准并不表示对环境不造成影响，特别是对特定环境因子较为敏感的植物有一定影响。

3. 据现场查看,该苗圃位于一个丘陵缓坡地,主要苗木品种有香樟、桂花、红枫、紫薇、广玉兰、二乔玉兰、银杏等当地常见的适生树种,苗圃地的管理状况良好。经鉴定,主要苗木的受害症状如下:红枫:嫩梢枯死,无新叶,老叶的叶尖或叶缘枯死,部分植株死亡;香樟:叶面上有黄色斑块,部分叶片枯死,植株生长不良;广玉兰:嫩叶的叶尖和叶缘出现枯死,生长不良;二乔玉兰:嫩叶的叶尖和叶缘出现枯死,生长不良;紫薇:顶芽生长萎缩,新叶变小,生长不良;桂花:落叶,树叶稀疏,部分植株枯死;雪松和湿地松:针叶大量枯死,部分植株枯死。

从上述苗木受害症状看,与植物受 HF 气体污染后首先引起叶尖和叶缘枯死,受害叶组织与正常叶组织之间形成明显边界等特征基本一致,且表现出距离化工厂区越近的地块受害程度越重的规律,在受害部位未发现虫害特征或病原物病症,因此,可以基本排除苗木的伤害是由虫害或侵染性病害引起的。

4. 在该苗圃地选择香樟、红枫、松树、桂花、广玉兰、二乔玉兰等品种苗木,采集叶片测定叶内的氟含量,并在距离该苗圃地和化工厂南面 1 km 处,选择生长正常、大小相近的香樟、红枫和松树的叶含氟量为对照,测定结果表明:苗圃内香樟枯死叶片的氟含量达 501.19 mg/kg,是对照的 26.9 倍;红枫叶片的氟含量达 310.39 mg/kg,是对照的 16.8 倍;松树枯叶的氟含量达 766.77 mg/kg,是对照的 15.6 倍;桂花、广玉兰和二乔玉兰叶片的氟含量分别达 198.66、457.52 和 75.82 mg/kg。氟化物在植物的茎叶内有积累效应,其含量超过该植物的最大耐受范围时,植物出现伤害症状,甚至会引起枯死。

5. 根据调查与测定分析结果,该苗圃内苗木出现的伤害和死亡现象,主要原因是由于安徽某氟化学有限公司排放的氟化氢气体污染所致。

江苏省环境科学学会
2011 年 6 月 30 日

(资料来源:江苏省环境科学学会,载 http://www.jsses.org.cn/shfw/hspg,2017 年 6 月 20 日。)

（五）鉴定费用的问题

鉴定费用高昂是困扰环境司法鉴定的另一个问题。环境损害司法鉴定属于收费项目，全国没有统一的收费标准，大多数鉴定机构按照诉讼标的收取费用，导致环境损害司法鉴定收费往往比较高，少则几万、十几万，多则上百万。例如，2011年自然之友、重庆绿色志愿者联合会共同发起针对云南曲靖铬渣污染的公益诉讼，当时在诉讼中提出1000万的赔偿请求，仅鉴定费就高达100万元左右。[①] 当事人无力缴纳鉴定费用，已经成为严重影响环境司法鉴定的一个因素。我国应当建立司法鉴定援助机制，或者以其他方式克服环境鉴定费用高昂对环境诉讼造成的消极影响。

二、专家辅助人

《民事诉讼法》第79条规定，当事人可以申请人民法院通知有专门知识的人出庭，就鉴定人作出的鉴定意见或者专业问题提出意见。对于该条规定，理论上和实务上有不同的理解。

主流观点认为该条规定吸收了2001年《最高人民法院关于民事诉讼证据的若干规定》第61条的内容，建立了专家辅助人制度。[②] 专家辅助人与日本民事诉讼法中的诉讼辅助人非常相似。日本民事诉讼法中的诉讼辅助人，是指随同当事人、法定代理人或诉讼代理人在期日内一起出庭，并进行口头陈述的人，其口头陈述的内容构成对当事人及其代理人的陈述的补充。诉讼辅助人只是法庭审理过程中的"附加人员"，不能在法庭审理之外从事有关的诉讼行为。从证据类型的角度看，专家辅助人的意见不属于任何证据类型，其发言不能被视为证人在证人席所做的证人证言。就资格而言，法律对于诉讼辅助人的资格没有特别的限制，但是仍然需要经过法庭的许可。诉讼辅助人的作用在于协助当事人就有关专门性问题进行质证，特别是对

[①] 朱晋峰：《环境损害司法鉴定若干问题探索——基于环境损害责任纠纷实践的分析》，载《证据科学》2017年第1期。
[②] 沈德咏主编：《最高人民法院民事诉讼法司法解释理解与适用》（上），人民法院出版社2015年版，第394—397页。

鉴定意见进行质证。虽然《民事诉讼法》第 78 条规定，当事人对鉴定意见有异议或者人民法院认为鉴定人有必要出庭的，鉴定人应当出庭作证，否则会产生消极法律后果。但是，由于专业知识的欠缺，当事人及其法定代理人、诉讼代理人对鉴定意见的质疑主要是鉴定人是否具备所涉鉴定事项的鉴定资质等简单问题的质疑，难以对采样程序、分析技术、检验误差等复杂的专业问题有效质证。专家辅助人协助当事人就鉴定意见或专门性问题进行质证、提出意见，弥补了当事人和诉讼代理人在专门性问题上的能力欠缺。该项制度的积极意义，已经被有关国家审判实践所证实，也为中国环境纠纷解决司法实践的有效开展提供一个重要制度保障。

在理论界和实务界，也有观点认为《民事诉讼法》第 79 条的规定是关于专家证人的规定。[1] 造成此理解的部分原因是英美法系专家证人制度和实践对中国民众的影响，最高人民法院 2009 年的针对网友关心的一些问题所作的答复也部分地造成了这个印象。在该答复中，对于知识产权审判中技术事实认定的问题，最高人民法院声称人民法院采取司法鉴定、专家证人、专家咨询、专家陪审等方式，解决专业技术事实认定问题。在该答复中，最高人民法院对专家证人进一步解释道："专家证人制度在我国施行时间不长，但最高人民法院十分强调要注重发挥专家证人的作用，积极鼓励和支持当事人聘请专家证人出庭说明专门性问题，并促使当事人及其聘请专家进行充分有效的对质，更好地帮助认定专业技术事实。专家证人既可以是外部人员，也可以是当事人内部人员，在涉外案件中还可以是外国专业技术人员。专家证人与事实证人不同，不受举证时限的限制，在二审程序中也可提供。专家证人的说明，有利于法官理解相关证据，了解把握其中的技术问题，有的本身不属于案件的证据，但可以作为法院认定案件事实的参考。"[2]

---

[1] 王平荣、卜泳生：《专家证人"入席"进路及司法可终裁性思辨》，载《中国司法鉴定》2013 年第 4 期，第 97—99 页；朱晋峰：《环境损害司法鉴定若干问题探索——基于环境损害责任纠纷实践的分析》，载《证据科学》2017 年第 1 期。

[2] 《最高法公布对网民 31 个意见建议答复情况》，载 http://www.chinanews.com/gn/news/2009/12-23/2034783.shtml(2017 年 9 月 15 日访问)。

该答复虽然是针对知识产权案件所作的解释,但是也可以合理地理解为适用于所有的涉及专业技术事实问题的民事案件,从而使民众认为中国也引入了专家证人制度。有学者已经指出了该答复中有关专家证人的表述所存在的问题以及专家证人制度与司法鉴定制度、诉讼模式之间的冲突。[①] 由于这些冲突的存在,我国在已经引进了大陆法系的鉴定制度之后,也就无法再引进专家证人制度。

专家辅助人制度应当在环境侵权诉讼中发挥更大的作用。其一,专家辅助人可以有效弥补环境司法鉴定的不足。由于司法鉴定实行资质行政许可管理,准入门槛很高,现有环境司法鉴定机构数量少、业务范围窄。专家辅助人没有资质行政许可要求,只要具备专门知识即可,因此对于还没有纳入司法鉴定业务范围的环境问题,拥有专门知识的人可以作为专家辅助人,向法院作出解释,有利于法院认定案件事实。其二,专家辅助人的费用一般比司法鉴定低,可以降低当事人的经济负担。其三,有助于当事人有效地质证,进而帮助法院认定案件事实。

案例讨论 4-8

当事人对于申请专家辅助人的义务

本案再审申请人(一审原告、二审上诉人)周千与被申请人(一审被告、二审被上诉人)中国石油化工股份有限公司东北油气分公司(以下简称油气公司)因环境污染责任纠纷一案,不服吉林省高级人民法院(2014)吉民一终字第 8 号民事判决,向最高人民法院申请再审。

周千申请再审称:……(二)周千曾要求法院邀请专家介入,查明真相,但一审、二审法院均没有准许,剥夺了当事人申请专家辅助诉讼的权利;(三)法院有意没有调取审理案件需要的证据,导致判决错误;(四)法院没有邀请水产专业人士和双方当事人对鱼类过冬及死因进行有权威的分析和

[①] 郭华:《鉴定人与专家证人制度的冲突及其解决》,载《法学》2010 年第 5 期。

认定,认定事实不清……

最高人民法院认为:

……

(二)关于本案是否应当依据周千申请邀请专家查明事实,未邀请专家和当事人对鱼类死因进行分析是否影响案件基本事实认定

首先,《民事诉讼法》第79条规定:"当事人可以申请人民法院通知有专门知识的人出庭,就鉴定人作出的鉴定意见或者专业问题提出意见。"据此,申请法院准许专家辅助人出庭就鉴定意见或者专业问题提出意见是当事人享有的一项权利,同时当事人也应承担提出专家人选并支付相关费用的义务。经审阅本案一审卷宗,周千在一审期间提交《关于原告周千鱼类死后的维权过程说明》,提出希望法院咨询一下水产研究院或大学学水产养殖的教授了解再作判定,并列举了需要了解的主要问题,但并未申请具体的专家出庭就该问题进行说明,不符合当事人申请法院通知专家辅助人出庭的条件。

第二,关于未邀请专家是否影响本案钻井行为和鱼类死亡因果关系认定的问题。周千提交的《关于原告周千鱼类死后的维权过程说明》所列举的问题包括:"1.鱼池水库缺氧是什么状况;2.缺水缺氧死鱼怎么分布;3.不缺水缺氧死鱼怎么分布;4.噪音人为造成的怎么分布;5.鱼死亡后是沉底还是漂着;6.鱼死之后如何到水上;7.同时死的鱼有什么不同,在冰里位置是否相同;8.死鱼是不是都能看得到。"据此,周千申请法院咨询专家的主要目的是查明鱼类死因,确定油气公司钻井行为和鱼类死亡是否有因果关系。本案二审判决已经依法适用《中华人民共和国侵权责任法》第66条"因污染环境发生纠纷,污染者应当就法律规定的不承担责任或者减轻责任的情形及其行为与损害之间不存在因果关系承担举证责任"的规定,确定由油气公司承担钻井行为和鱼类死亡不存在因果关系的举证责任,不需再依据周千申请就该问题咨询专家。故法院未邀请专家和当事人就鱼类死因进行分析,并未影响本案关于钻井行为和鱼类死亡之间是否存在因果关系这一基本事实的认定。

第三,关于未邀请专家是否影响鱼类死亡损失认定的问题。周千在本案中所请求的鱼类死亡损失为690万元,对此应由其承担证明鱼类死亡数量、种类等基本事实的举证责任,并非咨询专家所能认定。为证明其所主张的690万元损失,周千提供了视听资料、损失估算材料、公主岭市秦家屯镇法律服务所出具的情况说明、刘中余的证言等证据。经本院审查,上述证据虽能反映鱼池内存在鱼类死亡的现象,但并不足以证明死亡鱼类的具体数量、种类,不足以证明周千所主张的损失数额。周千在曾与油气公司就补偿进行协商并发现鱼类死亡的情况下,未能及时采取措施保全证据,致使本案不能确定实际损失数额,应当承担举证不能的不利后果。故法院未予邀请专家亦并未影响本案关于损失的认定。周千该项申请再审理由不能成立,本院不予采纳。

(三) 关于本案是否存在未按照周千申请调取审理案件需要的证据的问题

经审阅本案卷宗,周千在本案一审和二审期间申请法院调取的证据包括油气公司委托公主岭市环保局监测周千水库噪音的报告,公主岭市环保局稽查科、油气公司和周千关于噪音损害补偿的三方协商协议,油气公司工作人员所拍摄的死鱼面积、密度照片以及油气公司有关钻井对各种养殖场的补偿办法。本院认为,关于公主岭市环保局噪音监测报告,本案判决已经认定油气公司钻井噪声超标,未予调取该证据不影响案件事实认定。关于三方协议,本案系因周千和油气公司未能就损失赔偿达成一致而提起的诉讼,该三方协议虽然与纠纷协商过程有关,但与本案基本事实的认定没有直接关联,未予调取不影响案件事实认定。关于油气公司工作人员拍摄照片和有关油气公司钻井补偿办法等,不能证明本案周千所主张的鱼类损失。故一审和二审法院未予调取上述证据,并未影响本案基本事实的认定,周千该项申请再审事由不能成立,本院不予采纳。

综上,最高人民法院裁定驳回再审申请。

(资料来源:最高人民法院(2015)民申字第336号民事裁定书。)

三、法院对鉴定意见和专家辅助人意见的审查和采信

在引入专家辅助人制度之后,我国民事诉讼制度中就存在鉴定与专家辅助人并存的"双层"专家证据制度。尽管如此,当事人在举证、质证,法院在认定案件事实时,仍然存在疑问和困难。以下问题仍然值得关注:

(一)鉴定意见冲突及重复鉴定问题

在实践中,由于主客观等因素的差异而造成鉴定争议,即"鉴定意见打架"的问题。有学者认为,为了有效解决鉴定争议,必须尽快建立科学合理的评价机制:(1)自身评价,包括鉴定机构和鉴定人评价、行业协会的评价和司法鉴定管理部门的评价;(2)同行专家评价;(3)第三方评价,如认证认可、能力验证;(4)诉讼对方的评价,即通过法庭质询,以证据对抗和竞争的形式进行检验和评价;(5)法庭评价,主要是法官在质证基础上,独立审查判断和内心确认后的评价与选择。① 在这些评价机制中,最核心、最关键的是法庭评价。法院应当行使事实问题的最终认定权,而不应当以鉴定代替法庭审查,为规避职业风险而放弃自己对事实问题的最终认定权。在现实中,有些法庭不当地重复鉴定,增加了当事人的讼累。

当然,也需要承认,即使法院勇于行使自己对事实问题的最终认定权,在当事人双方对于鉴定意见存在激烈争议,法庭经过合理努力之后仍然可能需要进行重复鉴定。此外,多数鉴定与评估都是在法庭质证前委托和进行的,所依据的鉴定材料是未经质证的证据。如果一旦该鉴定材料在法庭质证程序中被否定,则鉴定意见也就被否定。从而导致需要再次委托鉴定,这也是一种形式的重复鉴定。对于进行重复鉴定的鉴定机构和鉴定人的选任,应当遵守《全国人民代表大会常务委员会关于司法鉴定管理问题的决定》《司法鉴定程序通则》的有关规定,应当委托列入鉴定人名册的鉴定人进行鉴定。但是,考虑到对于有些问题目前并没有列入鉴定人名册的鉴定人,也就无法合法地开展重复鉴定。此时,法庭不能以任何理由推卸自己作为

---

① 霍宪丹:《关于进一步健全完善司法鉴定制度的思考》,载《中国司法鉴定》2014年第1期。

事实问题最终认定者的职责。

(二) 法院对鉴定意见的过度依赖

根据《民事诉讼法》，法庭应当是事实问题的认定者。所有的证据，最终都是为了帮助法庭认定事实。对于非专业性事实问题，法官应当根据当事人提供的证据、法院调取的证据、勘验笔录等证据材料，作出认定。即使是专业技术事实问题，如果法官能够自行认定，也应当自行判断，无须求助于鉴定人。这是鉴定"必要性"的基本要求。[①] 法院应当勇于承担事实认定责任，避免不必要的鉴定。

但是，在司法实践中，很多法官过于依赖鉴定意见，在没有鉴定意见的情况下，往往拖延案件的审理，或者驳回受害者的诉讼请求。造成这种现象的原因之一是法官的自我职业保护。由于审理工作负荷较重、对专业技术问题认定缺乏必要的信心、错案追责、来自当事人的压力等原因，法官为了自我职业保护，希望由权威机构出具鉴定意见。原因之二是为了增加对当事人的说服力。当诉讼进程发展到需要做鉴定的阶段，当事人的矛盾已经尖锐到相当的程度，双方对事实的认定存在较大的差距，权威机关出具的鉴定意见有助于拉近当事人对事实问题的认知，有助于法院继续审理案件。原因之三是证据规则所产生的一些伴随效果。《最高人民法院关于民事诉讼证据的若干规定》第 25 条、第 26 条对举证时限等问题也提出了要求，当事人担心失去举证机会，也会及早申请鉴定。问题是，由于鉴定资质要求、鉴定技术等原因，鉴定意见并不总是具有可得性，对于很多与环境纠纷有关的事项，没有具有资质并且掌握鉴定技术的鉴定机构。同时，由于鉴定费用高昂，即使有鉴定机构能够作出鉴定，也往往没有获得鉴定意见的可行性。这都会影响鉴定意见的获取，影响案件审理进程，从而影响案件审理的社会效果。从这个方面看，法律规定的举证责任倒置也还是没有改变法院过分依赖鉴定意见的现状。

---

① 郭华：《鉴定人与专家证人制度的冲突及其解决——评最高院有关专家证人的相关答复》，载《法学》2010 年第 5 期。

(三) 对于专家意见应采取的谨慎态度

在司法实践中,专家辅助人的作用仍然很有限。由于专家辅助人没有资质要求,专家辅助人的权威性取决于专家本职工作的身份地位、社会头衔等因素。比如,有些案件的专家辅助人是大学教授、高级工程师,这在一定程度上增强了其权威性和说服力。但是,也需要注意专家的倾向性。首先,专家不是法院委托的向法院中立、客观解释专业技术问题的人员,而是当事人委托的专家,代表该当事人解释专门问题、质证,因此本身就具有倾向性。其次,专家辅助人长期在某一个领域工作、研究,可能会受到该领域、该行业的亚文化的影响。专家辅助人只是偶尔接受委托担任专家辅助人,也可能难以像专业鉴定人那样习惯于法院诉讼活动。考虑到这些因素,法院应当对专家辅助人的意见采取谨慎的态度。

案例讨论 4-9

司法鉴定与专家辅助人

本案污染受害人为吴冬青,被告为丰杯公司、旺恒公司、海隆公司、千采公司、苏海公司等5家公司。

2012年1月5日,湖北省水产科学研究所出具"吴冬青池塘斑点叉尾鮰苗种死亡原因鉴定结论",内容为:"根据大丰市环境保护局对吴冬青斑点叉尾鮰鱼塘发生死亡鱼后的水质监测报告(2011)环监(纠)字第(11021)号监测报告的水质参数分析,引起饲养池塘中斑点叉尾鮰死亡的主要原因是池塘水体中氨氮、亚硝酸盐、COD严重超标,水质监测报告池塘水体中氨氮含量为 2.6—10.8 mg/L,亚硝酸盐氮含量为 0.235—0.274 mg/L,COD 含量为 28.2—107 mg/L。斑点叉尾鮰在我国推广饲养二十年对水质理化因子正常生长要求范围:氨氮含量为 0.9—1.2 mg/L,亚硝酸盐氮含量为 0.02—0.03 mg/L,COD 含量为 16—18 mg/L。按大丰市环境保护局对吴冬青斑点叉尾鮰鱼塘水质检测氨氮、亚硝酸盐氮、COD 等结果表明,水体中的上述理化因子含量能导致斑点叉尾鮰苗种慢性中毒死亡。"

2012年4月18日,湖北省水产科学研究所出具一份情况说明,内容为:2012年1月5日,我所对吴冬青同志提供的大丰市环境监测站提供的监测报告(2011)环监(纠)字第(11021)号数据,仅就水质数据分析得出以上鉴定结论,建议进一步对鱼体及水体重金属、药物残留做详细检测。

2011年6月1日,江苏省渔业生态环境监测站出具"关于大丰吴冬青鲴鱼鱼种产量的评估",初步认定吴冬青400亩鲴鱼鱼种养殖至2011年3月8日发生大批量死鱼时的存塘量应该在26万公斤左右。

2011年11月10日,大丰市物价局价格认证中心受中国渔政大丰大队委托作出价格鉴证,认定每市斤4尾—15尾鲴鱼鱼种在2011年3月—5月市场平均销售价格为23元/斤。

一审法院还查明,吴冬青将中国渔政大丰大队封存的死鱼样本、水质监测报告等相关材料送至湖北省水产科学研究所进行鉴定,但死鱼样本在吴冬青前往湖北的路途中因保管原因腐烂变质,失去了样本的价值。吴冬青对该事实予以认可。

关于丰杯公司等企业的致害行为与吴冬青养殖鲴鱼死亡的损害事实之间是否存在因果关系的问题,一审法院认定因吴冬青自身原因致使死鱼样本灭失,进而导致排污企业无法对鲴鱼死亡的原因进行举证,吴冬青存在妨碍举证的行为,故吴冬青应承担因果关系的举证责任,但考虑到环境污染举证难的客观现实,可根据盖然性证明标准进行认定。根据湖北省水产科学研究所出具的"吴冬青池塘斑点叉尾鲴苗种死亡原因鉴定结论"、大丰市水产技术推广站水产工程师陈正锦、盐城市水产技术推广站水产工程师蒋汉元的现场诊断记录,能够认定吴冬青关于因果关系的举证已达到了盖然性的证明标准,故排污企业的排污致害行为与吴冬青鲴鱼死亡的损害事实之间存在因果关系。

关于吴冬青损失的数额问题,一审法院考虑到江苏省渔业生态环境监测站出具的鲴鱼鱼种产量的评估报告存在一定瑕疵,只能作为参考依据,结合案件实际情况,酌情认定吴冬青的损失数额为360万元。同时考虑到吴冬青对鲴鱼鱼种死亡自身也有重大过失,原审法院酌情认定5家企业承担的赔偿数额为人民币130万元。

丰杯公司、旺恒公司、海隆公司、千采公司上诉称：一、吴冬青提交的中国渔政大丰大队出具的鮰鱼鱼种死亡的调查报告、湖北省水产科学研究所出具的鮰鱼死亡原因鉴定结论不能作为定案依据，死鱼样本灭失系吴冬青原因所致，吴冬青应当承担不利后果。一审判决认定鮰鱼死亡与企业排污有因果关系错误。二、江苏省渔业生态环境监测站出具的鮰鱼鱼种产量评估报告系吴冬青单方委托形成，该评估报告主要依据为虚假的鮰鱼鱼种采购票据及饲料采购票据复印件，结论严重失实。一审判决以该评估报告为参考依据，确认吴冬青的损失数额为360万元错误。请求二审法院撤销一审判决，改判丰杯公司、旺恒公司、海隆公司、千采公司均不予赔偿吴冬青的损失。

苏海公司上诉称：一、苏海公司草庙分公司无污水排放行为。二、原审法院认为企业排污与鮰鱼死亡因果关系适用"盖然性标准"及吴冬青举证已达到"盖然性证明标准"错误，吴冬青提交的鱼种死亡鉴定结论不能成立，其应承担举证不能的法律后果。三、农业部相关文件规定了污染事故渔业损失量计算方法，本案损失量应由取得《渔业污染事故调查鉴定资格证书》的单位进行。一审法院认定吴冬青损失额为360万元缺乏事实与法律根据。四、大丰市川东闸上立有Ⅳ类水石碑，吴冬青的职业及专业表明其明知川东港河水不是渔业用水却仍将其引入鱼塘，主观上存重大过错，一切责任由其自行承担。请求撤销一审判决第二项、第三项，驳回吴冬青对苏海公司草庙分公司、苏海公司的赔偿请求。

二审法院查明的事实与一审法院基本相同。另查明：

关于鮰鱼鱼种价格。本院向大丰市物价局价格认证中心、中国渔政大丰大队、大丰市水产技术推广站进行了调查。据反映，关于鉴定意见中鮰鱼鱼种2011年3—5月,23元/斤的市场均价系该价格认证中心电话咨询陈正锦和鱼老板韦广胜、陈良斌后所作。同时价格认证中心法定代表人吴永连陈述鮰鱼鱼种只在养殖户间进行交易,2011年2月,16—17元/斤,3—5月份最高,6月份后价格下降,2011年全年价格要比23元低得多。双方当事人在审理中也各自申请专家辅助人就鮰鱼鱼种价格发表意见,但因各自均不亲自交易,所述价格差异较大,有20余元/斤、10余元/斤。

关于吴冬青提供的鱼苗、饲料购买票据和鮰鱼鱼种产量情况。 吴冬青在一审时提供7张炮码单和5张收据证明其从湖北省嘉鱼县雷世元和徐强处购进鮰鱼苗种426.06万尾,而丰杯公司等企业认为相关票据不真实,并要求鉴定,原审法院未予准许。经审查,5张收据都是雷世元在鮰鱼死亡后应吴冬青要求而开,收据上嘉鱼县南门湖鱼苗场发票专用章系假章。而吴冬青提供的饲料购买票据也非正规发票。

关于鮰鱼鱼种产量,各方争议较大。吴冬青方的证人陈良斌、韦广胜陈述2010年6月左右投放的鱼苗饲养到2011年3月时亩产量应在550—650公斤左右。吴冬青申请的专家辅助人黄金田陈述亩产可达到1000公斤以上。

5家企业申请的专家辅助人蔡焰值陈述2011年3月份吴冬青所养鮰鱼产量在每亩230—240公斤,如有相关增氧设备,在原有的基础上可增加38%的产量。蔡焰值认为鮰鱼苗种每亩养殖量要根据耗氧量、空间、密度等来考虑,其当庭提交了主要由其起草的中华人民共和国农业行业标准《无公害食品斑点叉尾鮰养殖技术规范》(NY/T 5287—2004),该标准系中华人民共和国农业部于2004年1月7日发布,同年3月1日实施。该标准4.3.3载明池塘鱼种培育,苗种规格全长3.0至3.5cm,放养密度为每667平方米放养12000尾至15000尾,苗种出池规格为10至12cm。苗种规格全长10至12cm,放养密度为每667平方米放养5000尾至6000尾,苗种出池规格为全长18至20cm。该标准5.1.3.2载明池塘食用鱼饲养,投放全长为10至20cm的鱼种,池塘放养密度为每667平方米放养1000尾至1300尾。蔡焰值还当庭提交了由其作为主要起草人的湖北省地方标准《斑点叉尾鮰养殖技术规范》《斑点叉尾鮰鱼苗及鱼种培育技术规范》《斑点叉尾鮰鱼苗及鱼种质量要求》,上述3项标准由湖北省质量技术监督局于2010年12月8日发布。其中斑点叉尾鮰鱼苗、鱼种质量要求载明不同规格鱼种全长与体重的实测值:全长21.0cm,体重83.93g。全长23.3cm,体重120.22g。

关于吴冬青财产损失数额的认定，该问题与吴冬青养殖水面的面积、亩产量、价格相关。关于面积问题，根据二审法院查明事实，吴冬青承包土地400亩，其自认20亩小塘用于过水，未投放鱼苗，故养殖面积应认定380亩。关于亩产量问题，吴冬青虽提供了江苏省渔业生态环境监测站出具的鲫鱼鱼种产量评估报告，但由于该评估报告系根据吴冬青提供的鱼苗和饲料采购票据复印件所作出，而鱼苗票据是吴冬青事后所补，票据上印章为假章，饲料票据也非正规发票，故该报告并不能作为认定损失的主要依据。虽然当事人各自申请了专家辅助人发表意见、证人进行作证，但说法各异、差异较大，故二审法院参照农业行业标准，考虑存活率、耗氧量、放养密度并结合本案实际情况酌情认定2011年3月鲫鱼鱼种亩产量为800斤。关于鲫鱼鱼种价格，由于缺乏直接的市场价作为判断依据，本院结合双方陈述、证人证言及专家辅助人意见，酌情认定2011年3—5月的鲫鱼鱼种价格为每斤15元。综上，吴冬青鲫鱼鱼种损失为456万元（15元/斤×800斤/亩×380亩＝456万元）。

基于以上事实认定，二审法院对赔偿金额予以改判。

（资料来源：吴冬青、盐城市丰杯精细化工有限公司等与盐城苏海制药有限公司草庙分公司水污染责任纠纷上诉案，江苏省高级人民法院（2013）苏民终字第0014号民事判决书。）

（四）专家陪审员、技术调查官等问题

证据的最终作用，在于帮助法官形成心证。法官在形成心证的过程中，需要在当事人质证的基础上，审查证据的真实性、合法性和关联性，评估证据的证明力。完成此项工作，离不开法官对证据及其证据意义的理解。环境问题涉及复杂的科学技术问题，即使是有技术背景的法官，也难以理解环境案件中的所有证据。法官对鉴定意见的过分依赖，一个重要原因就是法官缺乏理解证据的充分能力。作为制度设计，应当保证所有仅仅接受了法学教育、没有科学技术背景的法官，能够通过适当的方式理解并评估证据。

人民陪审员制度能够在一定程度上弥补法官的科学技术知识的不足。我国在民事诉讼中，广泛使用人民陪审员制度。据统计，2014年人民陪审员共参审案件219.6万件，占一审普通程序案件的78.2%。① 但是，人民陪审员制度在实践中存在人民陪审员的广泛性和代表性不足，陪审案件范围不够明确，职权与职责不相匹配，退出和责任追究机制缺乏，履职保障机制不完善等问题。这些问题制约了人民陪审员制度功能的充分发挥，并由此产生了诸如"陪而不审、审而不议"的现象。② 如果能够建立具有相关科学技术知识的专家型陪审员信息库，根据案件类型选择适当的专家陪审员参与案件的事实审理部分，发挥专家陪审员在认定事实方面的优势，对于提高法院在复杂案件中的事实认定能力，具有积极意义。全国人大常委会2004年通过了《关于完善人民陪审员制度的决定》，最高人民法院于2010年1月12日发布了《最高人民法院关于人民陪审员参加审判活动若干问题的规定》，最高人民法院和司法部还于2015年4月24日联合发布了《人民陪审员制度改革试点方案》。这些规定对于发展和完善我国的人民陪审员制度具有重要意义。目前开展的人民陪审员制度改革试点，已经注意到人民陪审员陪审能力问题，要求"把握好数量与质量的关系，处理好知识水平、职业背景和专业特长等结构性问题"，要求增强人民陪审员的履职能力。这对于完善人民陪审员制度、发挥人民陪审员的功能，是一个有益的探索。然而，目前的改革试点仍然强调人民陪审员参审案件的大众化，强调"做好法官队伍的职业化与人民陪审员参审案件的大众化结合"。③ 诚然，实践证明，人民陪审员制度的有效推行，增进了人民群众对人民法院工作的理解和支持，密切了

---

① 《周强：深入推进人民陪审员制度改革》（2015年4月28日发布），载人民法院网，http://www.court.gov.cn/zixun-xiangqing-14326.html（2015年5月3日访问）。为了推进人民陪审员改革试点工作，最高人民法院于2015年4月30日原则通过《陪审制度改革试点工作实施办法》及《中华人民共和国人民陪审员宣誓规定（试行）》。参见《最高法原则通过陪审员制度改革试点工作实施办法》（2015年4月30日发布），载人民法院网，http://www.court.gov.cn/zixun-xiangqing-14351.html（2015年5月3日访问）。

② 《人民陪审员制度改革试点方案》（最高法〔2015〕100号）（2015年4月24日）。

③ 《深入推进人民陪审员制度改革有力促进司法公正》，载《法制日报》2015年4月29日，第1版。

司法工作与人民群众的联系,促进了司法民主、司法公开、司法公正。但是,民主并非司法本身的价值追求,司法公开和公正并不必然需要借助人民陪审员制度。裁判文书公开、加强裁判文书的说理性,对于司法公开、司法公正的意义更大。对于加强司法公开、司法公正,人民陪审员制度并不具有不可替代性,并且也不是实现这两个目标的最优选择。在现有民事诉讼制度构造下,建立专家型人民陪审员队伍,是在现行民事诉讼制度框架内提高法院事实认定能力的较好方式。

知识产权审判中有关技术调查官的探索,对于环境审判中的事实认定,具有一定的借鉴意义。技术调查官职位,首先由北京知识产权法院试点。北京知识产权法院在2014年11月成立时,专门设立了技术调查室这一辅助机构,并包含了技术调查官这一全新岗位。[①] 其后,广州知识产权法院也引入技术调查官。[②] 最高人民法院知识产权审判庭也于2015年4月首次尝试引入技术调查官。[③] 最高人民法院还发布了《关于知识产权法院技术调查官参与诉讼活动若干问题暂行规定》。根据目前的试点情况和最高人民法院的规定,技术调查官属于司法辅助人员。知识产权法院审理专业技术性较强的民事和行政案件时,可以指派技术调查官参与诉讼活动。技术调查官参与诉讼活动的,应当在裁判文书首部的案件来源部分列明其身份和姓名。决定指派技术调查官参与诉讼活动的,知识产权法院应向当事人告知,当事人有权申请回避。技术调查官根据法官的要求,就案件有关技术问题履行下列职责:(1)通过查阅诉讼文书和证据材料,明确技术事实的争议焦点;(2)对技术事实的调查范围、顺序、方法提出建议;(3)参与调查取证、勘验、保全,并对其方法、步骤等提出建议;(4)参与询问、听证、庭审活动;(5)提出技术审查意见,列席合议庭评议;(6)必要时,协助法官组织鉴定

---

① 《知产法院里来了技术调查官》,载 http://www.legalweekly.cn/index.php/Index/article/id/6476(2015年5月3日访问)。

② 《广州知识产权法院"技术调查官"首次亮相》,载 http://www.legaldaily.com.cn/Court/content/2015-04/23/content_6056170.htm?node=53956(2015年5月3日访问)。

③ 《最高法知产庭首现技术调查官》,载《法制日报》2015年4月22日,载 http://news.if-eng.com/a/20150423/43613743_0.shtml(2015年5月3日访问)。

人、相关技术领域的专业人员提出鉴定意见、咨询意见;(7)完成法官指派的其他相关工作。技术调查官参与询问、听证、庭审活动时,经法官许可,可以就案件有关技术问题向当事人、诉讼代理人、证人、鉴定人、勘验人、有专门知识的人发问。技术调查官列席案件评议时,应当针对案件有关技术问题提出意见,接受法官对技术问题的询问。技术调查官对案件裁判结果不具有表决权。技术调查官提出的意见应当记入评议笔录,并由其签名。技术调查官提出的技术审查意见可以作为法官认定技术事实的参考。虽然技术调查官对于弥补法官科学技术知识的不足,具有重要意义,但是毕竟不是民事诉讼法明确规定的审判组织成员或者其他诉讼参与人,缺乏明确的法律地位。创设该角色,似乎已经超出了细化法律规定的范围,进入了立法领域。诉讼制度作为法律保留事项,最高人民法院是否有权创设该角色,是否符合重大改革应当于法有据的精神,颇值讨论。总体而言,该制度探索对于民事诉讼制度的冲击较大。而且,从现有的实践探索可以看出,技术调查官是知识产权法院内设的岗位,这也就意味着技术调查官由固定的法院内部工作人员担任,并不能保证针对各类案件都有具备深厚专业知识的人担任技术调查官,甚至可能导致技术调查官自己对某些技术都是门外汉的结果。相比而言,专家型人民陪审员由于不是法院内部工作人员,不受法院编制等问题的影响,能够从更广泛的专业领域中选择具备适当专业知识的人员。

除了专家型人民陪审员、技术调查官,其他法域中的"法院专家助理"(court master)制度,也可以提供借鉴。但是,相比法官是否具备认定事实的能力,法官是否敢于承担认定事实的职责,在双方当事人举证、质证的基础上,依法对证明力的强弱作出判断,是更为重要的问题。否则,名为提高事实认定能力、实为减轻事实认定职责的制度设计和试点,从长远来看对于法治反倒可能是有害的,也会影响知识产权保护和环境保护。

第五章　环境质量标准问题

环境质量标准,是为了实现保护公众健康、维护生态良性循环等环境保护目标,基于环境风险判断等因素,对环境中有害物质和因素所作的限制性规定。[①] 对于环境质量标准可否用于认定环境污染侵权责任,存在否定说和肯定说两种观点。否定说认为,环境质量标准不构成认定侵权责任的依据[②],"至多只不过是表示行政努力目标的一个指标,并不具有作为直接规定国民的具体的权利义务的法规的性质"[③]。肯定说认为,应当以环境质量标准作为认定环境是否被污染的依据,环境质量没有超过环境质量标准即表明没有污染,超过环境质量标准即表明存在污染。[④] 对于环境质量超标在环境污染侵权责

[①] 《环境信息术语》(HJ/T 416—2007)(国家环境保护总局 2007 年 12 月 29 日发布,2008 年 2 月 1 日实施),中国环境科学出版社 2007 年版,第 19 页。根据 2014 年 4 月修订后的《环境保护法》第 1 条,将该定义中的"人体健康"修改为"公众健康"。

[②] 施志源:《环境标准的法律属性与制度构成》,载《重庆大学学报(社会科学版)》2016 年第 1 期;王光焱:《关于我国环境质量标准及其应用的有关问题探讨》,载《江苏环境科技》2008 年第 3 期。

[③] 〔日〕原田尚彦:《环境法》,于敏译,法律出版社 1999 版,第 70 页。

[④] 比如,金瑞林主编:《环境法学》(第 4 版),北京大学出版社 2016 年版,第 80 页;《环境科学大辞典(修订版)》,中国环境科学出版社 2008 年版,第 311 页;蔡守秋:《环境标准与环境法的关系》,载《环境保护》1995 年第 4 期;金瑞林、汪劲:《20 世纪环境法学研究评述》,北京大学出版社 2003 年版,第 80 页、第 85 页;陈伟:《环境标准侵权法效力辨析》,载《法律科学》2016 年第 1 期;陈伟:《环境质量标准的侵权法适用研究》,载《中国法学》2017 年第 1 期。

任上的法律效果,肯定说又可进一步划分为充分条件说和必要条件说。充分条件说的肯定程度较强,认为排污者排放的物质在环境中的含量超过了环境质量标准的规定就应该承担相应的民事责任。[①] 必要条件说的肯定程度稍弱,认为环境质量超标是环境污染侵权责任的必要条件;排污行为没有导致损害发生地环境质量超标,也就没有造成污染,无需进一步分析因果关系要件;损害发生地环境质量超标的,再进一步分析污染与损害之间的因果关系。在环境质量标准制定程序合法、内容合理的前提下,即使能够证明事实因果关系的存在,也应承认环境质量标准在侵权责任法上具有合规抗辩的效力。即,环境质量标准是判断环境污染侵权因果关系是否具有相当性的合理界限,从而也是受害人利益是否受侵权责任法保护的边界。[②] 该观点可以总结为,环境质量标准对于认定环境污染侵权责任的因果关系要件具有"门槛"功能和"边界"功能,门槛功能在于排除条件关系(事实因果关系),边界功能在于排除相当性(法律因果关系)。

在环境污染侵权责任纠纷司法实践中,法院对环境质量标准的应用也不尽一致。在有些案件中,法院持否定说。比如在一起案件中,污染者否认构成侵权责任,抗辩理由之一是环境监测报告证明施工期间声环境质量、空气环境质量都完全达标。法院认为,环境质量标准"只是相关行政主管部门进行环境管理的依据,声环境、空气环境是否达标与环境损害没有必然联系",因此判决污染者承担侵权责任。[③] 在另外一些案件中,法院持肯定说。比如在一起涉及噪声污染的案件中,法院在认定排污者所排放的噪声没有超过应当适用的环境质量标准限值之后,判决受害人败诉。法院认为,只有污染者的生产行为给受害人造成的环境权利损害达到一定程度要求的情况下,才构成环境污染侵权行为;受害人应当举证证明其所主张的噪声污染超

---

① 比如,王灿发:《环境法学教程》,中国政法大学出版社 1997 年版,第 81 页;金瑞林主编:《环境与资源保护法学》,北京大学出版社 2000 年版,第 158 页;金瑞林主编:《环境法学》(第 4 版),北京大学出版社 2016 年版,第 80 页。
② 陈伟:《环境质量标准的侵权法适用研究》,载《中国法学》2017 年第 1 期。
③ 上诉人某有限公司与被上诉人冯某环境污染责任纠纷案,湘潭市中级人民法院(2012)潭中民一终字第 222 号民事判决书。

过了国家相关标准。①

理论争议和实践混乱,一方面是因为我国法律界对环境质量标准关注不够、研究不深,另一方面也是因为过去二十年来环境质量标准的制定和实施经历了较大变化,而最关键的原因是没有区分事实与规范,没有注意到环境质量标准兼具科学性和制度性,因此应当从事实角度和规范角度分别研究环境质量标准对于侵权责任制度的意义。从规范的角度,应当研究的是环境质量标准可否作为法律规则适用于环境污染侵权责任,所关注的是效力问题,需要分析适用范围、效力位阶等方面。从事实的角度,应当研究的是环境质量标准作为科学文献、制度事实可否作为证据帮助认定环境污染侵权责任的构成要件,所关注的是证明力问题,需要分析真实性、关联性、合法性。否定说和肯定说都应明确其研究视角是事实还是规范,否则无法有效开展学术对话。笼统地肯定或者否定,可能都有失偏颇、不尽人意。当事人提出主张或抗辩,法院解决纠纷和规避职业风险,都对环境质量标准产生了某种"需求"。否定说断然拒绝"供给",即使言之成理,也会让人心有不甘。肯定说尽力挖掘环境质量标准的功用,回应社会需求,颇具吸引力。然不辨事实与规范之别,却又无法实现理论自洽,易生混乱,难免误用。

明晰环境质量标准与环境污染侵权责任之间的关系,对于推进生态文明法治建设、完善民法典的侵权责任编,都非常重要。区分规范角度和事实角度,能够使分析条理清晰,有助于实现理论自洽和简洁。由于环境质量标准首先是一项制度,因此应首先探讨环境质量标准的制度属性,再分别从规范的角度和事实的角度分析环境质量标准对于环境污染侵权责任认定的意义。需要说明的是,本章分析的环境污染侵权责任,仅限因污染环境对民事主体造成的人身损害和财产损害。破坏生态环境、损害公众环境权益等问题,与环境污染造成的人身损害和财产损害迥异,无法一并讨论,不在本章的讨论范围之内。

---

① 建德水泥有限公司与蒋某某环境污染责任纠纷案,杭州市中级人民法院案(2010)浙杭民终字第 3015 号民事判决书。

第一节　环境质量标准的制度属性

我国环保部门发布的、现行有效的环境质量标准共 16 项,包括 3 项空气质量标准、5 项水环境质量标准、3 项噪声和震动环境质量标准、5 项土壤环境质量标准。需要注意的是,被环境保护部官网列入土壤环境质量标准的《温室蔬菜产地环境质量评价标准》(HJ/T 333—2006)和《食用农产品产地环境质量评价标准》(HJ 332—2006)也包含了对于灌溉水和空气的质量要求。按照级别划分,国家标准 12 项,环境保护行业标准 4 项。按照强制力划分,包括强制性标准 9 项、指导性标准 2 项、推荐性标准 3 项、暂定标准 2 项。按照实施机关划分,《渔业水质标准》(GB 11607—89)和《农田灌溉水质标准》(GB 5048—92)由农业部门管理实施,《地下水质量标准》(GB/T 14848—9)归口国土资源部门,其余 13 项都由环保部门管理实施。

以上标准在环境保护部门的环境管理工作中的地位差异很大,对环境质量标准制度属性的分析应该以典型样本为研究对象。本章根据标准的属性、强制力、实施机关、适用范围等因素,以排除法筛选出典型样本。《乘用车内空气质量评价指南》(GB/T 27630—2011)和《室内空气质量标准》(GB/T 18883—2002)不仅是推荐标准,而且也不是严格意义上的环境质量标准,因其适用的空气并非环境空气[①],而是乘用车内的空气或室内空气,主要功能在于判断乘用车产品质量是否合格或者室内装修质量是否合格。违反这两项标准的,原告可以请求违约责任。[②] 即使由于存在违约责任和侵权

---

① "环境空气"(ambient air)是指人群、植物、动物和建筑物所暴露的室外空气。见《环境空气质量标准》(GB 3095—2012)(环境保护部、国家质量监督检验检疫总局 2012 年 2 月 29 日发布,2016 年 1 月 1 日实施),中国环境科学出版社 2012 年版,第 1 页。除非另有所指,本章所讨论的"空气"仅指"环境空气"。有些法律文件使用了"空气""大气"等用语,本章在引用时,按照出处,分别使用"环境空气""空气""大气"等词语。

② 比如,上海百安居装饰工程有限公司昆明分公司与王璐、薛克海装饰装修合同纠纷案,昆明市中级人民法院(2014)昆民一终字第 564 号民事判决书;李征与北京路通威汽车销售服务有限公司买卖合同纠纷案,北京市第三中级人民法院(2014)三中民终字第 03578 号民事判决书。

责任的竞合,原告选择以侵权责任请求救济,该纠纷也不构成环境污染责任纠纷,不应适用侵权责任法第八章。①《温室蔬菜产地环境质量评价标准》和《食用农产品产地环境质量评价标准》为指导性标准,供农业生产者、农业主管部门等参考。《渔业水质标准》和《农田灌溉水质标准》也是由农业部门管理实施。《展览会用地土壤环境质量评价标准(暂行)》(HJ 350—2007)主要用于展览场馆建设项目的环境影响评价,并非日常环境质量监测的依据。限于技术条件和人力物力,环保部门下属的环境监测机构并没有全面地、经常性地对声环境质量、震动、土壤环境质量、地下水环境质量开展监测,因此《声环境质量标准》(GB 3096—2008)、《机场周围飞机噪声环境标准》(GB 9660—88)、《城市区域环境振动标准》(GB 10070—88)、《土壤环境质量标准》(GB 15618—1995)、《地下水环境质量标准》也不典型。此外,《机场周围飞机噪声环境标准》和《海水水质标准》(GB 3097—1997)的适用范围有限,不具有全国普遍性。经过筛选分析可以发现,在全国范围内常规适用的环境质量标准实际只有《环境空气质量标准》(GB 3095—2012)和《地表水环境质量标准》(GB 3838—2002),环保部在官网上发布的动态环境质量数据也仅仅涵盖城市环境空气和地表水。因此,本章以这两项环境质量标准为典型样本,兼顾《声环境质量标准》以及其他标准,分析环境质量标准的制度属性及其对于环境污染侵权责任认定的意义。② 概要而言,我国环境质量标准的制度属性主要体现在以下方面:

一、以差异化管理为理念

环境质量标准以差异化管理为理念,集中体现在以环境功能区划为前提制定和执行环境质量标准。所谓环境功能区划,就是依据社会经济发展

---

① 比如,黎蓉、陈某某、陈佳祥、丁玉兰与湖南申湘兴旺销售有限公司、上海大众汽车有限公司产品质量责任纠纷案,长沙市中级人民法院(2015)长中民未终字第 02029 号判决书。
② 其他法学文献在研究环境质量标准的法律意义时,大多也聚焦于《环境空气质量标准》《地表水环境质量标准》《声环境质量标准》这 3 项标准。比如,陈伟:《环境标准侵权法效力辨析》,载《法律科学》2016 年第 1 期;陈伟:《环境质量标准的侵权法适用研究》,载《中国法学》2017 年第 1 期。

需要和不同地区在环境结构、环境状态和使用功能上的差异,将区域合理地划分为不同的功能区。[1] 不同的功能区,对环境质量有不同的需求,因此环境质量标准应充分体现地区差异性[2],应针对不同的功能区类型设定不同的限值。比如,《环境空气质量标准》(GB 3095—2012)规定了两类功能区:一类区为自然保护区、风景名胜区和其他需要特殊保护的区域;二类区为居住区、商业交通居住混合区、工业区和农村地区。对于二氧化硫、二氧化氮、一氧化碳、臭氧、粒径小于10微米的颗粒物(PM_{10})、粒径小于2.5微米的颗粒物($PM_{2.5}$)等6个基本污染物项目和总悬浮颗粒物、氮氧化物、铅、苯并[a]芘等4个其他项目,该标准为两类功能区分别规定了宽严不同的浓度限值。同理,《地表水环境质量标准》也规定了功能区划体系,为Ⅰ至Ⅴ类功能区分别规定了24个基本项目的宽严不同的限值,还为集中式生活饮用水地表水源地规定了硫酸盐等5个补充项目以及三氯甲烷等80个特定项目的限值。在实施环境质量标准时,也是先划定功能区,再确定应当适用的限值。为规范功能区划,我国还制定了多项功能区划分技术规范。由于环境功能区划与环境质量标准之间的紧密关系,也使环境质量标准体现出差异化管理的理念。

　　我国也有少数环境质量标准,不是针对功能区设定限值,而是针对特定功能用途或者特殊区域设定限值。《渔业水质标准》和《农田灌溉水质标准》即为针对特定功能用途设定限值的适例。前者适用于鱼虾类的产卵场、索饵场、越冬场、洄游通道和水产增养殖区等海、淡水渔业水域。但是,如果水域还具有渔业之外的功能,则不适用该标准,而适用综合性的地表水环境质量标准或者近岸海域水质标准中的对应级别。后者适用于全国以地面水、地下水和处理后的城市污水及与城市污水水质相近的工业废水作水源的农田灌溉用水。这两项标准所适用的区域,实际上也是两类功能区,只是这些区域性质特殊、面积较小,没有被纳入通常的环境功能区划体系。可以看

---

[1] 《环境信息术语》(HJ/T 416—2007)(国家环境保护总局2007年12月29日发布,2008年2月1日实施),中国环境科学出版社2007年版,第1页。

[2] 金瑞林、汪劲:《20世纪环境法学研究评述》,北京大学出版社2003年版,第82—83页。

出,这两项标准同样是以差异化管理为理念。

二、以整体主义为价值观和方法论

"整体主义"一词,具有多重涵义,包括方法论的整体主义、价值观的整体主义等互相联系的多个面相。与方法论的个体主义相对立,方法论的整体主义以整体作为研究的基点,研究集团、民族、阶级、社会等群体的行动以及相关的群体现象。① 环境法在价值观和方法论两方面都体现了整体主义。②

环境质量标准对于整体主义价值观的体现,主要是在功能定位上。环境质量标准的保护对象,是作为整体的公众和生态环境,而非个体的自然人或生态环境组成部分。"公众"是一个鲜明地体现了整体主义的词语。2014年修订后的《环境保护法》第 1 条将"人体"健康修改为"公众"健康,更准确地体现了整体主义价值观。环境质量标准针对功能区设定限值,基于主导功能,从总体上回应功能区内公众健康和环境保护的需求,不仅无法个别地回应具有差异性的个体的特殊需求,而且对于非主导功能的考虑也可能并不充分。因此,环境质量标准无法保证达标的环境质量能够满足所有个体的所有需求。

环境质量标准对于整体主义方法论的体现,主要是在制定方法上。在制定环境质量标准时,将社会公众和环境要素作为对象,以流行病学等科学知识为依据,从整体上考虑污染物与对象之间的暴露途径、暴露量以及剂量—反应关系,选择保护程度,最终确定污染指标的控制限值。保护程度,体现为多高比例的对象会遭受多大程度的消极影响,是一个概率问题。至于遭受影响的是公众中的甲乙还是丙丁,并不是制定环境质量标准时需要

---

① 〔英〕卡尔・波普尔:《猜想与反驳》,傅季重等译,上海译文出版社 1986 年版,第 486 页;李爱年、陈程:《生态整体观与环境法学方法论》,载《时代法学》,2008 年第 4 期;刘湘容、王彬辉:《环境法学权利研究方法论》,载《现代法学》2008 年第 6 期。
② 刘水林:《法学方法论研究》,载《法学研究》2001 年第 3 期;邓海峰:《生态法治的整体主义自新进路》,载《清华法学》2014 年第 4 期;柯坚:《事实、规范与价值之间:环境法的问题立场、学科导向与实践指向》,载《南京工业大学学报(社会科学版)》2014 年第 1 期。

考虑的问题,也是无法考虑的问题。环境质量标准即使考虑了某些类别的易感人群,也是将不同类型的易感人群作为整体,而不考虑易感人群中的具体个体。

在现行的 16 项环境质量标准中,各标准对于整体主义的体现在程度上有所不同。保护对象越宽泛、区划等级越少,对整体主义体现的程度越高。《环境空气质量标准》《地表水环境质量标准》《声环境质量标准》等体现出较高程度的整体主义。《渔业水质标准》《农田灌溉水质标准》《温室蔬菜产地环境质量评价标准》和《食用农产品产地环境质量评价标准》对整体主义体现的程度稍低。

三、以阶段性控制目标为依据

我国环境质量标准是以阶段性控制目标为依据制定的。这从阈限值标准和阶段控制标准的区别以及我国对阶段性控制标准的选择可以看出。

阈限值标准和阶段控制标准的区别在于是否考虑经济技术条件和标准的可达性。阈限值标准,不考虑经济技术条件和标准的可达性,仅以目前的科学认知水平和环境基准研究成果为根据,在污染物浓度控制的安全阈值或可接受风险水平之下设定环境质量标准。通常认为,在该阈值以下,对于有阈值污染物(threshold pollutants),污染物的消极影响是可以忽略不计的;对于无阈值污染物(non-threshold pollutants),污染物对公众健康和环境的风险是可控、可接受的。[①] 美国联邦环境空气质量标准,是阈限值环境质量标准的典型例证。[②] 在该标准中,对于 PM2.5,一级标准年均值为 12 微克每立方米,二级标准年均值为 15 微克每立方米,一二级标准的 24 小时

[①] 〔美〕诺埃尔·德·内韦尔:《大气污染控制工程》,胡敏、谢绍东、朱先磊等译,化学工业出版社 2005 年版,第 9—16 页;孟伟、张远、郑丙辉:《水环境基准、标准与流域水污染物总量控制策略》,载《环境科学研究》,2006 年第 3 期。

[②] 张国宁、江梅、魏玉霞、武雪芳:《环境质量标准制订中的关键技术问题》,载《环境科学研究》2011 年第 9 期。

均值均为35微克每立方米。① 根据最新科学研究成果,即使对于儿童、老人等敏感人群,该标准也足以防止长期暴露、短期暴露所致健康损害,包括夭折、住院和急诊数量的增加、慢性呼吸疾病,等等。② 美国联邦环保署之所以对环境空气制定阈限值标准,并根据最新科学知识予以更新,是因为美国联邦《清洁空气法》没有将经济技术条件规定为制定标准时可以或者应当考虑的因素,仅仅要求环境空气质量标准应当充分满足保护公众健康、公共福利的需要。③ 美国联邦最高法院确认了《清洁空气法》的该项要求。④ 美国联邦环保署于2012年制定最新的环境空气颗粒物标准时,也明确表明该标准没有考虑实施成本。⑤

阶段控制标准,不仅考虑保护公众健康和生态环境的需要,而且也考虑经济技术条件等影响标准可达性的因素,根据本阶段追求的环境质量水平,设定环境质量标准。如此设定的环境质量标准,一方面以环境基准为根据,体现了科学性,另一方面体现了当前的具体目标,提高了标准的可操作性。⑥ 因此,包括欧盟、世界卫生组织(WHO)在内的很多国家和国际组织都采取这种思路制定环境质量标准。比如,世界卫生组织最新的《空气质量准则》将PM2.5准则值(阈限值)设定为年均10微克每立方米、日均25微克每立方米。但是,考虑到实现难度等因素,该《准则》也列出了3个过渡时期目标值,从宽至严分别为日均限值75、50、37.5微克每立方米,年均限值35、25、

---

① 《美国联邦现行环境空气质量标准列表》,载https://www.epa.gov/criteria-air-pollutants/naaqs-table(2017年4月13日访问)。
② Environmental Protection Agency, *National Ambient Air Quality Standards for Particulate Matter (Final Rule)*, 78 Federal Register 3086 (2013).
③ CAA 109(b), 42 U.S.C. §409(b).
④ *Whitman v. American Trucking Associations*, 531 U.S. 457, 465—472, 475—476 (2001).
⑤ Environmental Protection Agency, *National Ambient Air Quality Standards for Particulate Matter (Final Rule)*, 78 Federal Register 3086 (2013).
⑥ 张国宁、江梅、魏玉霞、武雪芳:《环境质量标准制订中的关键技术问题》,载《环境科学研究》2011年第9期。

15微克每立方米。① 按照该思路,阈限值标准是终极目标,阶段控制标准是当前努力实现的目标。待当前的阶段控制标准在相当程度上得以实现之后,再分阶段逐步收紧标准限值。

我国的环境质量标准就是按照阶段控制标准的思路制定的。《环境保护法》第 15 条仅规定了制定环境质量标准的权限,没有规定考量因素。但是,根据《环境标准管理办法》第 10 条,制定环境标准应以保护人体健康和改善环境质量为目标,促进环境效益、经济效益、社会效益的统一;应与国家的技术水平、社会经济承受能力相适应;借鉴适合我国国情的国际标准和其他国家的标准。从该规定可以看出,经济技术条件、污染现状、标准的可达性,都是制定环境质量标准需要考虑的因素。目前,符合我国国情的环境基准缺失,我国现行环境标准主要是在借鉴发达国家环境基准和标准制度的基础上制定的。② 比如,我国环境空气质量标准,就是将世界卫生组织《空气质量准则》推荐的最宽松标准作为二类功能区的 PM2.5 限值。在该标准中,一类功能区为自然保护区、风景名胜区等人口密度低的区域,二类功能区是人口稠密、经济发达的区域,一类功能区限值比二类功能区限值更加严格。如果仅仅考虑保护对象的需要,二类功能区的 PM2.5 限值应该比一类功能区更严格,因为人体比生态环境更易受 PM2.5 的影响。③ 但是,二类功能区比一类功能区污染现状更为严重,如果适用更严格的 PM2.5 限值,则不具有可达性。这就表明,我国环境空气质量标准,是根据当前国情作出的阶段性选择。事实上,环境保护部也明确承认该标准的阶段性,并且要求根

---

① World Health Organization Regional Office for Europe, *Air Quality Guidelines Global Update* 2005: *Particulate Matter, Ozone, Nitrogen dioxide, and Sulfur Dioxide*, 2006, pp. 278—279.

② 汪光焘:《关于〈中华人民共和国环境保护法修正案(草案)〉的说明》(2012 年 8 月 27 日),载 http://law.npc.gov.cn/FLFG/flfgByID.action?flfgID=34365198&showDetailType=QW&zlsxid=23(2017 年 6 月 7 日访问)。

③ 这从美国联邦环境空气质量标准中的 PM2.5 限值可以看出。在现行美国联邦环境质量标准中,对于 PM2.5,保护公众健康的一类标准(年均值 12 微克每立方米)比保护包括环境在内的公共福利的二类标准(年均值 15 微克每立方米)更加严格。Environmental Protection Agency, *National Ambient Air Quality Standards for Particulate Matter* (*Final Rule*), 78 Federal Register 3086 (2013).

据国家经济社会发展状况和环境保护要求适时修订。①

四、以政策选择为结果

环境质量标准最终都是政策选择的结果,而不是纯粹的科学结论。阶段控制标准,当然是综合考虑公众健康、生态环境、经济社会发展水平等因素之后作出的政策选择。即使是阈限值标准,也体现了政策选择。比如,虽然美国联邦环保署在制定环境空气质量标准时不受经济技术条件等因素的约束,设定的数值更多地体现了科学研究的成果,但是在收集证据、选择安全余地(margin of safety)等环节,仍然存在政策选择问题。② 在选取科学证据时,美国联邦环保署主要使用美国、加拿大的研究成果,对于其他国家的研究成果考虑较少。③ 部分原因是,加拿大与美国接壤,经济发展水平和环境保护水平与美国相当,数据具有可比性。在收集科学证据之后,美国联邦环保署需要考虑健康影响的性质、受影响的人群等因素④,选择一定的安全余地,以弥补科学不确定性和信息不全面性所可能产生的问题。这在多个司法判例中已经得到法院的肯定。⑤

为了适用环境质量标准所作的环境功能区划,也体现了政策选择。由于不同的环境功能区对应不同的环境质量标准限值,功能区划的过程实际上也是选择适用环境质量标准限值的过程。这就使环境质量标准的适用受到政策选择的影响。

---

① 环境保护部:《关于实施〈环境空气质量标准〉(GB 3095—2012)的通知》(环发[2012]11号)(2012年2月29日),载 http://www.zhb.gov.cn/gkml/hbb/bwj/201203/t20120302_224147.htm(2017年5月24日访问)。

② 吕忠梅、杨诗鸣:《控制环境与健康风险:美国环境标准制度功能借鉴》,载《中国环境管理》2017年第1期。

③ Environmental Protection Agency, *National Ambient Air Quality Standards for Particulate Matter (Final Rule)*, 78 Federal Register 3086 (2013).

④ Ibid.

⑤ See Lead Industries Association v. EPA, 647 F. 2d 1130, 1154 (D. C. Cir 1980); American Petroleum Institute v. Costle, 665 F. 2d 1176, 1186 (D. C. Cir. 1981); American Farm Bureau Federation v. EPA, 559 F. 3d 512, 533 (D. C. Cir. 2009); Association of Battery Recyclers v. EPA, 604 F. 3d 613, 617—18 (D. C. Cir. 2010).

五、以考核激励为制度功能

我国《宪法》第 26 条规定,国家保护和改善生活环境和生态环境,防治污染和其他公害。在我国,宪法规定的国家环境保护义务主要由各级人民政府及其相关职能部门完成。为此,需要在中央人民政府与地方人民政府之间建立任务分配与目标考核机制。《环境保护法》第 6 条第 2 款和第 26 条,即为此所设。前者规定"地方各级人民政府应当对本行政区域的环境质量负责";后者规定国家实行环境保护目标责任制和考核评价制度,县级以上人民政府考核本级人民政府负有环境保护监督管理职责的部门及其负责人和下级人民政府及其负责人。除了上级政府对下级政府的目标考核以及政府内部的目标考核之外,政府还应当接受人民的监督,接受同级人民代表大会的监督。不管是考核还是监督,都需要比较客观的依据。环境质量标准由于具有数值量化的特点而成为首选。《环境保护法》第 28 条的立法用语,即明确体现了环境质量标准在考核中的意义。该条第 1 款规定,地方各级人民政府应当根据环境保护目标和治理任务,采取有效措施,改善环境;第 2 款规定,未达到国家环境质量标准的重点区域、流域的有关地方人民政府应当制定限期达标规划,并采取措施按期达标。实践中,环境保护目标和考核要求通常都以环境质量标准为依据。比如,国家《"十三五"生态环境保护规划》为 2020 年设定的空气环境质量、水环境质量保护目标[①],就是以相应的环境质量标准为基准的。于是在实际工作中,地方人民政府对环境质量负责,在很大程度上就转化为对环境质量达标率负责。这也就解释了,为什么反对提升环境质量标准的阻力主要来自于地方政府。

为了满足人民对美好环境的需求,环境质量标准除了作为考核依据之外,还需要具有激励功能。事实上,考核和激励本来就是一体两面、相辅相成的。由于各地环境质量普遍堪忧,特别是人口稠密、经济发达的地区,如

---

① 《国务院关于印发"十三五"生态环境保护规划的通知》(国发〔2016〕65 号)(2016 年 11 月 24 日),载 http://www.gov.cn/zhengce/content/2016-12/05/content_5143290.htm(2017 年 3 月 29 日访问)。

果设定的环境质量标准限值过严,就会导致达标率非常低,影响公众的主观感受,也难以发挥激励作用;如果过于宽松,则会失去激励效果。

六、以政府责任为制度保障

在明晰环境质量标准的考核激励功能之后,就可以很自然地推论出,《环境保护法》第 6 条要求地方人民政府"负责",既是设定职责,也是赋予职权。政府通过行使职权,履行职责。职权、职责,是第一性的政府环境责任;未依法行使职权、履行职责,可导致第二性的政府环境责任。① 环境质量标准是判断履职尽责的一个重要依据。环境质量不达标,就可能引发来自上级党组织、上级人民政府、同级人民代表大会、公众等方面的负面评价和其他消极后果。此外,根据国务院 2005 年 12 月发布的《关于落实科学发展观加强环境保护的决定》、2011 年 8 月通过的《太湖流域管理条例》以及其他文件中有关流域断面考核和生态补偿安排的规定,上游水环境质量不达标还可能导致上游地方人民政府需要向下游地方人民政府支付补偿金。该项补偿金,既是对地方人民政府的经济惩罚,也是对相关领导人的政治考核。综合以上分析,同时考虑到《环境保护法》并未规定政府机关之外的主体对环境质量直接承担责任,可以认为环境质量标准的强制性主要是针对政府而言的。② 相应地,环境质量监测也就具有督政的作用。目前开展的省以下环保机构监测监察执法垂直管理制度改革,对污染排放监测和环境质量监测作区别对待,仅将环境质量监测权限上收到省级③,部分原因就是上收环境质量监测权限有利于更好地发挥督政作用。

在其他国家,环境质量标准同样被用作检验政府履职尽责的依据。在美国,如果州政府没有实现环境空气质量达标并且不采取相关补救措施,就

---

① 蔡守秋:《论政府环境责任的缺陷与健全》,载《河北法学》2008 年第 2 期。
② 金瑞林主编:《环境与资源保护法学》(第 3 版),高等教育出版社 2013 年版,第 94 页;汪劲:《环境法学》(第 2 版),北京大学出版社 2011 年版,第 119 页。
③ 中共中央办公厅、国务院办公厅:《关于省以下环保机构监测监察执法垂直管理制度改革试点工作的指导意见》,载 http://www.gov.cn/zhengce/2016-09/22/content_5110853.htm(2017 年 5 月 23 日访问)。

有可能失去联邦政府的高速公路拨款。有日本学者也认为,环境质量标准"不过是为了推进公害对策的行政目标"。①

第二节 环境质量标准对于环境污染侵权责任认定的意义

环境污染侵权责任制度是在一般侵权责任制度的基础上,为了回应现当代环境污染问题所发展的特殊侵权责任制度,是我国生态文明制度的重要组成部分。我国《侵权责任法》第65条规定,"因污染环境造成损害的,污染者应当承担侵权责任。"通说认为,环境污染侵权责任适用无过错责任归责原则,其构成要件包括加害行为、损害和因果关系。② 研究环境质量标准对于环境污染侵权责任认定的意义,需要从规范和事实两个角度,按照构成要件逐一分析。

一、从规范角度的分析

从规范的角度分析,是将环境质量标准作为制度规则,研究可否将其用于认定环境污染侵权责任的各个构成要件。

(一) 环境质量标准与加害行为要件

环境质量达标可否影响加害行为的构成,可否作为否定构成加害行为的抗辩理由?肯定说认为环境质量标准是认定加害行为的依据,只有当排污行为导致环境质量超标时,才满足加害行为要件。如果有排污行为但是环境质量达标,排污者对于侵权责任,可以基于环境质量达标的事实,主张合规抗辩。有持肯定说的学者进一步主张,在认定环境质量是否超标时,对于人身损害,不论发生在何种功能区,统一适用较为严格的环境质量标准(比如,地表水II类标准),对于财产损害,适用该功能区本来应当适用的环

---

① 〔日〕原田尚彦:《环境法》,于敏译,法律出版社1999版,第71页。
② 吕忠梅:《环境法学概要》,法律出版社2016年版,第203页。

境质量标准。①

肯定说不符合《侵权责任法》第 65 条对于加害行为的规定。该法第 65 条有关加害行为的用语是"污染环境"。"污染环境"是一个动宾词组,指污染环境的行为。环境是否遭到污染,遭到多大程度的污染,是行为的结果。行为的结果和行为的发生是两个不同的问题,不应以行为结果判断行为是否发生。

除此之外,对于环境空气污染、水污染等物质污染,不应以环境质量达标作为否定加害行为的理由还包括以下四点:第一,标准项目的有限性。环境质量标准在选择标准项目时,需要考虑污染的普遍性、监测技术的成熟性、监测成本的可接受性等因素,因此仅仅选择了分布广、易监测的项目,甚至将污染物排放标准中的很多指标都排除在外。以大气污染物为例,大气污染物排放标准所列出的控制项目达 120 项,但是《环境空气质量标准》所列出的基本项目仅有 6 项。即使加上表 2 所列的 4 个其他项目、附录 A 所列的 5 个项目,合计也仅仅为 15 个项目。而且,考虑到 PM10、PM2.5 和总悬浮颗粒物共同对应着大气污染物排放标准中的颗粒物项目②,实际有 107 个项目被纳入了大气污染物排放标准但却没有被纳入环境空气质量标准。《地表水环境质量标准》不仅没有涵盖水污染物排放标准所列的全部项目,而且也没有纳入黑度、臭味等指标。如果水质符合该标准所列 I 类水的各项指标但是有浓烈的不适味道,恐怕不会有人否认水质被污染了。由于指标有限,环境质量监测数据也就不能全面表征环境质量,不得用于判断未列入环境质量标准的污染物的污染水平。第二,标准限值的阶段性。前已述及,环境质量标准具有阶段性,即使环境质量达标,也可能实际上存在污染,甚至是相当严重的污染。第三,标准适用的差异性。如前所述,功能区划是适用环境质量标准的前提,不同类别的环境功能区对应不同的限值。以水环境质量标准中的粪大肠杆菌为例,I 至 V 类水环境功能区所对应的限值分别为每升 200、2000、10000、20000、40000 个,其中 V 类功能区限值比 I 类

---

① 陈伟:《环境质量标准的侵权法适用研究》,载《中国法学》2017 年第 1 期。
② 环境质量标准中的 PM2.5、PM10 和总悬浮颗粒物,都是颗粒物,只是空气动力学粒径大小有所区别。污染物排放标准不区分颗粒物的粒径大小,统称颗粒物。

功能区高出200倍,比Ⅱ类功能区高出20倍。对于Ⅳ类和Ⅴ类水体,即使达标,也仍然存在严重污染。因此在实际工作中,水质优、良好,一般都是指Ⅲ类以上水体。① 而且,对于水环境质量已经恶化,无法达到相应功能区划要求的水体,通过降低功能区划等级、适用较宽松的限值,使之"被达标"的情形,也是存在的。第四,污染的相对性。污染是相对于环境功能所作出的判断,在没有明确需要救济的损害之前,无法判断是否存在可能导致损害的污染物。大千世界,相生相克。甲之熊掌,乙之砒霜。"水至清则无鱼",对人体有害的物质或浓度水平,可能恰好适合渔业养殖或者其他用途,不仅不是污染,反倒是有用物质。综上,不能根据环境质量是否达标判断是否存在污染,进而判断是否构成环境污染侵权责任加害行为。即使是在涉及人体健康的环境污染侵权案件中,对所有功能区统一适用较为严格的环境质量标准,也是不正确的,因为有些环境区域的规划用途本来就不是供人居住或者与人体直接接触,依法应适用比较宽松的标准。

对于噪声污染等能量污染,同样也不得以环境质量达标为由否认构成环境污染侵权加害行为。虽然《噪声污染防治法》第2条第2款对"环境噪声污染"的定义和《放射性污染防治法》第62条对"放射性污染"的定义都包含了超过国家标准的要求,但是这两个定义都是行政管理性规定,并且适用的也是污染物排放标准,而非环境质量标准。

(二) 环境质量标准与损害要件

侵权责任法所救济的损害,应当具有可补救性。可补救性包含了损害程度要求。轻微的不利益,不具有可补救性。② 为了维持社会生活的安定、促进社会合作,法律要求民事主体容忍他人造成的轻微不利益,或者使行为

---

① 环境保护部:《2015年全国环境状况公报》,第28页,载 http://www.mep.gov.cn/hjzl/zghjzkgb/lnzghjzkgb/201606/P020160602333160471955.pdf(2017年5月24日访问)。

② 也有学者认为,只要受害的为合法权益,无论其损害程度如何,均具有应补救性,均应称之为损害。见宁金成、田土城:《民法上之损害研究》,载《中国法学》2002年第2期。

人对于造成他人轻微不利益的情形不承担法律责任。[①] 此为各国通例[②]，并且也已被习惯国际法接受。根据习惯国际法，只有当损害达到重大损害（significant harm）的程度时，才发生国家之间的环境污染责任。[③]

容忍限度，应以当地通常接受的程度为限，即所谓的"社区标准"（community standard），亦即一般社会通常认知判断。[④] 然而，于法院和当事人来说，个案认定容忍限度成本颇高。以环境质量标准作为判断容忍限度的依据，似乎具有公信力，并有助于降低诉讼成本、提高判决的一致性。但是，至少由于以下三个原因，不应以环境质量标准判断是否超出合理忍受限度：

第一，对权利人的限制超过了社会的通常认知判断。比如，《环境空气质量标准》将农村划为二类功能区，对应的二氧化硫日均限值为不超过150微克每立方米。该限值连小麦、大麦、荞麦、大豆、甜菜、芝麻、菠菜、青菜、白菜、莴苣、黄瓜、南瓜、西葫芦、马铃薯、苹果、梨、葡萄等常见作物在生长期的环境需求都无法满足。根据《食用农产品产地环境质量评价标准》，这些农作物是对二氧化硫敏感的作物。为保证这些农作物不受影响，在植物生长季二氧化硫日均值不应超过50微克每立方米，其他季节不应超过150微克每立方米。显然，在二氧化硫日均浓度处于50至150微克每立方米之间时，虽然符合《环境空气质量标准》日均限值，但却不能保障这些作物在生长期的环境需求。如果以《环境空气质量标准》的限值作为合理忍受限度的界限，就意味着要求过去长期种植这些作物的农田要么遭受损害，要么改为种植其他作物。这对于权利人来说，是非常不公正的。而且，《环境空气质量标准》和《食用农产品产地环境质量评价标准》都是环境保护部制定的环境质量标准，只是前者为强制性标准，后者为指导性标准。如果真的以环境质

[①] 王利明：《侵权责任法研究（上）》，中国人民大学出版社2011年版，第291—292页。

[②] 比如，《德国民法典》第906条规定，土地所有人必须适当容忍来自他人土地上侵入的烟气、焦味、气味、震动等。"适当容忍"，即是对不利益严重程度的要求。另见沈百鑫：《水体污染民事责任的中德比较》，载《中国政法大学学报》2014年第2期。

[③] 《国际法不加禁止的行为所产生的损害性后果的国际责任（预防危险活动造成的越境损害）》，联合国大会第五十六届会议补编第10号（A/56/10），第2条及其评注第（4）—（7）段，中文版第314页。

[④] 曾世雄：《损害赔偿法原理》，中国政法大学出版社2001年版，第55页。

量标准作为合理忍受的界限,到底是以前者为准还是以后者为准呢?按照拘束力来说,当然强制性标准优先。如此,则会出现前述不公平结果。

第二,环境质量标准可被政府调整。政府可以修改环境质量标准,调整环境功能区划,从而降低或者提高所适用的环境质量标准限值。这对于保护公民权利、限制政府对公民权利的不当侵害,非常不利。

第三,架空了侵权责任法的功能。现代侵权责任法本质上主要是救济法,着眼于对不幸的受害人提供补救而不是注重制裁加害人。[①] 对于实行无过错责任的环境污染侵权责任,更是以救济受害人为主要目的。对于受害人来说,公法制度和侵权责任制度构成了不同层级的屏障,即不同层级的"法网"。对于环境质量超标的情形,受害人可以在侵权责任法之外寻求救济。[②] 对于环境质量达标的情形,侵权责任法就是仅剩的最重要救济途径了。如果以环境质量标准限值作为合理忍受限度的界限,就会架空侵权责任法本可发挥的独特功能。

容忍义务及其限度,与相当性或者法律因果关系也密切相关,下文进一步讨论。

(三) 环境质量标准与因果关系要件

因果关系要件的目的在于归责,即确定责任的归属及其范围,旨在实现具体案件的公平合理和纠纷解决的妥当性。[③] 因果关系之判断,是解决环境污染侵权责任纠纷必须面对的问题。侵权责任法只是将因果关系作为一个

[①] 王利明:《侵权责任法研究(上)》,中国人民大学出版社2011年版,第286—287页。
[②] 比如,对于环境噪声超标的情形,受害人通过公法寻求救济可能更为有效、便捷。除了4b区域(铁路干线两侧区域)外,《声环境质量标准》(GB 3096—2008)中各功能区的限值,与工业噪声、社会生活噪声污染物排放标准中各对应功能区的限值相同。4b类声环境功能区环境噪声限值适用于2011年1月1日起环境影响评价文件通过审批的新建铁路(含新开廊道的增建铁路)干线建设项目两侧区域。《声环境质量标准》对4b区域规定的限值,与《铁路边界噪声限值及其测量方法》((GB 12525—90)修改方案)中的噪声限值相同。可以合理推断,噪声环境质量超标时,特定声源一般也就超过了噪声污染排放标准。此时受害人也可以请求行政机关责令停止违法排放噪声的行为。行政机关不作为的,受害人还可以对行政机关提起行政诉讼。这往往比民事诉讼要更快更有效。
[③] 王泽鉴:《侵权行为》,北京大学出版社2009年版,第186—215页;王利明:《侵权责任法研究(上)》,中国人民大学出版社2011年版,第349—362页;叶金强:《相当因果关系理论的展开》,载《中国法学》2008年第1期。

要件加以规定,并未规定因果关系的构成要素和判断方法,还需在理论和实务的互动中进一步发展因果关系理论。大陆法系相当因果关系理论认为因果关系包括条件关系和相当性两个方面。英美法系通说认为因果关系包括事实因果关系和法律因果关系两个方面。因果关系理论众多,不仅大陆法系与英美法系之间有很大区别,两大法系内部也存在多种理论。虽然不同因果关系理论之间存在很多区别,但是仍然形成了一些基本共识:因果关系是在事实性基础之上的法律判断,事实上的因果联结是认定因果关系的前提条件,法律上的因果关系体现了价值判断和法政策考量。[①] 从规范的角度分析,环境质量标准对于因果关系认定的意义,只能体现在法律因果关系或者相当性方面。

肯定说认为,环境质量标准体现了法价值、法政策的边界:环境质量超标时具有相当性,环境质量达标时不具有相当性。也就是说,即使事实因果关系或者条件关系成立,环境质量达标的事实也可以排除法律因果关系或者相当性,使得被告不需要承担环境污染侵权责任。

然而,以环境质量标准作为侵权责任法的法政策、法价值的边界是不正确的。对于主要由于原告体质或者财产的特殊敏感性而发生的损失,要求被告承担环境污染侵权责任,可能有所不当。但是,原告在其体质或财产并不具有特殊敏感性时仍然遭受的损失,则不应被认为欠缺相当性或者法律因果关系。比如,小麦、大麦、荞麦等作物虽然对二氧化硫敏感,但实际上只是相当普通的农作物,只是对环境的要求高于中等敏感作物、抗性作物而已,其敏感性并未超出社会通常认为应予救济的程度。如上所述,在二氧化硫浓度达到《环境空气质量标准》日均要求但是超过50微克每立方米的情形,这些敏感作物在生长期遭受损害是可以明确预见的,绝非意外事件。对于污染行为发生之前本来可以种植敏感作物的土地,污染行为所导致的敏感作物死亡或者减产应当被认定为处于法价值、法政策的范围之内,而不是

[①] 王泽鉴:《侵权行为》,北京大学出版社2009年版,第186—215页;王利明:《侵权责任法研究(上)》,中国人民大学出版社2011年版,第349—362页;叶金强:《相当因果关系理论的展开》,载《中国法学》2008年第1期。

相反。因此,以环境质量标准否定法律因果关系或者相当性,是不正确的。

对于噪声等能量污染,也同样不能因为环境质量达标而否定法律因果关系或者相当性。以噪声污染为例,低于声环境质量标准限值的噪声仍然可能造成不当干扰。《民用建筑隔声设计规范》(GB 50118—2010)为一般住宅和高要求住宅分别规定了室内声环境要求,其中针对一般住宅的要求是:卧室昼间不超过 45 分贝,夜间不超过 37 分贝,起居室昼夜都不应超过 45 分贝。① 该规定比《声环境质量标准》中 0 类声环境功能区(指康复疗养区等特别需要安静的区域)所要求的昼间 55 分贝,夜间 40 分贝还要低。如果考虑到前者只是《民用建筑隔声设计规范》的基本要求,后者却是《声环境质量标准》中的最高要求,就更能够看出标准之间的差异。建筑设计标准之所以规定比《声环境质量标准》更严的限值,就是考虑到噪声对人的消极影响,要求在经济技术可行的前提下尽量降低噪声污染。

综上所述,从规范的角度分析,环境质量标准不适用于环境污染侵权责任。诚如原田尚彦所言,环境质量标准"并不具有作为直接规定国民的具体的权利义务的法规的性质"。②

案例讨论 5-1

环境质量标准与侵权责任案

本案一审原告冯某系某村民组村民,自 2005 年 6 月起在现址(废弃学

---

① 本章所说的分贝,都是 A 声级,即用 A 计权网络测得的声压级,单位 dB(A)。环境保护部及其前身原国家环保总局反复表明,《噪声污染防治法》未规定由环境保护行政主管部门监督管理居民楼内的电梯、水泵和变压器等设备产生的环境噪声,此类噪声不适用《噪声污染防治法》,《噪声污染防治法》也未规定这类噪声适用的环保标准。参见国家环境保护总局《关于居民楼内设备产生噪声适用环境保护标准问题的复函》(环函[2007]54 号,收件人为北京市环境保护局,发函日期 2007 年 2 月 6 日)、环境保护部办公厅《关于居民楼内设备产生噪声适用环境保护标准问题的复函》(环办函[2009]1014 号,收件人为北京市朝阳区人民法院,发函日期 2009 年 9 月 27 日)、环境保护部《关于居民楼内生活服务设备产生噪声适用环境保护标准问题的复函》(环函[2011]88 号,收件人为安徽省环境保护厅,发函日期 2011 年 4 月 7 日)。但是,仍有很多法院将居民楼内的生活服务设备噪声案件作为环境噪声污染案件审理。

② 〔日〕原田尚彦:《环境法》,于敏译,法律出版社 1999 版,第 70 页。

校)养猪。2006年6月16日国家发展和改革委员会批准某高速公路立项，被告某公司于2006年开始征地拆迁，2007年开始修某速公路湘潭境内主线，现已建成通车。在某乡境内修建的某高速公路紧邻原告的猪场，由于放炮、噪音等震动造成原告母猪流产、架子猪乱钻、爬栏、打架、免疫力下降，生病死亡等现象。因此事原、被告由村上组织多次进行调解，被告某公司共赔偿过原告3次损失。原告冯某遂于2010年12月2日向法院提起诉讼。

一审法院依照《中华人民共和国侵权责任法》第19条、第65条之规定，判决由被告某有限公司赔偿原告冯某经济损失261651.4元。

被告提起上诉后，二审法院认为：被上诉人冯某在原审诉讼过程中申请了数位证人出庭作证，证人之间虽对生猪死亡的具体数目等事实的叙述不完全一致，但足以证明原告的养猪场在某高速施工过程中出现大量生猪死亡及母猪流产的基本事实，因此，被上诉人作为受害者已完成其举证责任。上诉人应当就其法定免责事由及其行为与损害后果之间不存在因果关系承担举证责任。在诉讼中，上诉人某公司所举证据一方面证明某高速开发建设具有合法性，另一方面证明在某高速开发建设过程中，沿线的声环境、空气环境等完全达标，施工单位已经采取了相应的环境保护措施，将环境影响降低到了最低。但是工程建设的合法性不代表其建设过程中不会对环境造成损害。声环境、空气环境所达到的国家或地方规定的标准，也只是相关行政主管部门进行环境管理的依据，声环境、空气环境是否达标与环境损害没有必然联系，上诉人所主张的《环境影响报告书》中关于某项目符合国家有关交通建设工程的环保要求的结论以及工程沿线声环境、空气环境等完全达标不能成为上诉人免责和减责的事由。同时，上诉人也没有提出充分证据证明其行为与被上诉人的损害后果之间不存在因果关系，故上诉人因其举证不能，依法应当对被上诉人所受损害承担赔偿责任。被上诉人的养猪场是否办理了相关养殖许可手续，应由相应行政主管部门对此进行审查并作出相应处理，没有办理前述手续，不影响被上诉人在其合法财产遭受侵害时向侵害人主张其权利。原审判决鉴于被上诉人养猪场原址已不再适合养殖生猪，从而判令上诉人赔偿被上诉人搬迁养猪场地费用，对被上诉人要求上诉人按房屋重置价格赔偿的请求并未支持,故被上诉人取得房屋所有权的程序是否合法,不是本案需要审理的范围。被上诉人冯某在提起本案诉讼之前,委托某鉴定中心就湘潭县排头乡某村小学教学楼房屋及猪场设备价格进行鉴定,某鉴定中心据此作出某鉴中心[2011]鉴字第98号司法鉴定报告书以及某鉴中心[2011]鉴字第补6号司法鉴定报告书,该鉴定中心具备法定鉴定资质,其鉴定程序合法,鉴定结论并无明显差错,上诉人对该鉴定结论虽持有异议,但并无证据可予反驳,亦未申请重新鉴定,故原审法院予以采信并无不当。上诉人某公司上诉认为被上诉人在养殖生猪过程中自身存在过错,在损失造成后,又没有采取有效措施控制生猪的死亡蔓延,由此造成的损失应由被上诉人承担。对此,上诉人没有提出证据加以证实,该上诉理由不能成立。上诉人某公司作为某高速的开发建设单位,对由于该工程的建设造成他人的损害理应承担赔偿责任,其关于工程涉及的拆迁以及施工建设均已交由他人负责,其不承担任何责任的上诉理由不成立。原审判决在为被上诉人确定搬迁养猪场地费用时,参照了《湘潭市征地拆迁补偿安置办法》(潭政发27号)所规定的拆迁补偿规定的计算标准,但并非本案判决的法律依据,故上诉人认为原审判决适用法律错误的上诉理由不成立。由于上诉人的侵权行为处于持续状态,故被上诉人提起诉讼并未超过诉讼时效,上诉人认为本案已超过诉讼时效的理由不成立。

综上所述,上诉人某公司各项上诉理由均不能成立,本院均不予采纳。原审判决审理程序合法,适用法律准确,虽确定本案案由有误,但其实体处理正确,可予维持。据此,二审法院驳回上诉,维持原判。

(资料来源:上诉人某有限公司与被上诉人冯某环境污染责任纠纷案,湘潭市中级人民法院(2012)潭中民一终字第222号民事判决书。)

二、从事实角度的分析

虽然环境质量标准非为环境污染侵权责任建立的配套制度,不得作为规则适用于环境污染侵权责任。但是,从规范角度分析得出的否定结果并不当然导致从事实角度分析也应得出否定结果。为了全面考察环境质量标准对于认定环境污染侵权责任的意义，还需要从事实的角度加以分析。

从事实的角度看，环境质量标准是科学证据的一种，具有证据作用。对于科学证据，也需要进行真实性、关联性、合法性考量。环境质量标准由公权力机关依法制定，其合法性、真实性当无质疑，但其关联性还需要进一步分析。以下按照构成要件，逐一讨论环境质量标准的证据意义。

（一）环境质量标准对于认定加害行为的意义

作为环境污染责任的加害行为构成要件，污染环境的行为是指对环境造成消极影响的行为，还是指对环境造成影响的所有行为？通说认为，污染环境的行为是指排放污染物的行为，仅指对环境造成消极影响的行为。[①] 但是，也有学者认为通说过于片面，认为对环境造成了影响并且因此侵害了他人的人身、财产等权益的行为，都构成环境污染责任加害行为。该观点认为，环境污染在自然科学上的本质特征，是产生了"环境影响"；在法学上的本质特征，是这种环境影响侵害了他人的人身、财产等权益。[②] 与通说的区别在于，该观点不考虑环境影响是否具有消极性，只要引起环境系统的结构和功能发生变化即可，而通说强调环境影响应当具有消极性。该观点实质上是将立法语言中的"污染环境"替换成了"影响环境"，忽视了"污染环境"一词中所包含的价值判断。由于事物联系的复杂性，即使是保护和改善环境等在整体上产生积极环境影响的行为，也可能在局部导致他人损失。不要求环境影响具有消极性，将会导致在整体上保护和改善环境的行为也被纳入《侵权责任法》第65条的适用范围，显然不符合立法目的。因此，通说是正确的。当然，整体改善环境的行为如果造成他人损害，也会引起救济问题，但是不应以环境污染侵权责任作为救济的基础。

环境质量标准为判断环境影响是否具有消极性提供了证据。环境质量标准列出了若干"指标"，这些指标只是表征环境质量的项目，并不一定都是

[①] 王胜明主编：《中华人民共和国侵权责任法解读》，中国法制出版社2010年版，第324—325页。

[②] 侯佳儒：《中国环境侵权责任法基本问题研究》，北京大学出版社2014年版，第58页。

污染物。虽然大多数指标都是消极指标,数值越高,环境质量越差。但是,也有一些指标是积极指标,数值越高,环境质量越好。pH值则以居中为好,过低、过高都表示存在问题。这些指标数值的变化方向,就为认定污染环境的行为提供了证据。概要而言,排放的物质和能量导致环境质量指标朝坏的方向发展,为消极影响,该排放行为构成污染环境的行为;朝好的方向发展,为积极影响,不构成污染环境的行为。比如,某人新建的一座拦河坝在泄洪时导致下游河水溶解氧过足,鱼过氧而死。[①] 在地表水环境质量标准中,水环境质量等级越高,要求溶解氧的浓度越高。因此,本案的环境影响不构成环境污染,该行为也不构成环境污染侵权责任意义上的加害行为,不应适用有关环境污染侵权责任的规定,受害人应基于其他规则寻求救济。[②]

综上,环境质量标准为证明环境影响是否具有消极性提供了科学支撑,有助于认定环境污染侵权责任的加害行为要件。但是,环境质量标准的这一作用仅限于列入环境质量标准的物质和能量。对于没有列入环境质量标准的物质或能量,需要从环境整体的角度考虑排放行为的影响是否具有消极性。

需要指出的是,以环境质量标准认定被告行为是否具有消极性从而是否构成污染环境的行为,并不是从规范的角度适用环境质量标准,而是从事实的角度作出的认定。对污染环境行为的认定包含了价值选择,要求仅将对环境整体具有消极影响的排放行为纳入其中。但是,这一价值选择是立法作出的。在立法作出价值选择之后,需要证据证明排放哪些物质和能量会在整体上对环境构成消极影响。上文从规范的角度已经论证环境质量标

[①] 侯佳儒:《中国环境侵权责任法基本问题研究》,北京大学出版社2011年版,第56页。在所引原文中,作者使用了"氧气"一词。氧有多种形态,在水体中对于鱼类生存有意义的氧,只可能是溶解氧,而不可能是气态氧。因此,本书在引用时,将"氧气"改为"溶解氧"。

[②] 另外值得思考的一个有意思的问题是,本案是否存在《侵权责任法》第65条所规定的污染行为。水坝下游水中的溶解氧浓度增加,不是因为水坝排放的水中溶解氧浓度高,而是因为水坝排放的水在下泄过程中以及下泄之后形成浪花所发生的增氧过程。即,增氧过程是发生在大坝排放口之外,所增加的溶解氧也不是大坝排放的。水只是流经大坝,大坝本身并不排放溶解氧等其他物质,亦即没有增加污染物,反倒可能通过截污网筛等装置拦截部分杂物。因此,本案是否存在排放污染物的行为,如何解释《侵权责任法》第65条的"污染环境"一词,都是颇值深思的问题。

准具有整体性,因此,环境质量标准中的指标和数值作为制度事实,能够为判断在整体上具有消极环境影响的行为提供科学证据。即,对于认定污染环境的行为,环境质量标准是证据,而非规则。

(二)环境质量标准对于认定损害的意义

根据侵权责任法的规定,原告应对损害承担举证责任。对于财产权益遭受的不利益以及人体器质性病变是否满足损害要件,环境质量标准难以发挥证明作用。但是,对于舒适度受损、严重焦虑等非器质性病变类的人身权益损害,环境质量标准具有辅助证明作用,可以缓解举证难度。比如,噪声严重超标,可用于辅助证明噪声所导致的精神焦虑达到了可救济损害的程度。当然,如果受害人能够以其他方式证明损害,可不以环境质量标准为辅助证据。

(三)环境质量标准对于认定因果关系的意义

损害和加害行为之间的事实联结,是因果关系的事实部分,在大陆法系相当因果关系理论中称为条件关系,在英美法系中称为事实因果关系。不管采用何种因果关系理论,事实因果关系或者条件关系都是必要的。事实上因果关系的要求,形成的是一种硬约束,在可以确定事实上因果联结不存在时,责任就应被排除。①

从事实的角度,环境质量标准可以作为科学文献用于证明待证事实。根据《最高人民法院关于审理环境侵权责任纠纷案件适用法律若干问题的解释》第 6 条,被侵权人需要提供证据材料证明污染者排放的污染物或者其次生污染物与损害之间具有关联性。在很多案件中,受害人为了证明被告排放的污染物与其损害的关联性而援引学术文献。被告往往对学术文献的科学性、权威性提出质疑。相比普通学术文献,环境质量标准更具权威性,更容易获得原被告双方的认可。一般来说,污染浓度高低与损害发生的可能性和严重性在总体上呈现出统计学上的正相关关系。低于环境质量标准,更有可能不构成致害条件关系;超出环境质量标准则更有可能导致损

---

① 叶金强:《相当因果关系理论的展开》,载《中国法学》2008 年第 1 期。

害,超标程度越高,致害可能性也越高。但是,应当允许当事人以其他证据反证,因为环境质量标准此时只是证据之一。

然而,环境质量标准并不具有过滤事实因果关系的"门槛功能"。以环境空气质量标准为例,该标准为农村地区规定的二氧化硫日均限值,就无法保证小麦等农作物在生长季节的环境需求。因此,不能以二氧化硫达标为由,排除这些农作物的死亡、减产与二氧化硫的事实因果关系。当然,对于《食用农产品产地环境质量评价标准》中规定的数值,在有证明力更高的相反证据时,也可以在环境污染侵权责任纠纷中不予采用。

从可检索的案例可以看出,法院在很多案件中确实从事实的角度使用了环境质量标准。比如,"吴冬青、盐城市丰杯精细化工有限公司等与盐城苏海制药有限公司草庙分公司水污染责任纠纷上诉案"就应当被解读为此种案例。该案二审法院在认定加害行为时认为,"只要企业正常生产均存在向川东港河排放废水的行为",就"存在污染环境的行为"。法院在认定加害行为时,并没有讨论环境质量是否超标。二审法院其后在认定因果关系时,将环境质量超标数据与鉴定意见结合在一起,形成心证。[①] 从法院的用语可以看出,即使环境质量达标,法院也可能对受害人的损害和因果关系予以认定。

在从事实角度使用环境质量标准时,需要注意以下几点:第一,环境质量标准中的数值有可能因为其制度属性而失去中立性。环境质量标准是制度化的科研成果。科研成果应当中立,但是在制度"化"的过程中,既有可能收窄,也有可能放宽,对于承载考评功能的环境质量标准更是如此。总体而言,指导性环境质量标准比强制性环境质量标准更可能具有中立性,但是每项标准的中立程度仍然有所不同。第二,具体污染物的限值比环境质量级别更有针对性。我国地表水环境质量标准采用单因子超标即降级的做法。其中一个因子超标程度严重,可能导致水质被定为Ⅳ类或者Ⅴ类水质,但

[①] 吴冬青、盐城市丰杯精细化工有限公司等与盐城苏海制药有限公司草庙分公司水污染责任纠纷上诉案,江苏省高级人民法院(2013)苏民终字第0014号民事判决书。

是级别低并不意味着一定会造成损害,因为案件所涉保护对象可能对该超标污染物不敏感。在分析因果关系时,应当看造成损害的污染因子的浓度,而不是看水质级别。第三,针对具体保护对象制定的标准比综合性标准更有针对性,应予优先选用。比如上文中提及的《食用农产品产地环境质量评价标准》对空气质量、灌溉水质量的要求,就比《环境空气质量标准》《地表水环境质量标准》更有针对性。第四,有些更有针对性的标准是由其他部门制定的。比如,卫生部门制定的《生活饮用水卫生标准限值(GB 5749—2006)》对于认定井水是否遭到污染,农业部门制定的《农产品安全质量无公害畜禽肉产地环境要求》(GB/T 18407.3—2001)《畜禽场环境质量标准》(NY/T 388—1999)《无公害食品畜禽饮水水质》(NY 5027—2001)对于认定环境污染对养殖业造成的损害以及因果关系,都比《地表水环境质量标准》《环境空气质量标准》更有针对性。第五,区分内源污染和外源污染。有些生产活动本身也会造成污染,在控制生产活动的环境质量时既要减少外来污染,也需要减少内源污染。在使用此类标准时,应注意到该标准中的污染物浓度限值包含了对外源污染和内源污染的考虑。比如,《畜禽场环境质量标准》对于舍区氨气、硫化氢、二氧化碳等污染物的限值就包含了内源污染。总之,将环境质量标准以及与环境质量有关的标准作为证据认定因果关系时,应当慎重。

在认定事实因果关系之后,环境质量标准难以再从事实的角度继续为认定法律因果关系或者相当性发挥作用。我国环保部门和省级人民政府在制定环境质量标准时,普遍没有公开基础数据和推导过程,因此难以判断环境质量标准是否与侵权责任法的法政策考量和利益保护边界一致。法政策和利益保护边界随时代变化而有所变化,上文对环境空气质量标准的分析表明,至少目前环境质量标准与当下的法政策和利益保护边界并不一致。

法律的基本问题在于组织社会生活,划定群己权界,协调权益保护与行为自由之间的紧张关系。在现代社会,权益保护不仅依赖私法,而且更依赖公法。法网恢恢,疏而不漏。其所以不漏者,是因为法网是由疏密不同的多层法网所构成的立体结构。就环境污染对于个体的人身权益和财产权益所导致的不利益来说,地方党政责任制、环境行政管理、环境民事责任都是多层立体法网中的一层,每层法网均有其不同的功能和疏密程度。环境质量标准制度通过提高环境质量的方式,在总体上大大降低了发生环境污染侵权责任纠纷的概率。但是,环境质量标准并非越严越好,因为公法有其效用边界。公法对受害人的保护效果随着管制严格程度的提高呈现出边际效用递减的趋势,但是污染者(在大多数时候也是创造社会财富和就业的企业)的行为自由所受到的限制和制度运行成本却会边际递增。在环境质量标准制度等公法制度未能充分保护的情形,环境污染侵权责任制度为救济环境污染所侵害的人身权益、财产权益提供了更为细密的法网。对于环境质量超标的情形,公法已经提供了一些机制,应当协调适用刑事、行政和民事责任。[①] 对于环境质量达标的情形,由于没有公法救济可供适用,环境污染侵权责任制度更应发挥作用。

在理论研究和法律实务中,需要注意到环境质量标准制度和环境污染侵权责任制度处于多层立体法网的不同层次上,需要注意不同层次的法网所遵循的不同制度逻辑。有些制度能够在多个层次、多个领域适用,有些则不能。事实和规范的区分,为分析一项制度对于其他制度的意义提供了重要的分析视角,有助于实现理论的自洽和简洁。从规范的角度分析,环境质量标准不适用于环境污染侵权责任的认定;但是从事实的角度分析,环境质量标准对于环境污染侵权责任能够发挥有限的证明作用。仅仅从规范的角度分析,否定说是恰当的;但是从事实的角度分析,肯定说也有可取之处。

[①] 张新宝、庄超:《扩张与强化:环境侵权责任的综合适用》,载《中国社会科学》2014年第3期。

第六章 数人环境侵权问题

第一节 数人环境侵权概述

数人侵权是由数个行为人实施,造成同一损害后果,各侵权人对同一损害后果承担不同形态的责任的侵权行为。[①] 在中国,由于人口密集,土地利用强度高,一个污染者对应一个受害者的情形并不常见,更为普遍的是多个污染者对应多个受害者的情形。相比侵权责任法的其他领域,环境侵权的侵权行为主体、责任主体和受害人都更有可能是复数,而且是人数众多的复数。限于篇幅,本书暂不直接研究受害人人数众多的问题,即大规模侵权问题,仅重点研究侵权人为数人的侵权责任问题。数人侵权对于环境侵权意义重大,直接关系着受害人能否获得充分救济、污染者之间能否公平承担各自应当承担的份额、污染者之间能否公平竞争等问题。因此,研究数人环境侵权问题具有重要的理论意义和现实意义。

---

① 杨立新:《侵权法论》(第 5 版),人民法院出版社 2013 年版,第 838 页。

一、研究数人环境侵权的理论路径

虽然研究数人侵权具有重要的意义,但是不管是对数人侵权的一般性问题,还是对数人侵权在环境侵权等特定领域的特殊问题,目前的研究都不够充分。这在一定程度上导致了立法和司法实践中的一些混乱。

首先,"数人侵权"这一名词本身就存在争议,并且尚未被理论界完全接受。比如,有的将其称为"数人共同的侵权责任"[1],有的将其称为"多数人侵权行为"。[2] 此外还有其他用语,不一而足。本书采用"数人侵权"的提法。[3]

其次,对于如何构建研究数人侵权的理论体系,存在不同的主张。在诸多相关理论中,侵权责任形态理论的体系化程度较高、解释力较强。侵权责任形态理论意义上的侵权责任形态,是指侵权法律关系当事人承担侵权责任的不同表现形式,即,侵权法律关系中的各当事人按照侵权责任承担的基本规则承担责任的基本形式。侵权责任形态主要研究侵权行为发生之后,侵权责任的承担主体是否存在行为人和责任人分离的问题、多个责任人之间的关系问题以及复数的责任人与受害人的关系问题、在侵权行为人和受害人都有责任的情形如何分担损失的问题,以及其他相关问题。根据侵权责任形态理论,侵权责任形态是侵权责任法的一个关键部分,将侵权行为、侵权责任与责任方式、责任承担连接起来。即使已经构成侵权责任,如果没有侵权责任形态,也会由于没有将责任具体落实到应当承担责任的当事人身上,无法实现责任方式和责任内容。按照不同的标准,侵权责任形态主要可以划分为自己形态和替代形态、单方形态和双方形态、单独形态和共同形态,其中的共同形态侵权即为数人侵权。[4] 侵权责任形态理论对于研究数人环境侵权具有很强的指导意义。

---

[1] 张新宝:《侵权责任法》(第3版),中国人民大学出版社2013年版,第37—46页。
[2] 杨立新:《侵权法论》(第5版),人民法院出版社2013年版,第836—838页。
[3] 采用"数人侵权"提法的学者较多。比如,王利明:《侵权责任法研究》(上),中国人民大学出版社2011年版,第475页。
[4] 杨立新:《侵权法论》(第5版),人民法院出版社2013年版,第803—838页。

不管是侵权形态理论还是其他理论,根本目的都在于对数人侵权的责任构成和责任承担进行类型化,只是在考量因素、分类标准、分析步骤等方面有所不同,并因此产生不同的分类。比如,有的将数人侵权分为共同侵权行为、共同危险行为和原因叠加行为①,有的将数人侵权行为分为共同侵权行为、分别侵权行为、竞合侵权行为、第三人侵权行为②,有的将数人侵权分为数人对同一损害后果承担连带责任的侵权、数人对同一损害承担按份责任的侵权以及部分责任主体承担全部赔偿责任、部分责任主体承担补充责任的侵权③,还有的以责任承担方式为标准将数人侵权两分为承担连带责任的数人侵权和承担按份责任的数人侵权,并认为承担连带责任的数人侵权也称为共同侵权行为。④

以上划分都很有意义,但是有些划分方法存在一些问题。比如,有的划分方法直接以责任形态定义行为特征,认为承担连带责任的数人侵权行为就是共同侵权行为。⑤ 这种划分方法可能会产生不周延的问题,因为承担连带责任并不限于共同侵权,数人分别侵权也可能产生连带责任。以上分类实际上都考虑了数人侵权在侵权行为和责任形态两方面的特征和区别。就侵权行为特征和责任形态之间的关系而言,侵权行为特征是"因",责任形态是"果"。为了使分析条理清晰,可以先根据侵权行为特征将数人侵权划分为不同类型,分析哪些类型可能适用于数人侵权,然后再讨论数人侵权行为类型与责任形态之间的对应关系。此外,该分析路径能够更好地兼顾各法域对责任形态的不同选择。对于相同类型的数人侵权行为,不同法域可能会选择适用不同的责任形态,甚至同一法域在不同的时期也可能作出不同的选择。对行为特征的类型化分析具有更多的普适性,与价值选择的关联程度较低。对于不同类型的数人侵权行为适用何种责任形态,与价值选择

---

① 张新宝:《侵权责任法》(第3版),中国人民大学出版社2013年版,第37—46页。
② 杨立新:《侵权法论》(第5版),人民法院出版社2013年版,第839页。
③ 张新宝:《侵权责任法》,中国人民大学出版社2006年版,第52页。
④ 王成:《侵权责任法》,北京大学出版社2011年版,第110页。
⑤ 同上。

更为密切。

由于以上理由,本节下文先讨论数人侵权的行为类型,然后再讨论责任形态类型,分别从两个方面对数人侵权行为进行简要的类型化分析。在此基础上,本章的其余部分结合环境侵权讨论数人侵权行为类型与责任形态类型的对应关系。

二、类型化方法之一:侵权行为类型

从侵权行为特征的角度对数人侵权进行类型化,主要涉及侵权主体之间的关系、侵权主体是否存在共同过错、侵害行为与损害结果之间的因果关系、加害人是否明确等问题。综合这些标准,有理论将数人侵权的侵权行为类型分为共同侵权、数人分别侵权、共同危险三类,也有理论将数人侵权行为类型分为共同侵权行为、分别侵权行为、竞合侵权行为、第三人侵权行为四类。[①] 本书主要采取共同侵权、分别侵权和共同危险的三分理论。本书下文将结合案例,详细分析这三种类型的含义和特征。对于环境侵权来说,第三人侵权主要是责任减轻和免除的问题,因此不作为数人侵权处理。

从侵权行为类型的角度对数人侵权行为进行分类,也是对侵权人之间关系的类型化研究。因此,也有学者将数人侵权放在有关责任主体的章节讨论。[②]

三、类型化方法之二:责任形态类型

责任形态主要研究数个责任人与受害人之间的关系以及责任人之间的关系。按份责任和连带责任是最重要的两种责任形态。此外,责任形态还包括补充责任、相应的责任,等等。

所谓按份责任,是指在责任人为多数时,数个责任人各自独立地按照一定的份额向债权人清偿债务的关系类型。对于侵权之债来说,各责任人都

---

① 杨立新:《侵权法论》(第5版),人民法院出版社2013年版,第839页。
② 余耀军、张宝、张敏纯:《环境污染责任:争点与案例》,北京大学出版社2014年版,第75—91页。

应当向受害人履行侵权之债。按份责任的基本特点是债务的独立性,数个责任人各自独立地向债权人清偿债务。每个责任人在承担自己所应承担的份额之后,即消灭了自己对受害人的侵权之债。相应地,受害人也仅可向各责任人分别主张该责任人应当承担的份额。受害人拒绝或放弃向部分责任人主张权利的,其他责任人并不因此需要承担超出其本应承担的份额。

按份责任是数个责任人之间关系形态的默认值。在数个责任人之间的各种关系形态中,按份责任最彻底地体现了意思自治和自己责任原则。有学者认为按份责任是一般的责任形态[1],实际上也是指按份责任是数人关系的默认值。除非根据法律应当对数个责任主体之间的关系适用特别规则,否则即应适用按份责任。

所谓连带责任,是指每个责任人都有义务向债权人清偿全部债务的关系形态。连带责任对当事人的效果,主要体现在连带责任人与受害人之间的关系,即连带责任的外部关系,同时也体现在连带责任人之间的关系,即连带责任的内部关系。对于侵权之债,连带责任的特点主要包括法定性、连带性和强行性。[2]

法定性,是指连带责任的适用以法律规定的范围为限。对于侵权之债,在法律没有明文规定的情形,不得适用连带责任。《侵权责任法》第13条规定,"法律规定承担连带责任的,被侵权人有权请求部分或者全部连带责任人承担责任"。该规定即是法定性的体现。

连带性,是连带责任的本质特征,是指受害人有权向责任人中的任何一个、多个或全体请求清偿债务,被请求的责任人无权拒绝。连带责任对当事人的效果,主要体现在连带责任人与受害人之间的关系,即连带责任的外部关系;同时也体现在连带责任人之间的关系,即连带责任的内部关系。与按份责任不同,被请求清偿全部债务的责任人,不得以受害人仅仅针对部分责任人行使请求权为由,拒绝清偿全部债务。连带责任人中的一人或数人已

---

[1] 王利明:《侵权责任法研究》(上),中国人民大学出版社2011年版,第551页。
[2] 同上书,第544页。

经全部赔偿了受害人的损失后,或者与受害人达成并履行和解协议之后,连带债务即归于消灭,受害人不得向其他责任人主张该连带债务。《民法通则》第87条规定,"负有连带义务的每个债务人,都负有清偿全部债务的义务"。《民法总则》第178条规定,"二人以上依法承担连带责任的,权利人有权请求部分或者全部连带责任人承担责任"。《侵权责任法》第13条规定,"法律规定承担连带责任的,被侵权人有权请求部分或者全部连带责任人承担责任"。这些规定都是对连带责任外部关系的规定。就连带责任的内部关系而言,为了保障连带责任人之间的公平,法律也建立了连带责任的内部分担机制,连带责任人之间享有追偿权。

强行性,是指责任人之间的约定不具有对抗受害人的效力。连带责任是连带责任人作为一个整体对受害人承担责任,连带责任人之间可以按照一定标准划分责任份额,但是连带责任人不得以连带责任人之间的责任份额划分对抗受害人的赔偿请求。

《侵权责任法》第13条和第14条对连带责任作出了基本规定。第13条规定,法律规定承担连带责任的,被侵权人有权请求部分或者全部连带责任人承担责任。该条是关于连带责任人与受害人之间的关系,即连带责任外部关系。该条立法用语中的"法律规定承担连带责任的",强调了连带责任需要有法律的特别规定。第14条规定了连带责任人之间分担和追偿,即连带责任内部关系。根据该条,连带责任人根据各自责任大小确定相应的赔偿数额;难以确定责任大小的,平均承担赔偿责任;支付超出自己赔偿数额的连带责任人,有权向其他连带责任人追偿。

第二节　数个污染者共同侵权

一、数个污染者共同侵权的涵义

有关数个污染者共同侵权的法律规则,是共同侵权制度在环境侵权领域的运用,是共同侵权制度的一个重要组成部分。为了准确理解数个污染者共同侵权行为的涵义,有必要先讨论共同侵权行为。

共同侵权行为,也称为共同过错、共同致人损害,是指数人基于共同过错而侵害他人的合法权益,依法应当承担连带赔偿责任的侵权行为。① 该定义指出了构成共同侵权的基础是共同过错,同时也指出了共同侵权的法律后果是共同侵权人承担连带赔偿责任,包含了责任构成和责任承担两个部分。如果仅考虑该定义中有关责任构成的部分,该定义所说的共同侵权,是指数人因为基于共同过错而侵害他人合法权益所形成的关系类型。

"共同"的涵义及判断标准,是理解共同侵权的核心。理论上形成了不同的学说,包括主观说、客观说、折中说等。

主观说又可以进一步分为意思联络说、共同过错说,等等。② 根据意思联络说,意思联络是构成共同侵权行为的必要条件。共同的意思联络,因其在侵权主体之间实现了主体意志的统一和主体行动的统一,又称为通谋、共同故意。③ 基于共同的意思联络所实施的侵权行为,是各种学说均公认的共同侵权。在此基础上,对于能否将共同侵权的涵盖范围扩大,如何扩大,发展出其他学说。共同过错说将共同过失也纳入其中,认为共同过错就是数个行为人对其行为或结果具有共同的认识或对某种结果的发生应该共同尽到合理注意义务而没有实际尽到合理注意义务的情形,包括共同故意和共同过失两类。④ 需要注意的是,共同过失的构成并不仅仅要求各行为人都有过失,而且要求各行为人的过失具有共同性。每个行为人各自的过失与数个行为人的共同过失,是两个不同的概念。

客观说认为,如果各加害人的违法行为产生同一损害,各行为人之间虽无共同通谋和共同认识,仍应构成共同侵权行为。不管共同加害人之间是

---

① 王利明:《侵权责任法研究》(上),中国人民大学出版社 2011 年版,第 477 页。
② 同上书,第 480—484 页;余耀军、张宝、张敏纯:《环境污染责任:争点与案例》,北京大学出版社 2014 年版,第 89 页。
③ 王胜明主编:《中华人民共和国侵权责任法解读》,中国法制出版社 2010 年版,第 41 页。
④ 同上。

否具有共同故意或认识,只要其行为具有客观的共同性,就应当使其承担连带责任,以便保护受害人。[①] 关联共同说的观点,与客观说一致[②],实际就是客观说。

我国立法和司法解释对于共同侵权的理解经历一个发展过程。《民法通则》虽然在第 130 条规定,"二人以上共同侵权造成他人损害的,应当承担连带责任",但是没有明确共同侵权的涵义。最高人民法院《人身损害赔偿司法解释》第 3 条第 1 款采用了客观说。该款规定:二人以上共同故意或者共同过失致人损害,或者虽无共同故意、共同过失,但其侵害行为直接结合发生同一损害后果的,构成共同侵权,应当依照《民法通则》第 130 条规定承担连带责任。从该司法解释可以看出,当时最高人民法院认为不论数个行为人主观上是否具有共同过错,只要侵害行为客观上直接结合发生同一损害后果,即构成共同侵权。

《侵权责任法》放弃了客观说。《侵权责任法》针对数人侵权,分置不同条文。该法第 8 条规定,"二人以上共同实施侵权行为,造成他人损害的,应当承担连带责任"。该法第 11 条和第 12 条针对"二人以上分别实施侵权行为造成同一损害"作出了规定。如果采用客观说,则无法区分第 8 条规定的数人共同侵权和第 11 条、第 12 条规定的造成同一损害的数人分别侵权。可以看出,《侵权责任法》改采用了主观说,将共同过错作为共同侵权的构成要件,并且共同过错包含共同故意和共同过失两种形态。在《侵权责任法》开始实施之后,最高人民法院《人身损害赔偿司法解释》第 3 条第 1 款不应继续适用。

综上,数个污染者共同侵权,是指数个污染者基于共同过错侵害他人合法权益的侵权行为。

二、数个污染者共同侵权的构成要件

结合共同侵权的构成要件以及环境侵权的特点,数个污染者共同侵权

[①] 王利明:《侵权责任法研究》(上),中国人民大学出版社 2011 年版,第 483 页。
[②] 王胜明主编:《中华人民共和国侵权责任法解读》,中国法制出版社 2010 年版,第 41 页。

的构成要件如下：

第一，侵权主体的复数性。共同侵权的实施主体必须是数人。如果主体单一，则只能构成单独侵权行为。对于主体的复数性，需要特别注意团体致人损害问题。法人之外的团体的成员，按照团体的意志从事某种行为，致他人损害，构成团体成员的共同侵权，谓之团体侵权。团体侵权是共同侵权的特殊形态，与一般共同侵权的区别在于其团体性。此处所指的团体，不仅包括合法的组织，也包括非法的组织，比如黑社会、非法帮会等。团体的共同意志，使各主体间的意志融合为一，形成共同过错。我国《侵权责任法》虽未规定团体侵权，但是可以通过扩张解释和类推等方式予以弥补。[①]

第二，共同过错。共同过错包括共同故意和共同过失两种形态。基于共同故意造成的环境侵权行为比较少见，更需关注的是基于共同过失的环境侵权行为。理论认为，共同过失的主要特点在于，数个行为人并不存在意思联络；数个行为人在实施某个行为时，其对结果具有共同的可预见性；因为数个行为人共同的疏忽大意或者过于自信，而没有能够避免损害的发生。对行为人共同过失的确定，不应依据主观标准，而应主要依据客观标准，根据合理、审慎的人是否应当预见到和认识到损害结果加以判断。[②] 该理论应否适用于数人环境侵权，需要深思。由于政府和企业信息公开等因素，污染者不仅知道或者应当知道自己的排污情况，而且也知道或者应当知道其排污设施周围的环境状况、他人的排污情况、他人利用土地的情况、他人在附近居住等相关事实。这对于认定共同过错应否产生影响？比如，某湖泊为自然水体，有经营者合法获得该湖泊的承包经营权，利用该湖泊开展渔业养殖活动。在该湖泊周围，有多家生产企业均长期向该湖泊排放污水。由于环境信息公开等因素，可以合理地认为这些企业都知道该湖泊被用于渔业养殖，知道该水体由于长期纳污水质下降，知道继续排污可能导致渔业损失，也知道其他企业可能或正在向该水体排污。每个污染者都心存侥幸，觉

---

① 王利明：《侵权责任法研究》（上），中国人民大学出版社2011年版，第489—492页。
② 同上书，第494—495页。

得自己再多排一点污染物应该不会引发严重渔业损失,最终却导致了严重渔业损失。在该案中,污染者之间是否构成共同过失?每个污染者都有过失,当无争议。关键问题是,污染者各自的过失是否构成他们的共同过失。如果仅仅考虑共同的可预见性和共同的疏忽大意或者过于自信,恐怕难以对此问题作出明确的回答。但是如果将共同的注意义务作为认定共同过失的前提,可能有所帮助。共同的注意义务是共同过失的前提,共同过失是对共同的注意义务的违反。由于各污染者仅对自己的行为负责,污染者之间没有对湖泊及其经营者负有共同的注意义务,因此即使每个人都知道其他污染者也在向该湖泊排污,仍然不能认定这些污染者之间存在共同过错。

第三,行为的共同性。一方面,数个污染者的行为相互联系,构成一个统一的致害原因。另一方面,从因果关系上看,任何一个污染者的行为都对结果的产生发挥了作用,即各种行为与损害之间的因果联系交织在一起。

第四,损害的同一性。损害的同一性主要体现在环境损害的时空同一性,数个污染者侵害的是同一时空的环境。

数个污染者共同侵权的情形,在现实生活中较少。在"赵先才与连云港银燕化工有限公司案"中,银燕公司与张湾公司的法定代表人为父子关系,张湾公司将该院内的部分设施无偿提供给孙宝林生产液态氨,孙宝林生产的液态氨主要卖给银燕公司,张湾公司除了拥有该场地外并不在该场地从事生产经营活动,并且两个被告都向院内的同一个水塘排放污染物。基于这些情节,可以合理地认为孙宝林向院内水塘排污的行为是银燕公司知情并同意的。甚至可以合理地认为,孙宝林的生产行为是银燕公司要求的,这从孙宝林被允许免费使用院内场地可以看出。甚至还可以进一步认为,孙宝林的地位类似银燕公司的一个车间的承包人。这是因为,一方面孙宝林生产的产品主要就是为了满足银燕公司的需求;另一方面,银燕公司也是因为需要液态氨作为生产原料,才免费向孙宝林提供场地供其生产液态氨。综上,要求银燕公司与孙宝林一起承担连带责任是比较合理的。虽然该判决是《侵权责任法》实施之前的判决,但是现在仍然有意义。

案例讨论 6-1

共同侵权案

张湾公司于1998年8月开业,银燕公司于2005年1月开业,两公司的法定代表人系父子关系。二公司于2005年1月签订租赁协议,张湾公司将厂房设备及院内全部场地和房屋租赁给银燕公司经营,用于生产磷酸二氢钾。银燕公司在生产过程中产生的废水主要排在其院内的水塘里,然后从院内水塘排到院外水塘,继而排向麦地,并在雨大时通过麦地流入赵先才和王军山承包的鱼塘。赵先才、王军山承包的鱼塘距离银燕公司东南侧约200米。另外,张湾公司早在2004年6月已经将其院内的一块场地无偿提供给孙宝林用于生产经营液氨。在生产过程中,孙宝林也向院内的水塘里排放气体,其经营的液氨也绝大部分销售给了银燕公司。2005年4月,赵先才、王军山承包的鱼塘出现死鱼现象,二人遂向东海县环保局举报,环保局第二天派人调查,并作出了监测报告。该监测报告的结论为:鱼塘监测项目化学需氧量、高锰酸盐指数、氨氮浓度值均超过《地表水环境质量标准》(GB 3838—2002)Ⅲ类标准。

一审法院认为,孙宝林向院内的水塘内排放气体,是造成污染的直接原因,其所经营的液氨绝大部分都提供给银燕公司,受害人根本不知道孙宝林与银燕公司的关系。污染源是从银燕公司院内排出并造成经济损失,无论银燕公司是否存在过错,赵先才、王军山向银燕公司主张赔偿并无不当。一审法院判决,孙宝林赔偿赵先才、王军山经济损失,银燕公司对孙宝林的赔偿承担连带责任。

二审法院认为一审判决查明事实基本客观,判决孙宝林与银燕公司均负赔偿责任正确,但判决主文中关于侵权人的责任表述欠妥,予以改判。二审法院判决孙宝林与银燕公司共同赔偿赵先才、王军山经济损失,孙宝林与银燕公司对赔偿责任互负连带责任,对内承担责任比例为对等。

银燕公司申请再审,江苏省高级人民法院指定徐州市中级人民法院对本案进行复查。经复查,银燕公司的再审申请理由不能成立,不符合法律规定的再审条件,驳回再审申请。

(资料来源:赵先才与连云港银燕化工有限公司环境污染责任纠纷案,江苏省徐州市中级人民法院(2009)徐民二监字第0005号民事判决书;奚晓明主编:《环境资源典型案例选编与评析》,人民法院出版社2014年版,第4—10页。)

我国环境侵权司法实践中,也有采用客观说认定侵权的案例。由于环境侵权具有间接性和加害行为的复合性,客观说会不适当地扩大连带责任的适用范围。在《侵权责任法》开始实施之前,尚可理解,但是在《侵权责任法》开始实施之后,就不应当继续仿效。

案例讨论 6-2

以客观说认定共同侵权案

2003年4月10日,广西扶绥县左江河段龙头码头发生大面积的死鱼事故;同日,左江南宁市永新区等河段也相继发生网箱及野生河鱼大量死亡的现象。经南宁市渔政监督管理站估算,包括被上诉人许某在内的546户养殖户的损失将近500万元。

受广西壮族自治区渔监局委托,广西壮族自治区渔业监测中心于同年5月6日出具鉴定报告,认为事故是由于一些企业超标排放生产废水导致水体中溶解氧被大量消耗,进而导致鱼类因缺氧死亡。事故主要污染源为永盛公司和扶南糖业公司。此外,扶绥县城生活污水排放口也存在超标排放。5月15日,联合调查组对事故原因和损失数额作出认定,肯定了有机物污染导致的溶解氧降低是死鱼的原因,并分别认定了网箱养殖损失和野生渔业资源损失。2004年3月5日,564名养殖户将永盛公司、扶南糖业公司、扶绥造纸厂等诉至法院。

一审法院根据该鉴定报告认定永盛公司、扶南糖业公司等五被告的排污行为与渔业损失之间的因果关系。一审法院认为,尽管五被告各自独立生产,事先无致人损害的共同意思,但因其排污行为的共同发生,加之其他耦合因素,从而导致客观上多因素共同作用,造成原告渔业损失,故五被告各自的行为之间具有关联性,构成共同侵权,应互负连带责任。一审法院进一步划分了五连带责任人之间的分摊比例。

五被告不服一审判决,上诉至南宁市中级人民法院。二审法院确认了一审法院认定的事实。二审法院认为,既然主观过错不是环境污染侵权责任的构成要件,故五上诉人之间虽无意思联络,但其排污行为在客观上具有关联共同,并已造成损失,因此应构成共同侵权。综上,二审法院维持原判。

(资料来源:永盛公司等与许某环境污染损害赔偿纠纷案,广西壮族自治区南宁市中级人民法院(2004)南市民二终字第312号民事判决书;余耀军、张宝、张敏纯:《环境污染责任:争点与案例》,北京大学出版社2014年版,第82—91页。)

三、数个污染者连带责任的承担问题

就连带责任的内部关系而言,为了保障连带责任人之间的公平,法律也建立了连带责任的内部分担机制,连带责任人之间享有追偿权。《侵权责任法》第14条对分摊标准和连带责任的追偿权作出了规定。该条第1款规定,"连带责任人根据各自责任大小确定相应的赔偿数额;难以确定责任大小的,平均承担赔偿责任"。需要注意的是,该款规定为任意性规定,责任人可以通过约定改变。① 比如,约定责任分摊标准、责任限额,等等。该条第2款规定,"支付超出自己赔偿数额的连带责任人,有权向其他连带责任人追偿"。超出自己责任份额对受害人清偿债务的连带责任人,可以根据该条规定行使追偿权。对于承担连带责任的数个污染者,在确定内部分担份额时,同样应当适用《侵权责任法》第67条以及《环境侵权责任司法解释》第4条。

---

① 王利明:《侵权责任法研究》(上),中国人民大学出版社2011年版,第547页。

第三节 污染者与帮助者共同侵权

侵权责任法意义上的"帮助",是指辅助实施侵权的行为,包括通过提供工具、指示目标、言语激励等方式,从物质上或精神上帮助实施加害行为。《侵权责任法》第 9 条第 1 款规定,帮助他人实施侵权行为的,应当与行为人承担连带责任。理论上,对于帮助他人实施侵权行为,是构成共同侵权行为,还是应当被视为共同侵权行为,存在一定争议。[①] 本书支持构成共同侵权行为的观点。

污染者开展生产经营活动,必然需要他人的支持,但是并非所有为污染者提供服务、土地、财物等支持的人,都构成侵权责任法意义上的帮助者。如果满足构成要件,则构成侵权责任法意义上的帮助者,并因此需要承担连带责任。此外,有关法律还针对某些特定类型的帮助行为作出了特别规定。因此,本节首先一般性地分析帮助者和污染者共同侵权,然后分析法律特别规定的几种类型。对于污染者与帮助者实施的共同侵权行为,除非其他法律另有特别规定,否则都应适用《侵权责任法》第 9 条第 1 款的规定,由污染者和帮助者承担连带责任。

一、污染者与帮助者构成的共同侵权

侵权责任法意义上的帮助行为需要具备如下构成要件:第一,帮助者一般均出于故意。在一般情况,帮助者和实施人之间具有共同致人损害的意思联络。在特殊情况下,虽然没有意思联络,但帮助者意识到被帮助者的行为是侵权行为而提供帮助,并客观上对加害行为起到了辅助作用,亦构成共同侵权。第二,帮助者实施了帮助行为。帮助行为具有多样性,既可以是物质上的,也可以是精神上的;既可以是积极的作为,也可以消极的不作为。

[①] 王利明:《侵权责任法研究》(上),中国人民大学出版社 2011 年版,第 497—498 页。

第三，帮助行为与损害结果之间存在因果关系。帮助行为与损害结果之间的因果关系比较复杂。在有些情况，帮助行为是损害发生的必要条件，帮助者促成了损害的发生。在另一些情况，帮助行为导致损害的扩大，导致损失的进一步恶化。但是无论如何，帮助行为都可能是最终损害发生的原因之一。① 根据《侵权责任法》第9条，被帮助者为完全民事行为能力人的，帮助者与行为人承担连带责任。

在环境法领域，污染者与帮助者实施的共同侵权行为，往往是以产业链条为纽带，以污染者为中心形成的一组主体所实施的共同侵权。帮助者一般都是以营利为目的，从而与普通的帮助者区别开来。由于帮助者和污染者处于产业链条的不同环节，因此也可以将这种共同侵权称为纵向共同侵权，将数个污染者实施的共同侵权称为横向共同侵权。污染者与帮助者，应根据《侵权责任法》第9条，承担连带责任。

案例讨论 6-3

污染者与帮助者的连带责任案

2011年8月，方运双收取了谭耀洪支付的鱼塘租金4000元，将其承包的位于广州市白云区钟落潭镇白土村的两个鱼塘（土名：月角地）转租给谭耀洪。双方签订《协议》约定："谭耀洪租用方运双鱼塘二个，每年按3万元租金租用。从2011年9月1日起开始计租。租用期间，方运双要保证谭耀洪运泥车辆在村路或鱼塘边发生争执主动出面处理。"从2011年9月1日起，谭耀洪使用货车运送不明固体污泥至其租用的上述白土村鱼塘，并向其中一个面积为0.75亩的鱼塘倾倒大量污泥。两天后，因污泥发出异味，方运双向村委会反映。2011年9月3日凌晨，谭耀洪向鱼塘倾倒污泥时被广州市白云区钟落潭镇白土村村民委员会的治安队员发现，村委会当场制止谭耀洪的行为，对其罚款1000元，谭耀洪当时立下"保证书"保证以后不再

---

① 王利明：《侵权责任法研究》（上），中国人民大学出版社2011年版，第504—505页。

将污泥倾倒在白土村范围内。之后方运双收回鱼塘,向被倾倒污泥的鱼塘撒上石灰粉后继续在鱼塘里养鱼。

2011年9月14日,广州市白云区环境保护局到上述被倾倒污泥的鱼塘进行现场检查取样,责令塘主方运双立即停止倾倒污泥,封堵鱼塘周边,防止二次污染。随后,广州市白云区环境保护局委托广州市环境保护科学研究院对白土村鱼塘倾倒污泥事件的环境影响、产生的经济损失和治理成本等问题进行评估。广州市环境保护科学研究院于2012年8月出具《广州市白云区钟落潭镇白土村鱼塘倾倒污泥环境污染损害评估报告》,该报告对本次环境污染事件的环境损害分析为:"本次事件向鱼塘倾倒不明固体污泥110车,污泥在鱼塘内经阳光照射后散发出臭味,对周边村民的生产生活造成了影响。池塘属农用地,用于水产和禽类养殖,污泥排入池塘,影响了养殖功能的使用。池塘水没有外排,尚未对周边水质产生明显影响。池塘周边植物生长尚属正常,尚未出现明显危害现象。"对固体污泥的成分分析和性质判断为:"参考《农用污泥中污染物控制标准》(GB 4284—84),铜和锌超过相应限值,达不到农用污泥标准,会对池塘造成污染。"经过分析本次污染事故的主要污染物指标对水生生物的毒害、环境经济损失和治理成本,该评估报告结论为:"(一)总体分析:要恢复池塘养殖功能,必须清除倾倒的污泥,并将底泥挖起清运,同时对池塘内被污染塘水进行处理,达到农用水标准。(二)结论:广州市白云区钟落潭镇白土村鱼塘倾倒污泥环境污染损害造成的直接经济损失为监测分析费用4660元;污染物处理费为4092432元;合共4097092元。"

中华环保联合会以谭耀洪和方运双为被告,提起环境民事公益诉讼。一审法院认为,方运双与谭耀洪共同实施了侵权行为,对环境造成了污染,损害了公众利益,两人的行为构成共同侵权,因此,方运双应当与谭耀洪共同承担连带责任。

方运双不服一审判决,提起上诉。对于连带责任问题,二审法院认为:根据《侵权责任法》第8条,"二人以上共同实施侵权行为,造成他人损害的,应当承担连带责任"。本次污染虽然是由谭耀洪倾倒污泥的行为所直接引起的，但涉案的鱼塘系由方运双承包和实际控制，如果没有方运双出租鱼塘提供场所和便利，谭耀洪亦不可能独自向涉案鱼塘倾倒污泥，因此本次污染的损害后果是由谭耀洪倾倒污泥的行为和方运双出租鱼塘的行为直接结合所共同导致的，故二人构成共同侵权，应当承担连带责任。对于方运双上诉认为其没有共同侵权的意思表示，也不存在过失的问题，参照《最高人民法院关于审理环境侵权责任纠纷案件适用法律若干问题的解释》第 1 条规定："因污染环境造成损害，不论污染者有无过错，污染者应当承担侵权责任。污染者以排污符合国家或者地方污染物排放标准为由主张不承担责任的，人民法院不予支持。"故方运双主观上是否存在故意或过失，不影响其承担侵权责任。即便如此，方运双作为涉案鱼塘的承包人，其在主观上虽然没有污染鱼塘的故意，但其为了获得经济利益而放任谭耀洪倾倒成分和来源均不明的污泥，未尽到合理的注意义务，其主观上仍然存在过错。

谭耀洪和方运双作为共同侵权人，虽然应当连带承担修复费用，但谭耀洪和方运双分别承担的修复费用数额应当根据各自责任的大小来确定。谭耀洪直接倾倒污泥导致污染的发生，其对损害结果的发生起到主要作用；而方运双仅为倾倒污泥提供场所和便利，且在事后又积极向村委会反映情况，配合村委会阻止了谭耀洪的继续倾倒行为，其行为对损害结果的发生仅起到次要作用。因此谭耀洪和方运双的责任大小并不相同，本院综合考虑本案的具体情况，酌情确定谭耀洪应承担 80% 的责任，方运双应承担 20% 的责任。谭耀洪和方运双应当按照上述比例承担相应的修复费用，二人支付超过自己应承担的部分，有权向另一方追偿。

据此，二审法院判决：自本判决生效之日起 6 个月内，谭耀洪与方运双共同将被污染的鱼塘修复到本次污染损害发生之前的状态和功能（标准由环保部门审核）；逾期未修复的，由人民法院选定具有专业清污资质的机构代为修复，修复费用由谭耀洪与方运双共同承担，并互负连带责任；前项修复费用，由谭耀洪承担 80%，方运双承担 20%。

（资料来源：中华环保联合会与谭耀洪、方运双环境污染责任纠纷案，广东省广州市中级人民法院 (2015) 穗中法民一终字第 3804 号民事判决书。）

二、污染者与环境保护服务机构构成的共同侵权

环境服务类型多样,服务内容和性质有别,应区分环境服务类型,确定不同的侵权责任规则。[①] 此处仅讨论环境影响评价机构、环境监测机构以及从事环境监测设备和防治污染设施维护、运营的机构。这些机构作为环境保护服务机构,为环境保护和环境管理提供了重要的技术支撑和技术服务作用。但是,有些环境保护服务机构也存在弄虚作假的问题,对污染者侵害环境提供了帮助,极大地影响了环境保护工作的顺利开展。比如,环评造假、监测数据造假等问题。造成这种现象的原因,一方面是因为环境保护服务机构作为市场主体的营利追求,另一方面也是因为法律责任过轻。因此,2014 年修订《环境保护法》时增加了第 65 条,规定了环境保护服务机构的侵权责任。

《环境保护法》第 65 条规定:"环境影响评价机构、环境监测机构以及从事环境监测设备和防治污染设施维护、运营的机构,在有关环境服务活动中弄虚作假,对造成的环境污染和生态破坏负有责任的,除依照有关法律法规规定予以处罚外,还应当与造成环境污染和生态破坏的其他责任者承担连带责任。"

最高人民法院《环境侵权责任司法解释》第 16 条对环境保护服务机构的"弄虚作假"行为予以细化。根据该条,有下列情形之一的,应当认定为《环境保护法》第 65 条规定的弄虚作假:(1)环境影响评价机构明知委托人提供的材料虚假而出具严重失实的评价文件的;(2)环境监测机构或者从事环境监测设备维护、运营的机构故意隐瞒委托人超过污染物排放标准或者超过重点污染物排放总量控制指标的事实的;(3)从事防治污染设施维护、运营的机构故意不运行或者不正常运行环境监测设备或者防治污染设施的;(4)有关机构在环境服务活动中其他弄虚作假的情形。

[①] 黄萍:《环境服务机构侵权责任探讨——基于〈环境保护法〉第 65 条的分析》,载《甘肃政法学院学报》2017 年第 3 期。

环境保护服务机构连带责任的构成要件如下：

第一，侵权行为的主体为特殊主体，仅限于环境保护服务机构，主要是环境影响评价机构、环境监测机构、从事环境监测设备和防治污染设施维护、运营的机构以及其他类似机构。

第二，侵害行为既可以是违法的作为，也可以是违法的不作为。出具严重失实的环境影响评价文件，即为违法作为的例子。隐瞒委托人超过污染物排放标准或者超过重点污染物排放总量控制指标的事实、不运行或者不正常运行环境监测设备或者防治污染设施，均为违法不作为的例子。这些行为导致政府、公众无法获取真实信息，影响政府监管和公众监督，并可能因此侵害他人权益。

第三，行为人具有故意。环境影响评价、环境监测、环境污染控制设施的运营等环境保护服务，都有相关操作规范。比如，环境影响评价导则、监测方法，等等。违反操作规范，即可认定构成过错，但不一定构成故意，也可能是疏忽大意的过失。是否具有故意，需要结合案件的具体情节分析。根据我国《侵权责任法》第 6 条第 2 款，过错推定应以法律规定的范围为限。因此，对于故意的举证义务，应由原告承担。

第四，已经发生环境污染和生态破坏的事实。环境污染和生态破坏尚未发生的，不构成此类侵权行为。

第五，因果关系。环境损害必须与环境保护服务机构弄虚作假的侵害行为之间存在因果联系，才能要求环境服务机构承担连带责任。并且，对于该因果关系，应由原告承担举证责任，不可适用举证责任倒置。

如何确定环境保护服务机构需要承担连带责任的范围，可以有不同的选择。从环境保护服务机构与污染者之间的关系来看，环境保护服务机构和污染者之间构成帮助者和被帮助者的关系，属于《侵权责任法》第 9 条第 1 款规定的情形。该款规定，教唆、帮助他人实施侵权行为的，应当与行为人承担连带责任。因此，应当根据该款，确定环境保护服务机构弄虚作假行为与损害之间的因果关系范围和承担连带责任的范围。

会计师事务所等中介机构因为弄虚作假构成的共同侵权，与环境保护服务机构弄虚作假所构成的共同侵权，具有一定的相似之处。有关会计师事务所等中介机构侵权责任的司法实践，可资借鉴。

三、污染者与不具有资质的人实施的共同侵权

资质，是一类行政许可。法律规定某些事项的交易对象必须具有相应资质的，当事人必须审慎审查交易对象的资质。当事人没有履行合理审查义务并与对方交易的，在合同法和侵权责任法上都可能产生消极的法律后果。就合同法而言，该交易可能会被认定为无效合同。就侵权责任法而言，如果交易对象在履行合同的过程中侵害他人的权益，当事人可能会被认定为共同侵权人，需要因此对交易对方的侵权行为承担连带责任。在环境保护领域，法律也设定了很多资质要求。污染者在购买服务、转让财产等交易中，都需要遵守法律对交易对象的资质要求。①

现以《固体废物污染环境防治法》展开分析。该法第 57 条规定："从事收集、贮存、处置危险废物经营活动的单位，必须向县级以上人民政府环境保护行政主管部门申请领取经营许可证；从事利用危险废物经营活动的单位，必须向国务院环境保护行政主管部门或者省、自治区、直辖市人民政府环境保护行政主管部门申请领取经营许可证。具体管理办法由国务院规定。禁止无经营许可证或者不按照经营许可证规定从事危险废物收集、贮存、利用、处置的经营活动。禁止将危险废物提供或者委托给无经营许可证的单位从事收集、贮存、利用、处置的经营活动。"根据该规定，危险废物产生单位不得将危险废物交由不具有资质的单位收集、贮存和处置，在将危险废物交由其他单位收集、贮存和处置之前，需要审慎核实对方的资质。危险废物产生单位违反规定将危险废物交由不具有资质的单位收集、贮存和处置并因此导致环境侵权的，危险废物产生单位可能会被认定为与该交易对方实施了共同侵权，并因此需要承担连带责任。在某些案件中，也可以直接认

---

① 需要注意，"污染者"的概念也具有一定的相对性。比如，在第三人损坏危险废物的承运人所使用的运输车辆并导致环境污染和他人损失的情形，承运人也可能被视为污染者，从而适用《侵权责任法》第 68 条的规定。

定危险废物的产生单位为侵权行为人,实施非法收集、贮存和处置的人为帮助实施侵权的人,应当根据《侵权责任法》第9条承担连带责任。此外,该法第60条规定,运输危险废物,必须采取防止污染环境的措施,并遵守国家有关危险货物运输管理的规定。对于危险废物的运输单位,法律也规定了资质要求。危险废物产生单位必须委托具有资质的运输单位运输危险废物,否则可能与承运人一起构成共同侵权并需要承担连带责任。

案例讨论 6-4

危险废物共同侵权案

本案被告永利化工公司(永利公司)需要将生产产生的钙渣运出厂区处置。永利公司为此与被告霞湾村茶园组签订场地使用协议,后者同意提供钙渣场所。永利公司也为此与被告宏辉货运公司签订了《钙渣清运承包协议》。本案原告主张对于被告霞湾村茶园组同意堆放钙渣的场地享有承包经营权,并且有财产存放于该处。

法院认为,对于被告永利化工公司和被告宏辉货运公司,虽然具体实施工业废弃钙渣倾倒行为的是被告宏辉货运公司,但是倾倒的工业废弃钙渣属于被告永利化工公司所有,且将新桥片石洞选定为本案工业废弃钙渣倾倒场所,虽是被告宏辉货运公司与被告霞湾村茶园组签订承包协议所确定,但是根据被告永利化工公司与被告宏辉货运公司签订的《钙渣清运承包协议》约定,钙渣堆放场所必须经过永利化工公司的确认,场地合适的,费用亦由被告永利化工公司承担,因此向新桥片石洞倾倒工业废弃钙渣是经过永利化工公司确认和授权同意的,合同约定霞湾村茶园组收取的承包款实际就是永利化工公司承担支付的场地堆放费用。另被告宏辉货运公司的经营范围仅限于普通货运,而被告永利化工公司将工业固体废物即钙渣的清运处理交由被告宏辉货运公司处理明显存在过错。综上,本案向新桥片石洞倾倒工业废弃钙渣的行为应视为被告永利化工公司和被告宏辉货运公司的共同行为。关于两被告共同行为是否构成侵权的问题,由于两被告在未经新桥片石洞的实际经营权人即原告唐建生的许可下,将工业废弃钙渣倾倒于新桥片石洞,侵害了原告唐建生对新桥片石洞承包经营权的行使。虽然原告唐建生在两被告实施倾倒侵权行为前,因采矿许可证到期而自行停产,但原告的自行停产并不表示其承包经营权的丧失,亦不能作为两被告向新桥片石洞倾倒工业废弃钙渣的合法抗辩理由。因为即使原告唐建生办理了采矿许可证延期手续,因两被告废渣倾倒的侵权行为,其对片石洞进行开采经营也会遭到严重影响,因此两被告倾倒工业废弃钙渣的共同侵权行为成立;另依据《固体废物污染环境防治法》第17条、第30条、第32条规定,被告永利化工公司和被告宏辉货运公司在处理工业固体废物时也应尽到法定的安全注意义务和履行申报登记制度,不得随意倾倒处理工业固体废物。两被告未提交证据证实新桥片石洞符合工业废弃钙渣堆放场所要求,以及在此倾倒工业废弃钙渣不会产生环境污染,特别是倾倒于新桥片石洞的被告永利化工公司的工业废弃钙渣尚未确认是否属于危险、有毒固定废物。故原告唐建生要求两被告立即停止侵权行为即停止向新桥片石洞倾倒工业废弃钙渣理由成立。

关于被告霞湾村茶园组是否构成侵权的问题。即使被告霞湾村茶园组曾召开组民大会决定将新桥片石洞所占用的粮田或其他土地收回集体,但由于其未依法通知原告唐建生,因此该土地收回的决定不对原告唐建生产生法律效力,且在原告唐建生与新桥公司的承包经营合同尚未合法解除或终止的前提下,被告霞湾村茶园组未经原告唐建生的同意,无权将尚在原承包经营权期限内的新桥片石洞交给被告永利化工公司和被告宏辉货运公司使用,因此被告霞湾村茶园组将新桥片石洞交由被告永利化工公司、宏辉货运公司用于倾倒工业废弃钙渣的行为,亦侵害了原告唐建生的承包经营权。三、关于原告主张的损失赔偿如何承担的争议。由于被告永利化工公司、被告宏辉货运公司在未经原告唐建生同意下,倾倒工业废弃钙渣于新桥片石洞,被告霞湾村茶园组在未合法收回新桥片石洞前,另行允许他人使用新桥片石洞,三被告的行为共同侵害了原告唐建生的经营权,致使原告唐建生在其剩余承包经营期限内无法再对新桥片石洞进行经营开采。依据《民法通则》第 130 条规定"二个以上共同侵权造成他人损害的,应当承担连带责任",三被告理应对原告的损失承担连带赔偿责任。

(资料来源:唐建生与湖南永利化工股份有限公司等财产损害赔偿纠纷案,湖南省高级人民法院(2014)湘高法民三终字第 135 号民事判决书。)

四、污染者与帮助者连带责任承担的问题

污染者和帮助者之间的连带责任承担,与污染者之间的连带责任承担相比,存在一些特殊之处。首先,污染者之间承担连带责任,即可以是基于共同侵权,也可以是基于数人分别侵权。在现实生活中,基于数人分别侵权的可能性更大。基于数人分别侵权产生的连带责任,污染者之间无法通过协议等方式事先约定赔偿分配方法和标准。然而,污染者和帮助者构成的连带责任是基于共同侵权行为,当事人存在事先约定赔偿分配方法和分配标准的可能性。该约定虽然不能对抗受害人,但是可以用于划分内部责任份额。其次,由于帮助者不是污染者,因此不适用《侵权责任法》第 67 条的规定进行内部责任分担。最后,帮助者的赔付能力往往有限。面对数额巨大的环境侵权责任,不仅普通公民个人难以具有赔付能力,即使是有一定规模的环境保护服务机构也难以承受。

然而也需要注意的是,对于环境保护服务机构而言,连带责任是难以承受之重。环境保护机构往往是智力密集型的轻资产机构,其盈利基础不在于雄厚的资产,而在于专业技术知识。并且,此类机构的资本积累较少,其收入的很大部分都被用于发放员工薪酬。一旦需要承担数额较大的连带责任,该机构可能面临破产的风险。为了减少风险,环境保护服务机构一方面应当加强自律,避免构成共同侵权行为;另一方面,也可与污染者签订协议,设定责任限额和追偿机制。比如,将责任限额规定为服务费的某个倍数。但是,该安排仅仅是连带责任人之间的内部约定,不具有对抗受害人的效力,不能改变连带责任的外部关系。

第四节　共同危险行为环境侵权

共同危险行为,是指数人实施的危险行为都有造成他人损害的可能,其中一人或数人的行为造成他人损害,但不知数人中何人造成实际的损害。共同危险行为,也被称为准共同侵权。[①]

一、共同危险行为责任构成特征

共同危险行为与共同侵权行为有诸多相似之处,极易混淆,因此需要认真甄别,严格区分。除了"数人"这一所有数人侵权的共同特点之外,共同危险行为的责任构成具有以下主要特征:

第一,行为人的行为对他人的权益构成危险。共同危险行为所指的"危险",是指危及他人人身、财产权益安全的行为。一方面,共同危险行为中的"危险"与高度危险行为中的"危险"对程度的要求有所区别。高度危险行为中的"危险"是指特别的危险,比如,损害特别巨大或者损害发生频率很高。高度危险当然也包含在危险行为之列,因此共同危险行为所指的危险与高度危险之间是包含与被包含关系,共同危险行为所指的危险范围更大一些,高度危险行为只是其中的一部分。另一方面,危险行为导致他人民事权益损害的可能性,已经达到相当的高度,已经危及他人民事权益的安全。即使危险未成就,危险行为所产生的风险等级,已经超出了受害人应当合理接受的风险程度,要求受害人承受该风险本身就是不公平的。危险的成就与损害之间因果关系确定,一旦危险成就,必然造成损害。所不确定是,危险是否成就,即危险是否转化为实际加害行为。

第二,至少其中一个行为人实际造成了损害,但实际加害人不明确。对于共同危险行为来说,实施危险行为的人明确,但是实际加害人不明确。在

[①] 王利明:《侵权责任法研究》(上),中国人民大学出版社2011年版,第511页。

具有明确范围的数个危险行为人中,"其中一人或数人的行为造成他人损害"。实际加害人可能是一人,也可能是部分人,甚至也可能是全部。实际加害人不明,与加害份额不明并不相同。加害份额不明,影响的是责任承担问题。实际加害人不明,影响的是责任构成问题。正是因为实际加害人不明,所以法律才构建了"共同危险行为"这一机制,以调整危险行为人和受害人之间的关系以及危险行为人之间的关系。

第三,各个共同危险行为的危险范围具有交集,并且受害人处于危险范围交集之内。正是因为各自行为的危险范围存在交集,才使各自的危险构成共同危险。共同危险行为的"共同",非指行为人有共同过错或者共同实施了侵权行为,而是指危险的共同,即各自危险行为的危险范围存在交集。危险范围交集的形成,大多是因为危险行为所产生的危险在时间和空间上具有同一性。需要注意的是,危险范围交集的形成,并不一定要求危险行为的实施具有时间和空间上的同一性。有些危险行为在实施之后,仍然具有持续的危险效果,因此实施该危险行为的人仍然可能被认定为共同危险行为人。判断危险范围的交集,应以危险效果为准,而非以危险行为的实施为准。同时,危险范围是否形成交集以及交集的范围,也是确定危险行为人范围的依据。

我国法律对于共同危险的共同性,有一个逐渐认识的过程。《民法通则》并没有规定共同危险。最高人民法院《人身损害赔偿司法解释》第4条是我国法律、法规和司法解释第一次规定共同危险。该条规定:二人以上共同实施危及他人人身安全的行为并造成损害后果,不能确定实际侵害行为人的,应当依照《民法通则》第130条承担连带责任。该司法解释对共同危险规定了"共同"的要求,但是该条规定中的"共同实施"一语,并不恰当,因为共同危险的"共同"不在于共同实施,而在于危险影响范围的共同。在《侵权责任法》的起草过程中,有人提出需要在实施之前加上"共同"二字,但是该建议最终未被采纳。这体现了对共同危险的认识更进了一步。

第四,危险行为与损害之间的因果关系,是法律推定的因果关系。从行为与损害结果之间关系来看,在共同危险行为中,各危险行为人的行为只是具有造成损害后果的可能性,其行为与损害后果之间的因果关系是法律推定的,是一种替代因果关系(alternative causation),学说上也称为"择一的因果关系"。① 因果关系推定的基础是,行为所产生的危险具有转化为实际侵害行为的可能,并且一旦危险转化为实际侵害行为,必然导致受害人的损害。如果在危险转化为实际加害行为之后,是否产生损害后果仍然具有相当的或然性,则不应将该危险认定为构成共同危险行为的危险,并适用共同危险规则。

之所以适用法律推定的因果关系,是因为在当前的科学技术条件下,由于技术障碍、信息不对称等原因,在案件审理中完成最终的因果关系证明存在难以克服的证明困难,但是不给予受害人救济又严重有失公正。如果有足够的手段能够在案件审理过程中切实、有效地完成因果关系证明责任,确定实际加害人,则不应适用共同危险行为规则,而是根据具体情况认定为单一侵权、共同侵权或者数人分别侵权。比如,甲、乙、丙三人打猎时,同时朝一个目标射击,结果有一颗子弹打中了行人。② 如果当时的技术条件无法通过物证技术证明谁是实际加害人,则可以适用共同危险。如果现在已经有足够的物证技术切实、有效地确定实际加害人,则不可适用共同危险规则。当然,这并不是说原告不可以作为一个诉讼策略,以共同危险为由提起诉讼。但是,在能够证明实际加害人的情况,法院不宜通过法律推定的方式认定因果关系,要求所有危险行为人承担共同危险责任。以法律推定的方式认定因果关系,是在无法证明实际加害人的情况下的次优选择,应当慎重适用。

共同危险行为是否要求行为人具有共同过错,存在争议。有观点认为,共同危险的行为人具有共同过错,并且该共同过错应当是共同过失。③ 本书不同意该观点。首先,数人的高度危险行为也可能形成共同危险,由于高度

---

① 王利明:《侵权责任法研究》(上),中国人民大学出版社 2011 年版,第 515 页。
② 该案例被很多著作都作为共同危险的经典案例,比如,王利明:《侵权责任法研究》(上),中国人民大学出版社 2011 年版,第 511 页。
③ 王利明:《侵权责任法研究》(上),中国人民大学出版社 2011 年版,第 513 页。

危险行为致人损害的责任构成不要求过错，因此数人的高度危险所形成的共同危险，也不以过错为要件。其次，对于非高度危险行为，共同危险的构成仅仅要求行为人各自都有过错，并不要求各自的过失构成他们的共同过失。共同过失与行为人各自的过失，是两个不同的情形。共同过失以行为人各自的过失为前提，但行为人各自的过失并不必然导致共同过失。

对于共同危险行为，各国大都比照共同侵权行为，要求危险行为人共同向受害人承担连带赔偿责任。[①] 我国的做法与此一致。《侵权责任法》第10条规定，二人以上实施危及他人人身、财产安全的行为，其中一人或者数人的行为造成他人损害，能够确定具体侵权人的，由侵权人承担责任；不能确定具体侵权人的，行为人承担连带责任。

二、原告的举证责任

原告的举证责任主要包括以下方面：第一，被告实际参与了共同危险行为；第二，被告所参与行为具有一定的危险性，构成"危及他人人身财产安全的行为"；第三，损害是由共同危险造成的。但是，原告并不需要证明损害是由哪一个危险行为人造成。

需要进一步讨论的是，原告对于共同危险行为人以及共同危险行为人的证明责任问题。有观点认为，原告一方面需要证明被告实际参与了共同危险行为，另一方面需要证明被告所实施的行为具有一定的危险性。[②] 对此需要进一步澄清。所谓"被告所实施的行为"，应当指所有被告作为一个整体所实施的行为，而不应被理解为每一个被告所实施的行为。由于信息不对称、技术障碍等原因，要求原告证明每一个被告都实施了危险行为，有时是比较困难的，也是不合理的。只要原告可以合理地证明，被告参与了危险行为的实施，就应当认为原告完成了自己的举证责任。比如，数人在宾馆房间打牌，遗留的烟头造成火灾，并造成了原告的损失，则原告可以共同危险

[①] 王利明：《侵权责任法研究》（上），中国人民大学出版社2011年版，第527页。
[②] 同上书，第530页。

为由,向所有在该房间打牌的人主张赔偿,尽管打牌的人有的抽烟,有的不抽烟。如果要求原告必须证明哪个人在该房间抽过烟、哪个人没有在该房间抽过烟,则过于苛刻。从获取信息的可能性或成本来说,由其他被告证明某一个被告是否在该房间抽过烟,更为合理。如果要求原告必须证明每一个被告实际在该房间抽过烟才能够胜诉,则每一个被告都有可能隐瞒和互相隐瞒抽过烟的事实,使原告无法完成举证责任。即使不考虑各被告为了免除民事赔偿责任隐瞒和互相隐瞒抽烟事实的可能性,被告也可能出于其他考虑隐瞒实际加害人。以数人在宾馆房间打牌为例,如果该房间有人故意纵火(比如在醉酒的情况下),其他牌友没有发现或者发现不及时,火势已大,未能在房间内将火扑灭,最终形成火灾。如果实际加害人愿意承担民事责任但是希望其他牌友帮忙逃脱刑事责任,并且其他牌友也愿意帮助,那么这些牌友就可能隐瞒真实情况,使得受害人无法证明谁是实际加害人。对于其他牌友来说,虽然对外需要承担连带责任,但是并不担心自己需要实际承担赔偿责任,因为实际加害人已经承诺支付全部民事赔偿,补偿其他牌友的损失。此时,受害人无法确定实际实施危险行为的人,法律应当允许受害人向在该房间内活动的全体人员,基于共同危险主张权利。作为一项法律规则,原告只需要证明被告参与了共同危险行为的实施,即完成了自己的证明责任。

三、被告的免责事由

共同危险行为人免责事由的特殊之处,在于危险行为与损害后果之间的法律推定。否定了该法律推定,也就否定了危险行为人的赔偿责任。由于原被告之间信息不对等问题,原告可能错将没有实施共同危险行为的人也列为被告。如果被告能够提出证据,证明自己没有参与实施共同危险行为,不构成共同危险行为人,则应当被免除责任。这与下文讨论的共同危险行为人的免责是两个不同的问题。共同危险行为人的免责问题,是以被告已经被认定为共同危险行为人为前提。

在已经被认定为危险行为人的前提下,对于危险行为人能否以自己的行为与损害之间不具有因果关系为由获得免责,理论上存在不同的学说,我国法律也经历了一个发展过程。学说上有肯定说和否定说两种观点。肯定说认为,共同危险行为人只要证明自己的行为与损害之间没有因果关系,即可获得免责。否定说认为,共同危险行为人不能仅靠证明其行为与损害之间无因果关系获得免责,还需要证明谁是实际加害人才可以获得免责。2001年最高人民法院《民事诉讼证据规则》第4条第7项规定:"因共同危险行为致人损害的侵权诉讼,由实施危险行为的人就其行为与损害结果之间不存在因果关系承担举证责任。"该规定采纳了肯定说。《人身损害赔偿司法解释》第4条规定:"二人以上共同实施危及他人人身安全的行为并造成损害后果,不能确定实际侵害行为人的,应当依照《民法通则》第130条规定承担连带责任。共同危险行为人能够证明损害后果不是由其行为造成的,不承担赔偿责任。"该规定继续采纳了肯定说。《侵权责任法》放弃了肯定说,改为采纳否定说。《侵权责任法》第10条规定,对于共同危险造成的损害,"能够确定具体侵权人的,由侵权人承担责任;不能确定具体侵权人的,行为人承担连带责任"。根据该规定,能够确定具体侵权人,即实际加害人,其他共同危险行为人才能够免责。能够确定具体侵权人,包含两层意思。其一是指共同危险行为人必须能够证明谁是实际加害人,不仅仅是证明自己不是实际加害人。其二是法院经过查证能够确定实际加害人。与肯定说相比,否定说能够更好地保护受害人的利益。

四、共同危险行为类型的环境侵权

《侵权责任法》第72条规定了与占有或者使用高度危险物有关的责任,第73条规定了与高空、高压、地下挖掘、高速轨道运输工具有关的责任,第74条规定了与遗失、抛弃高度危险物有关的责任。在这三个条文规定的情形中,存在数个行为人造成危险并形成交集的可能,如此便可因共同危险导致环境侵权。然而,《侵权责任法》第八章规定的环境污染,是否可能因共同危险导致环境侵权,还需要进一步考虑。

案例讨论 6-5

共同危险案

原告系兴隆山镇分水村三社的村民,承包经营 0.37 公顷土地,在该承包地建两个大棚用来种植苦苣等蔬菜。被告系一家制药企业,在兴隆山镇安龙泉长吉公路北线 5 公里处生产大容量注射剂、冻干粉针剂等,通过位于原告承包地旁的明渠排放生产污水。2012 年 12 月至 2013 年 3 月,被告排放污水,将原告承包地淹浸、结冰,原告无法按正常季节即每年 2 月份进行蔬菜种植。原告申请对两个大棚在 2013 年 2—6 月份苦苣每季、每池的产量及当时的市场价格及损失数额进行鉴定,但吉林省高级人民法院具有鉴定资质的名册中没有鉴定机构能对上述鉴定事项进行鉴定。兴隆山镇分水村三社村民的生活污水也通过原告承包地旁的明渠进行排放,长吉公路北线 5 公里处被告单位附近有十几家生产企业和被告共使用一条排水沟,并通过原告承包地旁的排水明渠进行排水。

原审法院认为:被告单位排放生产污水,淹浸了原告的承包地,导致原告在蔬菜的育苗、种植季节,无法使用大棚、温室进行香菜育苗和种植,给原告造成了一定的经济损失,因现有条件下,没有鉴定机构对原告的损失情况鉴定,原告的损失数额无法确定。因原告承包地被淹浸与多家单位排水有关,不完全是被告一家单位排放污水的行为造成的,考虑到被告排放污水给原告造成损害的程度以及 2012 年 12 月至 2013 年 3 月期间的天气等因素,酌定被告向原告支付 7000.00 元的赔偿金,以弥补原告的损失。

被告不服一审判决,提起上诉。二审法院维持了一审判决。

(资料来源:长春天诚药业有限公司与夏秀新财产损害赔偿纠纷二审案,吉林省长春市中级人民法院(2016)吉 01 民终 177 号民事判决书。)

有学者认为,将"永盛公司等与许某环境污染损害赔偿纠纷案"界定为共同危险较为适宜。① 本书认为尚需进一步讨论。法律规定共同危险制度，主要在于查明实际加害人存在难以克服的障碍，并且由受害人承担损失有违公平，因此由产生危险的数人基于共同危险承担连带责任。在已经查明实际加害人的情形，不应适用共同危险责任，而是应该根据加害人的具体情形，适用单一侵权、共同侵权、数人分别侵权等。在本案中，是否实施加害行为已有证据支持，已经没有适用共同危险的可能。《环境侵权责任司法解释》有关被告免责事由的规定，也间接地否定了该种情形构成共同危险的观点。《环境侵权责任司法解释》第 7 条规定，污染者举证证明下列情形之一的，人民法院应当认定其污染行为与损害之间不存在因果关系：(1) 排放的污染物没有造成该损害可能的；(2) 排放的可造成该损害的污染物未到达该损害发生地的；(3) 该损害于排放污染物之前已发生的；(4) 其他可以认定污染行为与损害之间不存在因果关系的情形。可以看出，按照该司法解释，只要污染者能够证实自己的行为与损害之间没有因果关系，即可免责。然而，按照《侵权责任法》第 10 条有关共同危险的规定，共同危险行为人如欲免责，不仅需要证明自己的行为与损害之间没有因果关系，而且需要证明谁是实际加害人。《环境侵权责任司法解释》不将污染者证明实际加害人作为免责条件，也表明该司法解释并不认为"永盛公司等与许某环境污染损害赔偿纠纷案"所体现的情形构成共同危险。

  如果数个被告排放的不同物质均不具有致害效果，但是由于这些物质在自然界发生反应形成新物质，由此形成的新物质导致受害人的损害，是否构成共同危险？在排除被告明知或应当知道其排放的物质将和他人排放的物质在环境中生成有害的新物质等有过错的情形之后，对此宜作出否定的回答。首先，共同危险人所参与形成的危险必须是危及他人人身财产安全的危险。除了高度危险之外，对于非高度危险，应当要求危险行为人存在过失。如果被告排放的物质本身不具有致害效果，被告就不是污染者，不具有

---

① 余耀军、张宝、张敏纯：《环境污染责任：争点与案例》，北京大学出版社 2014 年版，第 89—91 页。

过失,不符合共同危险行为的构成要件。其次,如果对于此种情形适用共同危险责任,被告承受的责任负担比数个污染者分别致人损害的责任更重,有失公平。再次,对此适用共同危险责任将导致被告无所适从,严重影响经济社会的发展。诚然,受害者的损害需要救济,然而共同危险责任并非适当的救济机制。

第五节 数个污染者分别侵权

一、数个污染者分别侵权的涵义

数人分别侵权,是指数人在没有共同过错的情况下造成同一损害的侵权类型,也被称为"无意思联络的数人侵权"。但是"无意思联络的数人侵权"这一说法,容易引人误解。如上所述,共同侵权不仅包括共同故意侵权,也包括共同过失侵权。所谓的"无意思联络的数人侵权",实际是指不构成共同侵权或共同危险的数人造成同一损害的侵权行为。这类侵权行为不仅包含无意思联络即无共同故意的情形,而且也包含无共同过失的情形。因此,使用"造成同一损害的数人分别侵权"一语,更为准确,并可简略为数人分别侵权。

数个污染者分别侵权,是数人分别侵权在环境侵权领域的体现,是指数个污染者并无共同过错,但因污染物在时空上的结合导致受害人遭受同一损害。数个污染者造成同一损害的情形,在排除共同侵权、共同危险之后,即为数个污染者分别侵权。因此,本书先讨论共同侵权和共同危险,然后讨论数个污染者分别侵权。

二、数个污染者分别侵权的构成要件

与数个污染者共同侵权一样,数个污染者分别侵权的构成要件也包括侵权主体的复数性和损害的同一性。两者在构成要件方面的核心区别在

于,侵权人是否存在共同过错,以及随之而来的侵权行为的共同性。以下进一步分析:

第一,各污染者无共同过错。各污染者之间,既不存在共同故意,也不存在共同过失。有观点认为,若行为人能够预见和认识到自己的行为必然会与他人的行为结合,并造成对受害人的同一损害,则构成一般共同侵权。① 该观点能否适用于环境侵权,尚需考虑。由于信息公开等因素,可以合理地认为,向同一环境排放污染物的污染者之间互相知晓各自的排污情况,特别是对于长期排污的企业来说。同样,也可以合理地认为,这些污染者都知道有人因为其排污行为受害。因此,可以合理地认为,这些污染者能够预见并认识到自己的行为必然会与他人的行为结合,并造成对受害人的同一损害。如果因此认定这些污染者存在共同过错,进而将这些行为认定为共同侵权行为,则会导致连带责任的适用范围过大。

第二,各污染者排放的污染物因时空结合而造成对受害人的同一损害,即损害的同一性。有理论认为,数人造成同一损害的分别侵权行为,是因为偶然因素致使无意思联络的数人的行为结合在一起,并造成同一损害后果。② 由于侵权行为包括侵权行为的实施和侵权行为的结果,按照该观点,如果数人的侵权行为结果必然会结合,则不构成分别侵权行为,而应构成共同侵权行为。该观点能否适用于环境侵权,需要考虑。污染物在时空的结合,现已被科学所证明,并广为人知。如果排污者为企业、事业单位和其他生产经营者,则可以合理认为该污染者具有此种知识。同时,也可以合理地认为,各污染者都知道其他污染者及其排污行为的存在。因此,各污染者的排污行为结果并不是偶然结合,而是必然结合。但是如果因此认定这些污染者实施了共同侵权行为,则会导致连带责任的适用范围过大。因此,认定行为的同一性,仍然应当基于共同过错。不是基于共同过错实施的行为,即使造成了同一损害,也均视为偶然结合。

---

① 王利明:《侵权责任法研究》(上),中国人民大学出版社 2011 年版,第 533 页。
② 同上。

以上关于无共同过错和偶然结合的分析,在一定程度上也是基于法政策的考虑。中国人口密度大,土地利用强度高,环境已经严重恶化,污染排放继续高位运行。这些因素都使得污染者难以避免与其他污染者向同一时空排放污染物,污染者的排放行为互相叠加已经成为常态。如果将污染者应当知道自己的排污行为必然与他人的排污行为叠加并造成损害的情形都作为共同侵权,将使连带责任的适用普遍化,从而使赔付能力强的企业不公平地承担更多的赔偿责任,容易导致劣币驱逐良币的效果,严重影响优质企业的发展。

三、数个污染者分别侵权的责任形态

对于数人分别侵权,按照侵害行为和损害结果之间的因果关系,可以分为累积因果关系的数人分别侵权和部分因果关系的数人分别侵权。在数个污染者中,如果某污染者的行为足以造成全部损害,该污染者的侵害行为与损害结果之间为累积因果关系;如果某污染者的行为不足以造成全部损害,则该污染者的侵害行为与损害结果之间为部分因果关系。累积因果关系数人分别侵权的特点可以概括为"分别实施、足以造成";部分因果关系数人分别侵权的特点可以概括为"分别实施、结合造成"。[①]

按照累积因果关系和部分因果关系,可以将数人分别侵权行为分为三种组合类型:第一,全部为累积因果关系,即每一个人的侵权行为都足以造成全部损害;第二,全部为部分因果关系,即每一个人的侵权行为都不足以造成全部损害;第三,混合型,即部分人的行为足以造成全部损害,其他人的行为不足以造成全部损害。《侵权责任法》第11条和第12条分别对第一种类型和第二种类型做了规定。《侵权责任法》第11条规定:"二人以上分别实施侵权行为造成同一损害,每个人的侵权行为都足以造成全部损害的,行为人承担连带责任。"《侵权责任法》第12条规定:"二人以上分别实施侵权行为造成同一损害,能够确定责任大小的,各自承担相应的责任;难以确定

---

① 王利明:《侵权责任法研究》(上),中国人民大学出版社2011年版,第535—538页。

责任大小的,平均承担赔偿责任。"对于混合型,《侵权责任法》没有明确规定,但是可以通过司法解释,将第 11 条和第 12 条规定的连带责任和按份责任分别适用于混合型中的累积因果关系侵权人和部分因果关系侵权人。《环境侵权责任司法解释》第 3 条第 3 款即是针对混合型的解释。该款借鉴了我国侵权责任法的理论研究成果和日本侵权法理论的部分连带责任学说,挖掘出了隐藏在《侵权责任法》第 11 条和第 12 条之间的半叠加的分别侵权行为,确定了对该种分别侵权行为类型的法律适用规则,是对分别侵权行为规则的创造性发挥。①

根据《侵权责任法》和《环境侵权责任司法解释》,以上三种类型的数个污染者分别侵权所对应的法律后果为:第一,两个以上污染者分别实施污染行为造成同一损害,每一个污染者的污染行为都足以造成全部损害,污染者应承担连带责任;第二,两个以上污染者分别实施污染行为造成同一损害,每一个污染者的污染行为都不足以造成全部损害,污染者应承担按份责任;第三,两个以上污染者分别实施污染行为造成同一损害,部分污染者的污染行为足以造成全部损害,部分污染者的污染行为只造成部分损害,足以造成全部损害的污染者应与其他污染者就共同造成的损害部分承担连带责任,并对全部损害承担责任,其余污染者承担按份责任。也就是说,在第三种类型中,与损害具有累积因果关系的污染者应当对全部损害承担责任,与损害具有部分因果关系的污染者仅对其造成的损害部分承担责任,对于两者的重叠部分,与损害具有累积因果关系的污染者承担连带责任。

简而言之,根据《侵权责任法》和《环境侵权司法解释》,可以将数个污染者分别侵权的情形分为应当适用连带责任和按份责任两种情形,如下表所示:

---

① 杨立新:《环境侵权司法解释对分别侵权行为规则的创造性发挥——〈最高人民法院关于审理环境侵权责任纠纷案件适用法律若干问题的解释〉第 3 条解读》,载《法律适用》2015 年第 10 期;杨立新、陶盈:《论分别侵权行为》,载《晋阳学刊》2014 年第 1 期。

表 6-1 连带责任与按份责任

连带责任	（1）两个以上污染者分别实施污染行为造成同一损害,每一个污染者的污染行为都足以造成全部损害,被侵权人根据《侵权责任法》第 11 条规定请求污染者承担连带责任的。 （2）两个以上污染者分别实施污染行为造成同一损害,部分污染者的污染行为足以造成全部损害,部分污染者的污染行为只造成部分损害,被侵权人根据《侵权责任法》第 11 条规定请求足以造成全部损害的污染者与其他污染者就共同造成的损害部分承担连带责任,并对全部损害承担责任。
按份责任	（1）两个以上污染者分别实施污染行为造成同一损害,每一个污染者的污染行为都不足以造成全部损害,被侵权人根据《侵权责任法》第 12 条规定请求污染者承担责任的,侵权人承担按份责任。（2）两个以上污染者分别实施污染行为造成同一损害,部分污染者的污染行为足以造成全部损害,部分污染者的污染行为只造成部分损害,足以造成全部损害的污染者承担按份责任。

从受害者寻求救济的角度,可以按照以下步骤分析：

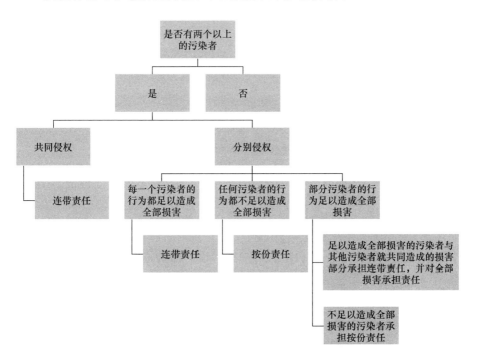

四、数个污染者分别侵权的责任承担问题

不论是适用连带责任还是按份责任,数人污染者分别侵权的责任承担,最终都归结到责任份额的划分问题。不同的是,在按份责任形态中,份额划分的效果直接及于污染者和受害人,在连带责任形态下,份额划分发生在数个污染者之间,不直接及于受害人。

概括而言,划分责任的标准主要包括以下模式:第一,以原因力为标准,即根据每个人的行为对结果的影响力判断。第二,以过错程度为标准,即根据各责任人的过错程度,分配分担份额。第三,平均分担。第四,其他标准,包括根据各责任人的市场份额等标准划分责任份额。第五,混合标准,即综合考虑原因力、过错、市场份额等因素,根据具体案情选用合适的标准,如无更适当的标准,则平均分配分担份额。我国《侵权责任法》第12条规定:二人以上分别实施侵权行为造成同一损害,能够确定责任大小的,各自承担相应的责任;难以确定责任大小的,平均承担赔偿责任。该规定即体现了混合标准模式。[①] 该规定表明,应当首先按照责任大小划分分担份额,只有在无法查明责任大小的,才可以平均分配分担份额。

《侵权责任法》第67条规定,两个以上污染者污染环境,污染者承担责任的大小,根据污染物的种类、排放量等因素确定。《环境侵权责任司法解释》第4条规定,两个以上污染者污染环境,对污染者承担责任的大小,人民法院应当根据污染物的种类、排放量、危害性以及有无排污许可证、是否超过污染物排放标准、是否超过重点污染物排放总量控制指标等因素确定。这表明,在环境侵权案件中,确定责任大小,划分责任份额时,应当主要根据原因力,兼顾过错程度,并以平均分配分担份额为最后的选项。由于责任划分标准本身存在一定的模糊性,各污染者的责任份额划分也就存在一定的不确定性。因此,各污染者需要承担的份额,仍然在一定程度上受到其他污染者的影响。

---

① 王利明:《侵权责任法研究》(上),中国人民大学出版社2011年版,第552页。

对于划分责任人分担份额时是否需要考虑责任人的赔偿能力问题,也是一个需要研究的问题。责任人的赔偿能力关乎判决的执行。如果对赔付能力弱的污染者分配较重的分担份额,对赔付能力强的污染者分配较轻的责任份额,有可能使得受害人难以足额获得法院判决的赔偿。原则上讲,被告的赔付能力不应作为划分责任份额的考虑因素。①但是,判决能否得到执行,也是法院需要考虑的重要问题。由于份额分担标准存在模糊性,不排除法院在司法实践中将污染者的赔付能力考虑在内,尽管对污染者赔付能力的考虑可能不会在判决书中直接说明。

五、对污染者适用按份责任和连带责任的利弊

按份责任体现了意思自治和自己责任的基本精神,体现了公平性,较好地保护了责任人的利益。一般来说,实行按份责任对于大中型企业更为有利。在环境污染诉讼中,大中型企业往往被受害人选为被告,即使造成污染的排污者除了大中型企业之外还有附近的小企业。其中一个重要原因就是大中型企业的赔付能力一般高于小企业。将环境污染损害规定为按份责任,使大中型企业能够在一定程度上避免超出其应当承担的份额,避免代替附近的小企业承担责任。

按份责任的最大不足在于难以充分保护受害人的利益。从受害者的角度看,按份责任则降低了受害者获取赔偿的可能性。部分责任人可能无法找到或者不具有赔偿能力,导致受害人难以充分受偿。实行按份责任有可能与加强受害人保护的理念和立法潮流不一致。比如,《德国水利法》第22条第1款规定:"向水体(包括河流、湖泊、沿海和地下水)投放或导入物质,或者变更水体原来的物理、化学或生物性质,致损害他人者,就其所生损害负赔偿责任。如果是多人使水域产生影响,他人作为整体负债人而承担责任。"②《日本大气污染防治法》第25条第2款规定:"对于两个以上的事业者

---

① 王利明:《侵权责任法研究》(上),中国人民大学出版社2011年版,第552页。
② 陈国义:《民法因果关系之理论、概念及举证责任在德国环境损害赔偿事件的适用及其转变》,载《法学丛刊》总第160期。

向大气中排放有害健康的物质而引起该损害赔偿责任,适用民法第 719 条第 1 款的规定的情况下,当认为事业者对于该损害的造成应负责任明显小时,裁判所在决定该事业者的损害赔偿金额时可以对这一情况加以考虑。"《日本民法典》第 719 条第 1 款即为关于连带责任的规定。因此,《日本大气污染防治法》第 25 条第 2 款所规定的也是连带责任。[①] 但是,经营状况良好、赔偿能力较强的企业更有可能是遵守环境保护规范的企业,赔偿能力弱的企业更有可能经营状况不好,更有可能在遵守环境保护规范方面表现更差。强行要求污染者之间承担连带责任,会导致不同污染者之间的不公平,并进而导致劣币驱逐良币的消极效果。

连带责任有利于保护受害人的利益。一方面,连带责任具有责任人之间互为连带保证的效果,使所有责任人的清偿能力形成一个整体,作为清偿连带债务的财力保障,能够避免单一责任人清偿能力不足的问题。另一方面,连带责任也降低了受害人在明确责任主体、完成举证责任等方面的程序负担,能够较为便捷地主张权利。但是,连带责任也导致有赔付能力的大企业对受害者承担更大的赔偿责任,并且在对受害者承担赔偿责任之后,难以向赔付能力较弱的小企业实现追偿权。考虑到很多大企业污染防治工作更加规范、小企业的污染防治工作更有可能不规范,连带责任可能会产生污染者之间的不公平问题。

连带责任和按份责任两者比较,不论是根据法理,还是考虑到中国的现实情况,都应当以按份责任为默认责任形态,以连带责任为例外。在立法环节,应当严格限制适用连带责任的情形。在法律适用环节,应当对连带责任的适用采取严格解释。除非法律有明确规定并且案件事实符合适用连带责任的情形,否则都应当适用按份责任。

六、与按份责任和连带责任相关的程序法问题

举证责任分配,对于按份责任和连带责任的适用具有重要意义。有学

---

① 许春丽、李保新:《日本大气污染的控制对策及现状》,载《环境科学动态》2001 年第 3 期。

者认为,应对相关举证责任进行如下分配:(1)对于一般案件,法官可以推定每个排污者的排污行为都足以导致全部损害的发生,被侵权人(原告)无需对此进行证明;(2)给予排污者(被告)反证的机会,如果他能够证明自己的排污行为不能导致全部损害的发生,并能够证明自己的排污行为对损害发生所起作用大小,则判决其承担相应的按份责任;反之,如果该排污者不能证明自己的排污行为未导致全部损害的发生,且不能够证明自己的排污行为对损害发生所起作用大小、份额,则承担连带责任;(3)在部分排污者就前项成功反证的情况下,剩余排污者对于剩余的损害赔偿(全部损害赔偿减去前项已经证明的份额)承担连带责任。① 提出该观点的一个原因,在于将《侵权责任法》第67条理解为仅仅适用于按份责任。② 本书已经论证了,《侵权责任法》第67条并非责任构成规则,而是责任分担规则,不仅仅适用于按份责任,也适用于连带责任。因此,对于该观点,本书仅分析当事人对于连带责任和按份责任的举证责任问题。按照该观点,连带责任成为默认值,除非能够证明应当适用按份责任,否则即应适用连带责任,并且将应当适用按份责任的举证责任分配给了污染者。诚然,该观点有助于保护受害人,但是可能会造成污染者之间的不公平,从而影响经济、社会和环境的可持续发展。

  从污染者(被告)维护自身利益的角度考虑,被列为被告的污染者应当提出相关证据证明其他污染者的存在,告知原告存在其他污染者的情形,要求原告对所有污染者作为共同被告提起诉讼。在原告拒绝将其他污染者列为被告的情形,已经被列为被告的污染者有权申请法院将其他排污者列为第三人。法院应当根据申请追加第三人,被追加的第三人为有独立请求权的第三人。对于在多个污染者的情形下应当适用普通共同诉讼规则还是必要共同诉讼规则、原告仅仅选择针对部分污染者起诉的法律效果以及其他

---

① 张新宝、庄超:《扩张与强化:环境侵权责任的综合适用》,载《中国社会科学》2014年第3期。
② 同上。

相关问题,虽然存在一定的争议①,但是被列为被告的污染者有权申请法院追加其他污染者为第三人是不存在争议的。将其他污染者追加为第三人,能够在一定程度上保护已经被列为被告的污染者。

第六节 污染者与第三人构成的特殊数人侵权问题

一、与污染者构成特殊数人侵权的第三人的涵义

第三人,可以泛指两个当事人之外的其他人。侵权责任法在不同语境下使用的"第三人"具有不同的涵义。概括而言,侵权责任法在三个范围层次上使用"第三人"一词。第一,最广泛的第三人概念,泛指双方当事人之外的其他人。第二,广义的第三人,是指侵权人与被侵权人之外的,作为侵权人一方有关联的其他人,范围包括竞合侵权行为的第三人和第三人侵权行为的第三人。第三,狭义的第三人,是指在侵权法律关系中,在实际加害人和被侵权人之外的,因自己的过错,通过实际加害人造成被侵权人权益损害,应由该人承担侵权责任的侵权人。② 第三人致人损害,是指在侵权法律关系中,由于第三人的行为,通过实际加害人的直接行为或者间接行为,造成被侵权人的民事权益损害的行为。③

与污染者构成特殊数人侵权的第三人,不包含对受害人造成损害的其他污染者,因为法律已经对数个污染者造成同一受害人损害的情形另有规定。对于本处讨论的第三人,主要从其行为以及其行为与污染者之间的关系加以理解。第一,第三人造成损害的行为不是其排污行为,而是使污染者排放污染并造成他人损害的行为。第二,第三人与污染者之间不构成帮助、教唆关系。在帮助、教唆关系中,帮助者、教唆者与被帮助者、被教唆者之间具

---

① 肖建国、黄忠顺:《数人侵权责任诉讼模式研究》,载《国家检察官学院学报》2012年第4期。
② 杨立新:《侵权法论》(第5版),人民法院出版社2013年版,第1012—1013页。
③ 该定义参考了杨立新:《侵权法论》(第5版),人民法院出版社2013年版,第1013页。

有意思联络。因此在第三人帮助、教唆污染者排放污染物造成受害人的损害的情形,第三人与污染者之间构成共同侵权。与接受教唆、帮助不同,污染者对于第三人的意图和行为是不希望并且实际是不知情的,如果污染者知道第三人的意图和行为,定会拒绝并会采取防范措施以防止第三人实施其意图和行为。第三,损害与污染者排放的污染物之间具有直接因果关系,与第三人的行为之间具有间接因果关系。污染者为第三人行为造成损害提供了条件,第三人的行为造成损害需要以污染者为基础。污染者是直接侵权人,第三人是间接侵权人。第四,第三人具有过错,包括故意和过失。如果第三人没有过错并且需要依法承担无过错责任,则第三人的侵权行为与污染者的侵权行为互相独立,构成数人分别侵权。

二、污染者与第三人构成的数人侵权行为形态

对于污染者与第三人构成的数人侵权行为的侵权行为形态,存在竞合侵权行为的理论观点。[①] 根据该理论,竞合侵权行为,是指两个以上民事主体作为侵权人,有的实施直接侵权行为,与损害结果具有直接因果关系,有的实施间接侵权行为,与损害结果的发生具有间接因果关系,行为人承担不真正连带责任的侵权行为形态。根据该理论,竞合侵权行为具有以下两个重要特点。第一,数个行为人各自实施的侵权的性质不同。竞合侵权行为的两个以上的行为人,有的对受害人实施直接侵权行为,有的是对直接侵权行为的实施提供了条件或者方便,但并不构成教唆、帮助行为,而只是构成间接侵权行为。第二,对发生竞合的两个以上的行为通常视为一个行为。尽管是两个以上的行为实施的行为竞合在一起,但通常的观念认可其为一个行为,而不是像共同侵权行为那样就是一个行为,也不像分别侵权那样就是两个行为。因此,竞合侵权行为是一种两个以上的侵权行为竞合在一起的侵权行为形态,介于共同侵权行为和分别侵权行为之间。[②]

[①] 对于竞合侵权行为的涵义,还有其他观点,比如,日本民法学中有关竞合侵权行为的学说。参见杨立新:《侵权法论》(第 5 版),人民法院出版社 2013 年版,第 977—978 页。
[②] 杨立新:《侵权法论》(第 5 版),人民法院出版社 2013 年版,第 978—979 页。

虽然竞合侵权行为说具有一定的理论解释力,是对我国侵权责任法学的一个重大贡献,但是也存在一些需要进一步解决的问题。

第一,该理论对竞合侵权行为的定义本身就存在以责任形态定义行为形态的问题。根据该理论,行为人承担不真正连带责任是构成竞合侵权行为的要件和特征之一。但是行为形态和责任形态是两个不同的问题。前者讨论行为构成问题,后者讨论责任承担问题,前者是后者的逻辑前提,以后者定义前者,存在循环论证的问题。

第二,发展该理论的目的在于构建侵权行为形态和责任形态之间的完美对应关系。构建侵权行为形态和责任形态之间的对应关系,当然具有重要的理论意义和实践意义,因此是非常必要的。但是,如果追求行为形态与责任形态之间一一对应,则可能会陷入误区并导致严重问题。该理论认为,在构建竞合侵权行为的侵权行为形态之后,就为不真正连带责任找到了对应的侵权行为形态类型,从而在侵权行为形态类型与责任形态类型之间形成一个完整、完美的逻辑对应关系,即共同侵权行为、分别侵权行为、竞合侵权行为以及第三人侵权行为分别对应连带责任、按份责任、不真正连带责任和第三人责任。事实上,我国侵权责任法中并不存在如此完美的一一对应关系。比如,分别侵权行为既可能对应按份责任,也可能对应连带责任。到底适用按份责任还是连带责任,取决于侵权行为与损害结果之间是构成部分因果关系还是完全因果关系。在立法上的依据就是《侵权责任法》第11条和第12条。第11条规定:"二人以上分别实施侵权行为造成同一损害,每个人的侵权行为都足以造成全部损害的,行为人承担连带责任。"第12条规定:"二人以上分别实施侵权行为造成同一损害,能够确定责任大小的,各自承担相应的责任;难以确定责任大小的,平均承担赔偿责任。"即使是竞合侵权行为说本身,也承认竞合侵权行为与第三人侵权行为并非截然不同,并不存在根本的界限,因此立法有时会通过政策考量,对第三人侵权行为规定了不真正连带责任。[①]《侵权责任法》第68条规定的第三人过错造成的环境

[①] 杨立新:《侵权法论》(第5版),人民法院出版社2013年版,第1005页。

污染损害,就是因为政策考量和无过错责任原则的适用,产生不真正连带责任,而非《侵权责任法》第 28 条规定的第三人责任,尽管《侵权责任法》第 28 条和第 68 条规定的第三人具有相同的涵义。① 从这一点也可以看出,责任形态体现了法律的政策考量,法律可以对具有相同特征的行为模式规定不同的法律后果。既然如此,将追求侵权行为形态和责任形态之间的一一对应关系作为理论构建的目标,可能并不适当的。不论是从中国的立法实践来看,还是从理论分析上看,侵权行为形态和责任形态之间的对应关系,更多的是一对多、多对一的网状关系,而非一一对应关系。并且,竞合侵权说一方面承认《侵权责任法》第 68 条规定的行为符合第三人侵权的特征,另一方面又将其作为承担典型的不真正连带责任的侵权行为②,可能在理论上也并不自洽,特别是考虑到该学说以构建侵权行为形态与责任形态之间的完美的一一对应关系为目标。

第三,竞合侵权行为说认为,《侵权责任法》第 68 条规定的第三人过错的环境污染责任,属于竞合侵权行为中的必要条件的竞合侵权行为。该学说所指的必要条件的竞合侵权行为,是指两个行为中的从行为(即间接侵权行为)与主行为(即直接侵权行为)竞合的方式,是从行为为主行为的实施提供了必要条件,没有从行为的实施,主行为不能造成损害后果的竞合侵权行为。③ 但是,主行为是否总是对应直接侵权行为,从行为是否总是应间接侵权行为,并不一定。到底哪个行为提供了基础和方便,哪个行为以另一个行为为基础,也并不一定。

综上所述,竞合侵权理论为分析《侵权责任法》第 68 条规定的第三人过错环境污染责任提供了有益的理论启迪,但是还不能解决所有的理论问题。为了减少理论争议,本书将该条规定的行为称为特殊的数人侵权。以"特殊"一词指称,即表明目前尚未找到更好的名称,还需要进一步研究。

---

① 杨立新:《侵权法论》(第 5 版),人民法院出版社 2013 年版,第 984—1004 页。
② 同上书,第 980 页。
③ 同上书,第 981 页。

三、污染者与第三人特殊数人侵权的责任形态

《侵权责任法》第 68 条规定:"因第三人的过错污染环境造成损害的,被侵权人可以向污染者请求赔偿,也可以向第三人请求赔偿。污染者赔偿后,有权向第三人追偿。"根据该规定,污染者与第三人构成的特殊数人侵权,所引起的法律责任为不真正连带责任。对于不真正连带责任的涵义,理论上存在较多争议。本书所说的侵权责任法意义上的不真正连带责任,是指多数行为人违反法定义务,对同一个受害人实施加害行为,或者不同的行为人基于不同的行为而致使同一个受害人的民事权益遭受损害,各个行为人产生的同一内容的侵权责任,各负全部赔偿责任,并因行为人之一的责任履行而使全体责任人的债务归于消灭,或者依照特别规定多数责任人均应承担部分或者全部责任的侵权责任形态。①

结合有关不真正连带责任的理论,将《侵权责任法》第 68 条规定的法律责任的对外效力分析如下:

第一,污染者和第三人都有义务向受害人履行全部赔偿责任。受害人对于污染者和第三人都享有赔偿请求权。第三人过错不是环境污染侵权责任的免责条件,污染者不能以第三人过错为由对受害人为抗辩。污染者以第三人的过错污染环境造成损害为由主张不承担责任或者减轻责任的,人民法院不予支持。

第二,受害人有选择权。受害人可以选择向污染者主张赔偿,也可以选择向第三人主张赔偿,或者同时向污染者和第三人主张赔偿。根据《环境侵权责任纠纷司法解释》第 5 条,被侵权人根据《侵权责任法》第 68 条规定分别或者同时起诉污染者、第三人的,人民法院应予受理。被侵权人请求第三人承担赔偿责任的,人民法院应当根据第三人的过错程度确定其相应赔偿责任。

第三,污染者或者第三人向受害人履行全部赔偿义务之后,受害人的债

---

① 杨立新:《侵权法论》(第 5 版),人民法院出版社 2013 年版,第 988 页。

权归于消灭。这是因为,污染者和第三人对受害人造成的损害只是一个损害。

对于《侵权责任法》第68条规定的法律责任的对内效力,分析如下:

第一,污染者在承担赔偿责任之后,有权向有过错的第三人追偿。在损害完全系第三人过错造成的情形,污染者向受害人承担的责任是中间责任,第三人承担的责任才是最终责任。根据自己责任的原则,污染者在承担中间责任之后,当然有权要求第三人承担最终责任。对于不真正连带的各个责任人之间的求偿权的性质,有让与请求权和赔偿代位两种主张。让与请求权,是指履行了债务的债务人可以请求债权人让与其对最终责任人的请求权。赔偿代位,是指法律直接规定履行了债务的债务人当然地取得债权人对最终债务人的请求权,不需经过当事人的意思表示。① 根据《侵权责任法》第68条的规定,污染者在向受害人履行了赔偿责任之后,基于赔偿代位取得向第三人的追偿权。

第二,在第三人没有过错的情形,污染者不得向第三人追偿。但是,这仅限于应当依法对第三人适用过错责任的归责原则的情形。如果第三人依法应当承担无过错责任,就不应当适用《侵权责任法》第68条。此时,污染者和第三人不可能构成《侵权责任法》第68条规定的不真正连带责任,而是构成各自独立的侵权行为,分别承担各自的责任,或者成立数人分别侵权并依相关规则承担相应的责任。

第三,第三人过错问题仅仅涉及损害赔偿的责任承担方式,而不涉及消除危险、排除妨碍等责任承担方式。由于恢复原状是赔偿损失的一种特殊形式,污染者也有权利向第三人主张全部或部分恢复原状的费用。

从以上分析也可以看出,第三人过错不构成污染者可以向受害人行使的减轻或者免除责任的抗辩事由。《环境侵权责任纠纷司法解释》第5条第3款也规定:"污染者以第三人的过错污染环境造成损害为由主张不承担责任或者减轻责任的,人民法院不予支持。"法律如此规定,主要是基于以下原

---

① 杨立新:《侵权法论》(第5版),人民法院出版社2013年版,第994页。

因。第一,从事现代大生产的潜在排污者负有谨慎的注意义务,第三人过错并没有切断污染者的排污行为与损害结果之间的因果关系。第二,由污染企业负担损失比由受害人负担损失更能体现社会正义。① 第三,第三人的赔偿能力难有保障,规定受害人可以直接向污染者请求赔偿,有利于保护受害人利益。第四,规定受害人可以直接向污染者请求赔偿,可以降低受害人的证明难度,因为在很多案件中第三人的身份难以查明,并且污染者的管理人员也更有机会发现第三人。

我国法学界对于第三人过错造成的环境污染损失,在理论上还存在一定程度的混乱。我国过去的某些环境立法,也确实曾经将第三人过错作为污染者减轻或免除责任的事由。比如,1984年《水污染防治法》第41条第3款规定:"水污染损失由第三者故意或者过失所引起的,第三者应当承担责任。"1996年修订后的《水污染防治法》保留了该规定,只是将条文编号调整为第55条。但是,2008年修订后的《水污染防治法》不再以第三人过错作为污染者减轻或者免除责任的事由。该法第85条第4款规定:"水污染损害是由第三人造成的,排污方承担赔偿责任后,有权向第三人追偿。"该规定与《侵权责任法》第68条是一致的。2014年修订后的《环境保护法》不再特别规定侵权责任,而是采用转致条款,以第64条规定:"因污染环境和破坏生态造成损害的,应当依照《中华人民共和国侵权责任法》的有关规定承担侵权责任。"其后修改的环境保护单行法也都沿用了《环境保护法》中的转致条款。2015年修订后的《大气污染防治法》,就是一个适例。

需要特别注意的是,《侵权责任法》第68条不适用于第三人过错导致的海洋环境污染赔偿责任。海洋环境污染涉及更多的涉外因素,因此需要作出一些特别规定。我国立法对于海洋环境保护立法一直将第三人过错作为污染者可对受害人行使的抗辩事由。1982年《海洋环境保护法》第43条规定:"完全是由于第三者的故意或者过失造成污染损害海洋环境的,由第三

---

① 彭本利:《第三人过错不应当作为环境污染民事责任的抗辩事由》,载《法学杂志》2012年第5期。

者承担赔偿责任。"该规定与《侵权责任法》第 68 条不一致。1999 年《海洋环境保护法》第 90 条基本沿用了该规定,稍作修改,作出如下规定:"完全由于第三者的故意或者过失,造成海洋环境污染损害的,由第三者排除危害,并承担赔偿责任。"2013 年修订《海洋环境保护法》时,没有对该条作出修改。① 根据《侵权责任法》第 5 条,其他法律对侵权责任另有特别规定的,依照其规定。因此,在《海洋环境保护法》调整范围内,对于第三人过错所引起的侵权责任问题,应当优先适用《海洋环境保护法》的规定。

四、污染者责任与第三人过错责任叠加的问题

对于第三人的过错不是导致污染损害的唯一原因,而是与污染者的叠加造成污染损害的情形,《侵权责任法》第 68 条没有明确规定如何处理。研究此问题,不仅具有理论意义,而且在中国当下的转型社会中具有特别的现实意义。当前,很多污染者都存在环境保护设施不达标等问题,抱着侥幸的态度希望不发生环境污染损害。这一侥幸心理固然有错,但是也必须承认在很多时候污染者确实侥幸避免了环境污染损害的发生。在与第三人过错叠加并发生环境损害的情形,是否就可以因为污染者自身存在过错,而无视第三人的过错,绝对地禁止污染者向第三人追偿?

在回答此问题时,需要将《侵权责任法》第 68 条、第 28 条等规定结合在一起考虑。第 28 条规定:"损害是因第三人造成的,第三人应当承担侵权责任。"该条是侵权责任法总则中关于第三人责任的一般性规定。第 68 条是针对环境污染损害中的第三人责任的特殊规定。尽管根据特别法优于普通法的原则,在环境污染领域应当优先适用第 68 条的规定,但是两个条文面临的一个共同问题是能否适用于第三人的行为只是造成损害的部分原因的情形。因此,针对第 28 条的有关讨论,对于第 68 条也有指导意义。

在适用第 28 条时,第三人与损害之间的因果关系,是仅仅限于完全因

---

① 《海洋环境保护法》于 1982 年 8 月 23 日审议通过,于 1999 年 12 月 25 日第一次修订,于 2013 年 12 月 28 日第二次修订。2013 年修订的内容仅限于第 43 条、第 54 条和第 80 条,主要涉及审批权限和审批程序问题,而不涉及民事责任问题。

果关系还是也包括部分因果关系,存在争议。完全因果关系,是指损害完全由第三人造成的情形;部分因果关系,是指损害部分地由第三人造成的情形,包括损害的扩大是由于第三人造成的情形。有观点认为,《侵权责任法》第 28 条既适用于损害完全是由第三造成的,也适用于损害是部分由第三人造成的情形。① 也有关观点认为,《侵权责任法》第 28 条仅适用于损害是完全由第三人造成的情形。②

有限度地将第 28 条适用于第三人行为与损害之间仅具部分因果关系的情形,更为合理。绝对禁止将该条在此情形的适用,并不利于有效解决纠纷。有限度适用,意味着需要排除某些情形的适用,同时接受在某些情形的适用。具体而言,在行为人与第三人构成共同侵权行为、共同危险行为时,应当排除第 28 条的适用。在行为人与第三人构成造成同一损害的分别侵权行为并且每个人的侵权行为都足以造成全部损失的,也不应适用。只有在行为人与第三人构成造成同一损害的分别侵权行为并且每个人行为都不足以造成全部损害的,行为人可以第三人责任为抗辩,并按照《侵权责任法》第 12 条的规定承担责任。

既然第 28 条可以有限度地适用于第三人与损害之间具有部分因果关系的情形,第 68 条也同样可以有限度地适用于同样的情形。但是考虑到第 28 条规定第三人致害是行为人可以向受害人主张的抗辩事由,而根据第 68 条的规定污染者不能以第三人过错向受害人抗辩,因此对于污染者来说,第 68 条的功能主要是提供追偿权的请求权基础。从追偿权的角度来说,在污染者和第三人造成同一损害的情形,不论是污染者和第三人的行为都足以造成全部损害,还是都不足以造成全部损害,污染者都可以根据第 68 条行使追偿权。第三人都应当根据其过错程度,承担相应的责任。

如果坚持第 28 条和第 68 条仅仅适用于第三人与损害之间具有完全因果关系的理论,也可以通过将损害分割,分两步处理的办法,避免污染者承

---

① 王利明:《侵权责任法研究》(上卷),中国人民大学出版社 2010 年版,第 438—439 页;王胜明主编:《中华人民共和国侵权责任法解读》,法律出版社 2010 年版,第 135 页。
② 杨立新:《侵权法论》(第 5 版),人民法院出版社 2013 年版,第 1013 页。

担过多的责任,同时避免有过错的第三人不正当地逃避责任。具体分两步操作。第一步计算出第三人行为与损害有因果关系的部分。针对该部分,污染者有权对第三人行使追偿权。第二步,由污染者根据无过错责任承担责任。只是,这样分为两步操作,较为麻烦。

在实务中,在第三人与损害之间仅具部分因果关系的情形中,也有第三人被受害人主张权利之后履行了全部赔偿责任的可能。第三人在履行全部赔偿责任之后,是否有权向污染者追偿,《侵权责任法》第 68 条并未作出规定,存在一定的不确定性。在实务中,从诉讼策略的角度考虑,被列为被告的第三人应要求原告将污染者列为共同被告,或者请求法院将污染者追加为该诉讼的第三人。

五、第三者致害在高度危险责任中的问题

第三人致害在高度危险责任中,不构成行为人对受害人的抗辩事由。但是,行为人能否向第三人主张权利以及如何主张权利,需要进一步考虑。

第三人有过错并造成了损失,当然应当承担责任。关键问题是,行为人在向第三人主张权利时的请求权基础和路径问题。一个选择是将《侵权责任法》第 28 条的适用范围扩大,使得行为人即使不能以该条向受害人主张抗辩,也可以根据该条向第三人追偿。但是这个路径可能会影响侵权责任法的理论体系。另一个路径是,行为人将其需要向受害人承担的责任以及自己的人身和财产遭受的损害,作为自己因第三人过错所遭受的损害,向第三人主张权利。此时,行为人行使的不是追偿权,而是一般性的求偿权。其请求权基础不是《侵权责任法》第 28 条,而是第 6 条第 1 款的规定:"行为人因过错侵害他人民事权益,应当承担侵权责任。"

同理,在第三人的行为应当适用过错推定责任或者无过错责任的情形,行为人也可以向第三人行使请求权。

第七章　责任承担方式问题

我国《侵权责任法》第 15 条规定了 8 种承担侵权责任的方式,即,停止侵害,排除妨碍,消除危险,返还财产,恢复原状,赔偿损失,赔礼道歉,消除影响、恢复名誉。这 8 种责任方式也规定在《民法总则》第 179 条之中。这些责任承担方式可为绝对权遭受损害的各种情形提供全面救济。侵权责任法综合运用多种责任形式对受害人提供救济,并通过停止侵害等责任形式发挥侵权责任法的预防功能,而不仅仅将责任形式限定于损害赔偿,其理由关键在于侵权法保障范围不限于物权,还包括人格权、知识产权等绝对权,因而其对权利遭受侵害的受害人的救济需要多样化。① 这些责任承担方式,有些适用于环境污染和生态破坏所造成的损害,有些则不适用,比如消除影响、恢复名誉就是侵害名誉权的责任承担方式,不适用于生态环境损害。对于环境污染和生态破坏所引起的侵权责任,赔偿损失、恢复原状、停止侵害、消除危险是最主要的四种责任承担方式,受害人一般都会提出这些诉讼请求。有些环境立法也明确规定这些责任形式。比如,《固

---

① 王利明:《论我国〈侵权责任法〉保护范围的特色》,载《中国人民大学学报》2010 年第 4 期。

体废物污染环境防治法》第 85 条规定,造成固体废物污染环境的,应当排除危害,依法赔偿损失,并采取措施恢复环境原状;《水污染防治法》第 96 条也规定,因水污染受到损害的当事人,有权要求排污方排除危害和赔偿损失。

第一节　停止侵害、排除妨碍、消除危险

一、概述

停止侵害、排除妨害、消除危险,不仅适用于行为,也适用于物件。以往对这三种责任方式的定义,都仅仅涉及侵权行为,对物件致人损害关注不够。很多环境侵权责任,都是因为物件致人损害引起。因此,至少从环境侵权的角度,需要对这三种责任方式重新定义。

停止侵害,是指侵权人实施的侵害他人财产或人身的行为仍在继续进行中,或者其所有或应负管理义务的物仍在继续侵害他人财产或人身权益,受害人有权依法请求法院责令侵权人停止侵害行为或对物采取适当措施。排除妨碍,是指侵权人实施的行为或其所有或应负管理义务的物使他人无法行使或者不能正常行使人身、财产权益的,受害人可以要求行为人或物的所有人或对物负有管理义务的人排除妨碍权益实施的障碍。在学理上,排除妨碍也被称为"排除妨害",但是妨碍的范围比妨害的范围更广。[①] 消除危险,是指侵权人的行为或其所有或负有管理义务的物对他人人身或财产造成威胁,或存在着侵害他人人身或财产的可能时,受害人有权要求侵权人采取有效措施消除已经形成的危险。在单行环境立法中,排除妨碍、消除危险也被称为"排除危害",比如《固体废物污染环境防治法》第 85 条、《水污染防治法》第 96 条等。

《侵权责任法》第 21 条规定,侵权行为危及他人人身、财产安全的,被侵

---

① 王利明:《侵权责任法研究》(上),中国人民大学出版社 2011 年版,第 587 页。

权人可以请求侵权人承担停止侵害、排除妨碍、消除危险等侵权责任。该规定表明了这三种责任方式的预防功能。在环境污染和生态破坏案件中,停止侵害、排除妨碍、消除危险三种责任方式着眼于损害的进一步扩大或者发生,强调对将来损害的预防功能,适用于处于持续状态的环境污染和生态破坏,或者存在环境污染和生态破坏之虞的情形。生态环境具有特定物的特点,并且体现了公共利益,往往难以通过赔偿损失的责任方式充分救济受害人、保护公共利益,因此需要优先适用停止侵害、排除妨碍、消除危险。

侵权责任法发展的重要特征就是预防性功能的强化,停止侵害、排除妨碍、消除危险即体现了预防原则(principle of prevention)。预防原则,是指对开发和利用环境的行为所产生的环境质量下降或环境破坏等应当事前采取预测、分析和防范措施,以避免、消除由此可能带来的环境损害。[①] 预防原则的一个特殊表现形式是风险预防原则(precautionary principle)。根据风险预防原则,对于可能造成严重的或不可逆的生态环境影响的情形,不得以缺乏科学确定性为由,推迟采取符合成本效益的措施。风险预防原则是预防原则的"加强版",适用范围仅限于可能造成严重的或不可逆的生态环境影响的情形。风险预防原则是《里约宣言》所规定的第 15 项原则,得到国际社会的广泛认同。将风险预防原则考虑在内,预防原则除了要求对于确定性的损害应当有所应对之外,也要求对科学不确定性有所反应。因此,预防原则应增加风险防范的内容。[②] 对于应当适用风险预防原则的领域,在适用侵权责任救济方式时,一般都应当适用停止侵害、排除妨碍、消除危险,并根据具体情况同时适用其他责任方式。

停止侵害、排除妨害、消除危险与绝对请求权关系密切,但是适用范围比绝对权更广。德国法上有妨害去除请求权和妨害防止请求权,前者接近停止侵害和排除妨害,后者接近消除危险。但是,德国法上的妨害去除请求权和妨害防止请求权均属于物上请求权。我国侵权责任法中的停止侵害、

---

① 汪劲:《环境法学》,北京大学出版社 2006 年版,第 153 页。
② 张梓太、王岚:《论风险社会语境下的环境法预防原则》,载《社会科学》2012 年第 6 期。

排除妨害和消除危险不仅适用于对物权的保护,也适用于对人身权的保护;不仅适用于权利,而且适用于利益。综合而言,这三种责任方式适用的范围是绝对性的权益。①

作为预防性责任方式,停止侵害、排除妨害和消除危险三种责任方式不要求损害结果的发生,也不要求行为人或者物的所有人或对物负有管理义务的人具有过错。② 原因是,这三种责任方式都不是损害赔偿性质的责任形式。在侵权责任方式中,只有损害赔偿和恢复原状是与归责原则相关联的责任方式。③ 停止侵害、排除妨害和消除危险不属于损害赔偿或恢复原状,自然不需要与归责原则相关联。需要注意的是,并不是因为环境污染侵权责任适用无过错责任,才不要求在适用环境污染侵权责任时以过错为前提。

二、与行政法相关制度和救济的关系

环境污染和生态破坏,同时受到私法和公法的规制。借助与环境保护有关的行政法规范,也可以实现与停止侵害、排除妨碍、消除危险相同或实质相近的法律救济效果。在行政管理法律关系中,对于排污行为而言,受害者和潜在的受害者处于间接行政相对人的地位,污染者为直接行政相对人。概要而言,环境污染和生态破坏的受害者和潜在受害者可以利用的法律机制包括如下方面:

其一是借助环境影响评价制度。环境影响评价,是指对规划和建设项目实施后可能造成的环境影响进行分析、预测和评估,提出预防或者减轻不良环境影响的对策和措施,进行跟踪监测的方法与制度。我国目前开展的环境影响评价,包括规划环境影响评价和建设项目环境影响评价。2014年4月修订后的《环境保护法》加强了环境影响评价制度的约束力。该法第19条规定,编制有关开发利用规划,建设对环境有影响的项目,应当依法进行

---

① 王利明:《侵权责任法研究》(上),中国人民大学出版社2011年版,第582—583页。
② 同上书,第580—581页。
③ 程啸:《论未来我国民法典中损害赔偿法的体系建构与完善》,载《法律科学》2015年第5期。

环境影响评价;未依法进行环境影响评价的开发利用规划,不得组织实施;未依法进行环境影响评价的建设项目,不得开工建设。该法第 61 条进一步规定,建设单位未依法提交建设项目环境影响评价文件或者环境影响评价文件未经批准,擅自开工建设的,由负有环境保护监督管理职责的部门责令停止建设,处以罚款,并可以责令恢复原状。可能因规划或者建设项目遭受侵害的利害关系方,可以通过与环境影响评价有关的公众参与程序,将严重侵害环境权益的规划和建设项目消灭在萌芽状态,或者实质性地提高规划或建设项目的环境友好程度,降低遭受侵害的风险。2016 年修订后的《环境影响评价法》第 31 条,规定了违反建设项目环境影响评价要求的法律后果,其中就包括责令停止建设。

其二是依法参与行政许可程序。① 根据《行政许可法》,间接行政相对人享有一定的权利,行政机关对其权利应予尊重和保障。行政机关对行政许可申请进行审查时,发现行政许可事项直接关系他人重大利益的,应当告知该利害关系人。申请人、利害关系人有权进行陈述和申辩。行政机关应当听取申请人、利害关系人的意见。法律、法规、规章规定实施行政许可应当听证的事项,或者行政机关认为需要听证的其他涉及公共利益的重大行政许可事项,行政机关应当向社会公告,并举行听证。行政许可直接涉及申请人与他人之间重大利益关系的,行政机关在作出行政许可决定前,应当告知申请人、利害关系人享有要求听证的权利;申请人、利害关系人在被告知听证权利之日起 5 日内提出听证申请的,行政机关应当在 20 日内组织听证。这些规定有助于预防和减轻行政许可产生的不良环境影响,保护可能受到侵害的人身和财产权益,保护环境公共利益。

其三是申请撤销行政许可。根据《行政许可法》,符合一定情形的,作出行政许可决定的行政机关或者其上级行政机关,根据利害关系人的请求或者依据职权,可以撤销行政许可。如果产生环境问题的活动需要以行政许可为前提,撤销行政许可也就能够在一定程度上有助于停止侵害、消除

---

① 环境行政主管部门对环境影响评价报告书和报告表的批复,也是一种行政许可。

危险。

其四是请求行政机关履行保护职能。行政相对人有权依法请求负有职责的行政机关履行保护合法人身、财产权益的权利。当其合法人身权益和财产权益遭受不法侵害或者处于遭受不法侵害的紧迫危险时,行政相对人或其法定代理人可以请求负有职责的行政机关提供行政保护;否则,有权依法提起行政诉讼。比如,对于广场舞噪声,受影响的居民就可以依据《治安管理处罚法》《噪声污染环境防治法》等法律法规的规定,请求公安机关履行法定职责。负有职责的公安机关不依法履行职责的,行政相对人提起的行政诉讼后,会得到法院的支持。①

其五是举报和投诉。《环境保护法》(2014年)第57条规定,公民、法人和其他组织发现任何单位和个人有污染环境和破坏生态行为的,有权向环境保护主管部门或者其他负有环境保护监督管理职责的部门举报;公民、法人和其他组织发现地方各级人民政府、县级以上人民政府环境保护主管部门和其他负有环境保护监督管理职责的部门不依法履行职责的,有权向其上级机关或者监察机关举报。各个单行环境保护立法也都规定了举报制度。举报和投诉成本较低,并且可以匿名进行,有助于保护环境污染和生态破坏受害者在寻求救济时的人身和财产安全。

此外,受害人以及潜在的受害人还可以通过其他程序保护自己的合法权益。就权益保护的效果而言,行政法上的制度和救济与民事责任救济具有一定的替代关系。并且,这些制度能够产生一定的预防功能,能够在一定程度使受害者避免与污染者发生直接的、正面的冲突。目前,环境投诉居高不下,但是与环境有关的民事诉讼却寥若晨星。这在一定程度上反映了受害人通过行政法律制度救济民事权益的偏好。当然,也需要注意借助行政法律制度救济民事权益损害的局限性。

从行政机关的角度分析,相关行政行为主要包括拒绝发放行政许可,加

---

① 周咏清与长沙市公安局岳麓分局不履行法定职责一审行政判决书,湖南省长沙市岳麓区人民法院(2013)岳行初字第00249号行政判决书。

强行政执法,实施查封扣押等行政强制措施,责令停产整治,责令停业、关闭,以及作出吊销行政许可、罚款等行政处罚,等等。

三、对于合规行为的适用问题

环境保护法对企业事业单位和其他生产经营者应当遵守的公法义务作出了详细的规定,建立了环境影响评价、排污许可、污染物排放标准等制度。生产经营者在遵守这些公法规定之后,即为合规经营、合规排放,但是仍然有可能对他人的人身、财产造成损害。就生产经营者与他人之间的民事关系而言,是否能够适用停止侵害、排除妨害、消除危险的问题,在理论和实务中都存在较大的争议。本书认为,对于遵守了所有行政管理要求的合规行为,一般不应适用停止侵害、排除妨害、消除危险的民事责任承担方式。即使对于违法行为,法院也仅仅有权要求被告将其行为改正到遵守公法要求的程度,无权要求被告完全停止排放污染物。在"中华环保联合会与宜兴市江山生物制剂有限公司环境污染公益诉讼纠纷案"中,法院判决"被告宜兴市江山生物制剂有限公司必须严格按照环保部门批复的环境影响申报表或报告表的要求组织生产经营,禁止宜兴市江山生物制剂有限公司向周边环境排放污水和其他污染物、污染破坏环境"。[①] 该判项可能存在内在矛盾,有所不当。从法院查明的事实中无法看出当地环保部门审批的环境影响评价文件是完全禁止被告向周边环境排放污水和其他污染物,还是要求被告以不超过一定浓度、数量并遵守一定要求的方式向周边环境排放污染物。如果是后者,该判项的前半句与后半句就前后矛盾。

从民事关系的角度分析,能否适用停止侵害、排除妨碍、消除危险,涉及原告基于绝对权益的请求权与被告的加害行为之间的关系。从行政法的关系分析,原、被告之间的关系为间接行政相对人与直接行政相对人之间的关系,直接相对人经过行政许可之后(或者被豁免行政许可),在遵守公法的前

---

① 中华环保联合会与宜兴市江山生物制剂有限公司环境污染公益诉讼纠纷案,江苏省无锡市中级人民法院(2014)锡环公民初字第 2 号民事判决书。

提下从事生产经营活动,其生产经营权应当得到尊重。而且,与驾驶执照等不限制具体地域的资格类行政许可不同,对于建设项目的行政许可本身已经包含了在某个具体方位从事被许可活动的要求,其他环境合规要求也都是以生产经营活动的具体位置为前提,生产经营者既是被允许在某个具体位置从事生产经营活动,也只能在该位置从事生产经营活动。在生产经营者已经遵守了公法要求的情况下,法院在民事诉讼程序中如果仍然要求生产经营者停止侵害、排除妨害、消除危险,则无异于撤销行政许可,从而导致民事判决与行政许可之间的冲突,打破了司法权与行政权之间的关系。因此,法院应当将环境合规作为拒绝适用停止侵害、排除妨碍、消除危险的理由,生产经营者有权将环境合规作为对抗原告的基于绝对权益的请求权的事由。当然,此讨论仅仅是就停止侵害、排除妨碍、消除危险三种责任方式而言的,并不涉及损害赔偿问题。

四、与民事诉讼法的配合问题

《民事诉讼法》第100条规定,人民法院对于可能因当事人一方的行为或者其他原因,使判决难以执行或者造成当事人其他损害的案件,根据对方当事人的申请,可以裁定对其财产进行保全、责令其作出一定行为或者禁止其作出一定行为;当事人没有提出申请的,人民法院在必要时也可以裁定采取保全措施。该法第101条规定了诉前保全。按照这些规定,保全包括财产保全和行为保全,其中有关行为保全的内容是2012年修改《民事诉讼法》时新增的内容。行为保全具有在诉前或诉中责令被告停止侵害、排除妨碍、消除危险的效果。此外,根据最高人民法院《民事诉讼法司法解释》第170条,《民事诉讼法》第106条第3项规定的紧急情况包括需要立即停止侵害、排除妨碍的和需要立即制止某项行为的情形。根据该规定,应当责令被告停止侵害、排除妨碍、消除危险的,在紧急情况下也可以先予执行。在司法实践中,不管是环境公益诉讼,还是私益诉讼[①],都有申请行为保全的案例。

基于同样的理由,对于合规的生产经营活动,不得适用行为保全或者先予执行。但是,对于同时也违反了公法规定的行为,原告可以申请行为保全或者先予执行。人民法院主动裁定采取保全措施,应限于环境公共利益受到严重损害的情形,并且应当主要在公益诉讼中适用。当事人申请行为保全或者先予执行的,人民法院可以责令申请人提供担保。由于行为保全的对象是债务人为或者不为一定行为,不存在具体的财产数额,提供担保的数额无法与保全数额挂钩。如果不要求担保,对于被申请人的权利则又保护不周。为确保被申请人因保全、先予执行所遭受的损失得到赔偿,人民法院应当根据具体情况决定担保数额。

案例讨论 7-1

环境公益诉讼中的行为保全

本案为中华环保联合会提起的环境民事公益诉讼案件。被告为江苏省宜兴市江山生物制剂有限公司,于 1999 年 10 月 26 日设立,许可经营项目包括环氧漆稀释剂、环氧富锌底漆、丙烯酸烘漆、冰乙酸漆稀释剂、氨基清烘漆、氨基漆稀释剂的制造;一般经营项目包括酵母粉的加工、酵母浸膏、塑料制品、水性涂料、AC 系列橡塑粉料的制造,三类化学试剂的分装,化工产品及原料的销售,氨基涂料、丙烯酸涂料的制造,环氧涂料的配制;生产经营地濒临太湖(距离太湖约 2 公里),背靠农田,处于太湖流域生态红线一级管控区内。自 1999 年 10 月起,被告先后向当地环保部门提交了多份环境影响评价文件并获得批准。

2014 年 3 月 25 日,无锡市环境保护局对江山制剂公司作出锡环罚决(2014)13 号《行政处罚决定书》。该处罚决定书认定:2013 年 8 月 21 日,江

[①] 何薇与廖景丽物权保护纠纷案,广东省广州市中级人民法院(2016)粤 01 民辖终 1262 号民事裁定书。

山制剂公司场地冲洗废水流经雨水沟至外环境,厂区内清(雨)水排水口外排废水氨氮 16.8 mg/L,总氮 27 mg/L,总磷 1.8 mg/L,超过了国家和江苏省规定的排放标准;江山制剂公司的行为违反了《水污染防治法》第 22 条第 2 款"禁止私设暗管或者采取其他规避监管的方式排放水污染物"的规定。无锡市环境保护局据此作出决定:责令江山制剂公司立即改正,并处以罚款人民币 6 万元整。在法院审理时,行政处罚决定已经生效,江山制剂公司也已按期缴纳了罚款。

2014 年 7 月 18 日,受诉法院对被告江山制剂公司采取了行为保全措施,裁定被告江山制剂公司立即停止排放废水、污染环境行为。

2014 年 7 月 23 日,被告就存在的环境保护问题向法院提交升级整改方案,并拟半个月内施工完成:(1) 由于厂区办公楼前雨水管道修建年代长,原采用的是地下水泥导管,加上淤泥沉积较多密封性较差,所以,公司将该废弃雨水沟改成地面明沟;(2) 为了方便上级职能部门的监管,公司对厂区雨污分流进行认真规划,并制作成不锈钢雨污分流图上墙,方便职能部门系统了解公司雨污分流情况。上述整改方案经当地环保部门同意并经法院确认后,由被告予以实施。

2014 年 9 月 9 日,被告在实施完毕上述整改方案后向法院提交了《关于宜兴市江山生物制剂有限公司已完成全部环境整改内容并经宜兴市环保局验收通过的报告》,并附宜兴市环境保护局《宜兴市江山生物制剂有限公司整改验收意见》。验收意见为:(1) 企业通过全面的环境整改,完成了"雨污分流"系统,完善了厂区排水管网的建设;(2) 企业内部必须制定完善的环境管理体系和环境管理制度,落实各项防范措施,坚持环保治理设施长期有效运行,确保达标排放;(3) 同意宜兴市江山生物制剂有限公司通过环境整改验收。

法院认为:在采取保全措施后,被告提出了雨污分流的进一步整改方案,经当地环保部门同意并经法院确认后实施;故对被告违法排污的事实予以确认。考虑到被告毗邻太湖(距离太湖约两公里),背靠农田,处于太湖生态红线一级管控区内,如被告的违法排污行为长期延续下去,将会对周围生态环境以至太湖水环境造成难以估量的严重后果,危及当地生态环境的安全与健康。依据《环境保护法》第41条第1款并参照《侵权责任法》第21条之规定,原告作为环境公益诉讼发起人请求被告停止对环境的侵害、排除危害于法有据,应予以支持。被告在法院采取保全措施后,制定了提标升级改造方案,该方案报请当地环保部门同意并经本院确认后予以实施。在审理期间,被告实施的"雨污分流"改造工程全部完成,并通过了当地环保部门的验收,完善了厂区排水管网的建设,排除了通过雨水管道排放污水的可能,基本消除了废水排放、污染环境的潜在危险。尽管如此,为进一步验证、巩固被告环境整改行为的有效性、持久性,被告尚应在之后的一段时间内持续地主动接受环保部门的监督、检查,并按宜兴市环境保护局《宜兴市江山生物制剂有限公司整改验收意见》的要求,制定完善的环境管理体系和环境管理制度,落实各项防范措施,坚持环保治理设施长期有效运行,确保达标排放。

法院判决如下:

一、被告必须严格按照环保部门批复的环境影响申报表或报告表的要求组织生产经营,禁止被告向周边环境排放污水和其他污染物、污染破坏环境;

二、被告按宜兴市环境保护局《宜兴市江山生物制剂有限公司整改验收意见》第2条的要求,在判决生效之日起3个月内制定完善的环境管理体系和环境管理制度,落实各项防范措施,坚持环保治理设施长期有效运行,确保达标排放;并在判决生效满3个月之日起10日内向法院及环境保护部门提交一份环境整改实施情况报告;

三、被告在本判决生效之日起3个月内每月向法院提交一份由宜兴市环境保护局或无锡市环境保护局对企业生产排污情况进行监测、检查的报告;

四、如被告不按期提交环境整改实施情况报告、环保部门监测检查报告,或者环保部门监测检查报告显示被告存在违法排污或其他污染环境行为,则依照《民事诉讼法》第111条第1款第(6)项之规定追究被告的法律责任。

(资料来源:中华环保联合会与宜兴市江山生物制剂有限公司环境污染公益诉讼纠纷案,江苏省无锡市中级人民法院(2014)锡环公民初字第2号民事判决书。)

第二节 赔偿损失

赔偿损失,是侵权人以支付金钱的方式赔偿受害人损害的责任方式。赔偿损失,实际上是法律强制侵权人向受害人支付一笔金钱,目的在于弥补受害人遭受的损害。在我国《侵权责任法》中,赔偿损失是最为重要、适用最广的责任方式。

在大陆法系,对于损害赔偿的态度大体可以分为两种:其一是回复原状主义,在回复原状和金钱赔偿之间,优先适用回复原状,只有在回复原状不可能、不足以救济受害人或者成本过高、花费不成比例时,才适用金钱赔偿;其二是金钱赔偿主义,即以金钱赔偿为最重要的赔偿方法,恢复原状则是特殊的、不经常的救济措施。德国、奥地利和我国台湾地区是回复原状主义的代表;日本、法国则是金钱赔偿主义的代表。[①] 我国采用的是金钱赔偿主义。

一、人身、财产赔偿范围、赔偿标准问题

(一) 人身损害的赔偿范围、赔偿标准问题

环境侵权可能导致人身损害。根据《侵权责任法》第 16 条的规定,侵害他人造成人身损害的,应当赔偿医疗费、护理费、交通费等为治疗和康复支出的合理费用,以及因误工减少的收入;造成残疾的,还应当赔偿残疾生活辅助具费和残疾赔偿金;造成死亡的,还应当赔偿丧葬费和死亡赔偿金。从权利和利益的划分来看,赔偿范围既包括权利,即医疗费、护理费、交通费、其他为治疗和康复支付的合理费用,也包括利益,即误工费、残疾赔偿金和被扶养人生活费、死亡赔偿金和被扶养人生活费。从纯经济损失的角度分析,该赔偿范围也包含了部分纯经济损失。

该条规定,即为赔偿范围的基本规定。《侵权责任法》第 17 条还规定,

[①] 王利明:《侵权责任法》(上),中国人民大学出版社 2011 年版,第 593—594 页。

因同一侵权行为造成多人死亡的,可以以相同数额确定死亡赔偿金。该规定主要是针对我国城乡二元结构以及此前存在的城乡同命不同价的问题。

(二) 财产损失的赔偿范围、赔偿标准问题

对于财产损失,《侵权责任法》第 19 条规定,侵害他人财产的,财产损失按照损失发生时的市场价格或者其他方式计算。赔偿范围,既包括直接损失,也包括间接损失。直接损失中,又可以进一步区分为积极财产的减少和消极财产的增加。在发生环境侵害时,应急处置费用、环境监测等事务性费用,都是消极财产增加的例子。我国《侵权责任法》强调对直接损失的救济,着眼于对受害人提供补救而不是注重制裁加害人,对间接损失的救济设定较多限制性条件,范围很窄。

赔偿范围为损害提供了依据。如果在通过审判决定需要赔偿的范围之后再委托鉴定机构进行损害评估鉴定,更加准确。但是考虑到证据的保存、审判时限的问题,难以在审判确定赔偿范围之后再开展损害评估鉴定。因此,损害评估鉴定意见所涵盖的赔偿范围,并不一定都在法院最终判决被告应当承担赔偿的范围之内,法院在判决损害赔偿金时,需要对损害评估鉴定意见进行审查。

二、赔偿限额的问题

《侵权责任法》第 77 条规定,承担高度危险责任,法律规定赔偿限额的,依照其规定。因此,对于应当适用高度危险责任的环境侵权案件,被告可以主张仅在赔偿限额以内支付赔偿金。但是,这里的赔偿限额的适用范围,应当限于被告应当向受害人支付人身损害赔偿金和财产损害赔偿金,而不适用于恢复原状、清除污染的费用。在法院要求被告既承担清除污染的责任,又需要支付损害赔偿金时,被告应完成清除污染的责任,而不得以适用赔偿限额为由,拒绝全部履行恢复原状、清除污染的责任。① 对于高度危险责任

---

① 赔偿限额仅仅适用于人身损害和财产损害,而不适用于恢复原状,也表明恢复原状和损害赔偿金是两个并列的责任方式。

适用责任限额,与很多国际条约和域外立法是一致的。

三、受害人过错的问题

虽然环境污染侵权责任适用无过错责任,但是这并不意味着过错对于适用损害赔偿责任方式毫无关系。通过比较法分析可以看出,在英美法系中,对于故意或者重大过失导致的环境损害,就可能适用惩罚性赔偿金。比如,在埃克森公司旗下的"瓦尔德兹"(Valdz)轮船石油泄漏污染案中,被告埃克森石油公司对于船长的选任不当,没有及时维修船舶机械设备,存在重大过失,就被要求承担惩罚性赔偿金。

我国《侵权责任法》只是在第47条中规定,明知产品存在缺陷仍然生产、销售,造成他人死亡或者健康严重损害的,被侵权人有权请求相应的惩罚性赔偿。该规定仅仅适用于产品责任,并不适用于环境侵权。但是,考虑到很多环境侵权案件中被告都存在过错,并且不区分过错与无过错,适用同样的赔偿标准,有所不当。将来制定《民法典》时,可以对无过错责任进一步区分,加重故意和重大过失的赔偿责任。即,没有过错的,需要承担损害赔偿责任;有故意和重大过失的,需要增加对间接损失、纯粹经济损失、纯粹环境损失的赔偿。事实上,最高人民法院已经注意到过错对于环境侵权赔偿的意义。《环境公益诉讼司法解释》第23条规定,生态环境修复费用难以确定或者确定具体数额所需鉴定费用明显过高的,法院在综合多种因素确定生态环境修复费用时,可以考虑被告的过错程度。根据该规定,在环境公益诉讼中,确定损害赔偿金时,可以考虑过错。

四、损害赔偿与其他救济的关系

在处理损害赔偿与其他救济的关系时,存在损益相抵规则。损益相抵,又称为损益同销,是指受害人基于损失发生的同一原因而获得利益时,应在其应得的损害赔偿额中,扣除其所获得的利益部分。具体到侵权责任法,损益相抵是指受害人因损害原因事实获得了利益,在确定损害赔偿数额时应当予以扣除。在适用损益相抵规则时需要考虑以下三个方面:第一,受害人获得了利益;第二,受害人因同一损害原因事实而获得利益;第三,受害人获利的扣减必须与获利的目的相协调。①

受害人遭受损害之后,可能会受到政府的救助,也可能受到社会捐助。社会捐助的目的使受害人获得帮助,并不在于减轻侵权人的责任,不应适用损益相抵,侵权人不能因为受害人已经获得社会捐助而主张减免其应当承担的赔偿责任。相比而言,政府救助的情形就复杂得多。政府救助和社会捐助当然导致受害人获得了利益,而且受害人获得利益也是因为同一损害事实。但是,政府救助和社会捐助是否导致损益相抵规则的适用,还需要考虑政府捐助和社会救助的目的。在中国现实生活中,政府救助包括多种形式,也具有不同的意义。其中最简单的就是政府在受害人因为环境侵权陷入生活困境而给予的社会救助。此种救助在性质上是政府履行社会救助职责,在数量上一般按照固定标准支付,可能远远低于受害人所遭受的损害,因此不应抵扣侵权人的赔偿责任。另一种情况是受害人因为环境侵权遭受损害之后长期未能获得侵权人的赔偿,转而上访,甚至反复上访、越级上访。地方政府出于管控上访的压力向受害人支付一定的补偿金,并且要求受害人签署保证不再上访、不再向侵权人主张权利的承诺。受害人签署承诺、获得补偿金之后,不应继续上访,否则就违反了其对政府的承诺。但是,受害人向政府所做的不再向侵权人主张权利的承诺是否具有拘束力,则不无疑问。毕竟,政府不是侵权人,基于债权的相对性,受害人对政府作出的承诺并不一定构成侵权人的抗辩理由。从政府财政用途来说,政府也不应当在社会救助之外,以财政资金支付本应由侵权人支付的损害赔偿。所以,并不能直接认为政府支付的补偿金就应当与侵权人的赔偿责任进行损益相抵。还有一种情况是,在发生大规模环境侵权之后,政府出于快速化解社会矛盾的目的,侵权人出于配合政府化解社会矛盾、降低解决纠纷的成本等考虑,政府与企业合作解决环境侵权纠纷,由政府安排、组织以统一的标准补偿受害人,由侵权人承担全部或部分补偿金,受害人书面承诺在获得补偿金之后

---

① 王利明:《侵权责任法》(上),中国人民大学出版社 2011 年版,第 623—624 页。

不再就该项损害主张权利。受害人通过这种方式获得的补偿金如果数量合理,则不应当适用损益相抵规则,受害人主张赔偿的权利消灭。

从政府财政资金使用的正当性的角度分析,我国现在较为普遍的大政府观念在客观上也确实对环境侵害制度的运行产生了影响。发生重大环境事故之后,政府买单的现象比较普遍。政府直接买单,有利有弊。其利在于可以快速赔偿受害人,快速平息社会矛盾,避免人数众多、旷持日久的诉讼,降低纠纷解决的社会总成本。其弊在于不适当地加重财政负担,有失公平。对于政府所支付的补偿,如果没有追偿机制,会导致财政资金被用于为私人主体造成的侵权责任买单,也导致受害人对政府的等、靠、要。更有甚者,这种做法可能会形成逆向激励,让受害人或者侵害人觉得将事情闹大之后更容易引起政府的关注,更有可能使政府动用公共开支解决私人主体之间的纠纷。完全放弃政府在大规模环境侵害中的积极角色,虽然实现了公私问题的分离,但是也会增加纠纷解决的社会总成本,也不符合我国长期积累的经验和已经形成的国情。更为适当的做法是,政府仍应发挥积极作用,但是应当通过适当的追偿机制向侵权人追偿。

保险机制是否适用损益相抵,需要区别考虑。受害人自己购买人身保险的,在因为环境侵权遭受损害之后,可以向保险公司主张保险权利。但是,保险公司的理赔并不应用于降低侵权人的赔偿责任,因为人身利益是无价的。受害人因为财产保险获得保险赔付的,不管是受害人购买的保险还是侵权人购买的保险,都应从侵权人应向受害人支付的赔偿金中予以扣减。受害人购买保险的,受害人在获得保险赔付的同时,在保险赔付范围内将其对侵权人的债权转移给保险公司。侵权人购买保险的,保险公司的赔付即在赔付范围内清偿了侵权人对受害人所负侵权之债。

五、环境公益诉讼赔偿金的特殊问题

环境具有很高程度的公共性和公益性。即使是对私人造成损害的环境侵权,也会同时损害公共环境利益。即使遭受损害的公民、法人和其他组织已经根据《侵权责任法》获得补偿,如果没有开展生态修复,公共环境利益可能仍然处于被损害的状态。这就是环境所具有的外部性问题。目前司法实践中,很多私益诉讼的原告在胜诉时,更加趋向于选择损害赔偿而不是恢复环境原状。特别是在以调解结案时,很多原告都更加希望早日拿到赔偿金,甚至为了早日拿到损害赔偿金、多拿赔偿金,宁愿放弃或者暂缓环境修复。对于原告来说,这种选择具有个体理性。首先,赔偿金对于原告来说是完全的私有财产,而修复环境则是共享利益。其次,原告也寄希望于政府将来开展环境修复,或者侵权人在政府的压力下将来开展环境修复。事实上,确实发生了很多在侵权人赔偿受害人之后,政府或者侵权人又开展环境修复的案例。

如果说私益诉讼应当在一定程度上尊重意思自治的话,公益诉讼的原告则不可以意思自治为由,在牺牲公共环境利益的情况下选择获得损害赔偿金。根据《环境公益诉讼司法解释》,环境公益诉讼原告可以请求的损害赔偿包括为停止侵害、排除妨碍、消除危险采取合理预防、处置措施而发生的费用,生态环境修复费用,生态环境受到损害至恢复原状期间服务功能损失,检验、鉴定费用,合理的律师费以及为诉讼支出的其他合理费用。预防、处置措施费用应当支付给采取这些措施的原告,检验费用、鉴定费用、律师费应当支付给相关单位和律师事务所。原告已经支付的,应当支付给原告。对这几项费用的支付争议不大。但是对于生态修复费用和期间损失的支付和管理,则存在一定争议。

生态修复费用包括直接用于生态修复的费用以及制定、实施修复方案的费用和监测、监管等费用。制定修复方案的费用和监测、监管等费用应当支付给完成该项工作的人。但是,对于直接用于生态环境修复的费用,应注意该费用与生态环境修复行为之间的关系。实施修复方案的费用与生态环境修复之间的关系类似行政强制中代履行费用与履行与之间的关系。环境公益诉讼的责任方式应以生态环境修复为目的,以生态环境修复费用为保障。考虑到被告对其所造成的环境损害以及致害原因比较熟悉,在修复环境时具有专业优势,同时也考虑到应当尊重被告的意思自治、给予被告通过修复环境提高环境意识的机会,法院应当判决被告按照法院审查同意的方案修复生态环境。为了保证被告实施生态环境修复方案,法院应要求被告支付生态修复费用。被告实施生态环境修复方案后,法院应将实施修复的费用退还给被告。在被告没有按照法院判决恢复原状时,以实施生态修复费用支付代为修复生态环境的人。也有案件创新赔偿方式,法院要求被告进行技术改造,消除污染源,并可在完成技术改造之后请求从损害赔偿金中返还部分费用,即以技术改造成本折抵损害赔偿金。[①] 这种判决方式受到学界的肯定。[②]《环境公益诉讼司法解释》第20条第2款规定,人民法院可以在判决被告修复生态环境的同时,确定被告不履行修复义务时应承担的生态环境修复费用;也可以直接判决被告承担生态环境修复费用。但是基于以上分析,法院应当尽量避免直接判决被告承担实施生态环境修复的费用,除非在诉讼过程中没有达成生态环境修复方案或者已经有足够证据表明被告将不会执行法院审核同意的生态环境修复方案。

生态环境受到损害至恢复原状期间服务功能损失,实为社会公众在此期间丧失的环境服务。因此,社会公众才是该期间损失所对应的受害人。但是,将该费用支付给社会公众并不具有可行性,也并不合理。比较恰当的方式是将费用作为公共资金,用于环境保护。《环境公益诉讼司法解释》第24条规定,其他环境民事公益诉讼中败诉原告所需承担的调查取证、专家咨询、检验、鉴定等必要费用,可以酌情从生态环境修复费用、生态环境受到损害至恢复原状期间服务功能损失等款项中支付。该条规定比较笼统,更为有针对性的规定是,可以酌情从期间损失赔偿金中支付其他环境民事公益诉讼败诉原告所支付的必要费用。

生态修复费用和期间损失赔偿金的管理,在全国层面目前还没有明确

[①] 在江苏常隆农化有限公司与泰州市环保联合会财产损害赔偿纠纷案中,二审法院改判被告如在一年内进行技术改造、降低环境风险、遵守环境法律法规,可凭环保行政主管部门出具的企业环境守法情况证明、项目竣工环保验收意见和具有法定资质的中介机构出具的技术改造投入资金审计报告,向泰州市中级人民法院申请在延期支付的40%额度内抵扣。泰州市环保联合会与泰兴锦汇化工有限公司等环境污染侵权赔偿纠纷案,最高人民法院(2015)民申字第1366号民事裁定书,载《中华人民共和国最高人民法院公报》2016年第5期。

[②] 吕忠梅:《环境司法理性不能止于"天价"赔偿:泰州环境公益诉讼案评析》,载《中国法学》2016年第3期。

的规则。有些地方开展了试点工作。比如,昆明市制定了《昆明市环境公益诉讼救济专项资金管理暂行办法》。概要而言,目前存在以下模式:其一,在当地环保局开设环境公益诉讼救济专项资金专门账户,对救济资金统一核算和管理;其二,在当地财政设立财政专用账户;其三,地方没有统一专用账户,根据不同的原告类型指定、设立不同的专用账户,比如检察机关设立的专用账户,社会组织提起诉讼在胜诉之后设立的专用账户;其四是由胜诉的社会组织联合其他单位建立一个托管机构,管理该账户。这些做法都各有利弊,都不尽完善。还需要在实践中进一步探索,也需要政府和法院的合作,构建合理的资金管理和使用机制,避免因为欠缺适当的机制,在环境公益诉讼胜诉之后,赔偿金不能及时用于生态环境修复。总体要求是保证赔偿金的公益性、公开性,保证社会组织的公益性、独立性。

案例讨论 7-2

环境公益诉讼生态环境损害赔偿金

本案原告为北京市朝阳区自然之友环境研究所和福建省绿家园环境友好中心,被告为谢知锦、倪明香、郑时姜、李名槊。

法院在认定被告的侵权行为事实之后,判决:

1. 4名被告应于判决生效后5个月内清除南平市延平区葫芦山砂基洋恒兴石材厂矿山采石处现存工棚、机械设备、石料和弃石,恢复被破坏的28.33亩林地功能,按照《造林技术规程》(DB 35/T84-2005)标准并结合当地林业行政部门人工造林技术要求在该林地上补种林木,并对补种的林木抚育管护3年(管护时间从补种的林木经验收合格之日起计算);

2. 被告不能在第一项判决指定的期限内恢复林地植被,应于期限届满之日起10日内共同赔偿生态环境修复费用110.19万元(支付到法院指定账户),该款用于本案的生态环境修复;

3. 被告应于本判决生效后10日内共同赔偿生态环境受到损害至恢复原状期间服务功能损失127万元(支付到法院指定账户),该款用于本案的

生态环境修复或异地公共生态环境修复;

4. 被告应于本判决生效后 10 日内共同支付原告北京市朝阳区自然之友环境研究所支出的评估费 6000 元、律师费 96200 元、为诉讼支出的其他合理费用 31308 元,合计 133508 元;

5. 被告应于本判决生效后十日内共同支付原告福建省绿家园环境友好中心律师费 25261 元、为诉讼支出的其他合理费用 7393.5 元,合计 32654.5 元。

(资料来源:北京市朝阳区自然之友环境研究所、福建省绿家园环境友好中心与谢知锦、倪明香等侵权责任纠纷案,福建省南平市中级人民法院(2015)南民初字第 38 号民事判决书。)

第三节 恢复原状

一、恢复原状的涵义

恢复原状的含义有狭义、广义和最广义三种不同理解。狭义的恢复原状是指将受损害的物恢复到侵权发生之前的状态。广义的恢复原状是指将受到侵害的民事权益恢复到受侵害之前的状态,但金钱赔偿除外。最广义的恢复原状是指将受到侵害的民事权益恢复到受侵害之前的状态,包括金钱赔偿在内。有些国家民法采用广义的恢复原状概念,恢复原状属于损害赔偿的主要方式。[①]

我国民法历来区分损害赔偿和恢复原状。我国《侵权责任法》中的恢复原状与德国民法上的恢复原状不同,具有中国特色。在我国《侵权责任法》中,恢复原状不是损害赔偿的方法,而是一种独立的责任方式,与损害赔偿

---

① 魏振瀛:《侵权责任方式与归责事由、归责原则的关系》,载《中国法学》2011 年第 2 期。

并列。① 这说明,我国民法采用的是狭义的恢复原状概念。②

尽管我国民法将恢复原状和赔偿损失作为并列的两种责任承担方式,但是恢复原状和赔偿损失具有内在的联系,并且具有一定的替代性。恢复原状需要一定的成本,该成本直接由侵害人承担,使原状得以恢复,即为恢复原状。如果将恢复原状的费用支付给被侵害人,由被侵害人选择是否恢复原状,如果被侵害人选择恢复原状,则实现了与侵害人恢复原状相同的效果;如果被侵害人选择不恢复原状,则侵害人所支付给被侵害人的用于恢复原状的费用即以金钱补偿的方式救济了被侵害人遭受损害的权益。从此意义上讲,恢复原状与赔偿损害之间确实有一定的替代关系,恢复原状可以被认为实际上是赔偿损失的特殊方法。③

但是,恢复原状和赔偿损害也存在很大区别。首先,两者对当事人行为的限制程度不同。赔偿损害仅仅要求侵权人承担一定的支付义务,恢复原状不仅要求侵权人承担恢复原状的成本而且还必须自己或者委托他人作出具体的行为,对侵权人行为的限制程度较高。在区分普通法和衡平法的普通法系,赔偿损失是普通法上的救济,恢复原状为衡平法上的救济,只有通过赔偿损失无法给予受害人充分补偿的情况下,才可以例外地适用恢复原状。④ 在例外地给予衡平法上的救济时,需要平衡互相冲突的利益考量。⑤ 普通法系以赔偿损失为主,以恢复原状为例外,部分原因即是两者对于侵权人行为的限制程度不同。其次,恢复原状有时具有正溢出效应,不仅能够救济受害人,而且也能够使受害人之外的第三人获得利益。如果侵权人以赔偿损失的方式承担责任,受害人可能选择不将损害赔偿金用于恢复原来的状态,导致第三人不能够获得以前可以获得的利益。

---

① 王利明:《侵权责任法》(上),中国人民大学出版社 2011 年版,第 594 页。
② 魏振瀛:《侵权责任方式与归责事由、归责原则的关系》,载《中国法学》2011 年第 2 期。
③ 同上。
④ Edward J. Kionka, *Torts in a Nutshell*, West Group, 1992, p. 281.
⑤ Robert V. Percival, Christopher H. Schroeder, Alan S. Miller, James P. Leape, *Environmental Regulation: Law, Science, and Policy*, Sixth Ed., Aspen Publishers, 2009, pp. 72—76.

二、环境侵权适用恢复原状的问题

生态环境的公共性和修复生态环境所具有的溢出效应，是对环境侵权适用恢复原状需要考虑的关键问题。对于环境损害来说，由于修复和改善环境具有正溢出效应，恢复原状修复环境之后，不仅是救济了受害人所遭受的损害，同时也会增进受害人之外的第三人（公众）的福利。如果仅仅采用赔偿损失的责任方式，受害人不将获得的赔偿金用于恢复环境，第三人就难以获得修复环境所可能产生的正溢出效应。从保护环境、增进社会公共利益的角度考虑，应当适当地提高对恢复原状的适用，并且对无法以恢复原状予以救济的其他损害适用损害赔偿。比如，在恢复原状之前，受害人所遭受的期间损害，就应当支付损害赔偿金。

采用恢复原状的方式救济环境损害，也可能降低政府压力和公共财政压力。我国政府近年来加大的环境保护资金投入，中央和地方投入了大量资金用于修复生态环境。政府在选择需要修复的生态环境时，更多考虑的是修复活动的成本效益，造成环境损害的原因倒在其次。因此，即使受害人不将收到的损害赔偿金用于生态环境修复，政府也可能使用公共财政资金修复环境。这就有可能导致受害人重复受益。虽然政府应当履行保护和改善环境的宪法义务，但是这仍然会增加政府压力和公共财政压力，并进而导致公平问题。

恢复原状与赔偿损失的最优搭配问题，也是环境污染侵权责任所需要关注的一个问题。将赔偿损失、停止侵害与排除妨碍、消除危险、恢复原状等多种责任方式叠加适用，能够起到加重责任的效果。[①] 但是有些环境能够修复，有些环境则无法修复，环境修复方式又有人工修复和自然修复两种不同方式。如果将人工修复费用与环境修复之前的期间损失加在一起作为一个总额计算，该总额的大小与修复期限等因素密切相关。如果修复期限比

---

① 张新宝、庄超：《扩张与强化：环境侵权责任的综合适用》，载《中国社会科学》2014 年第 3 期。

较长，则可更多地借助自然修复，人工修复的成本较低，但是环境修复之前的期间成本则会上升。如果修复期限较短，则自然修复发挥作用的空间较低，人工修复成本会上升，但是环境修复之前的期间损失将会下降。各种责任方式的合适搭配组合应当是尽量降低人工修复成本和期间损失之和，这样可以实现社会总成本的最小化和社会总福利的最大化。这就要求兼顾环境利益和其他社会利益，基于多种因素决定修复期限，以平衡损害者和污染者的利益，平衡经济社会发展和环境保护之间的关系，在保护受害人的同时兼顾社会公众从环境修复中能够获得的正溢出效应。《环境公益诉讼司法解释》第20条允许替代性修复方式，就是考虑到某些环境无法修复或者对其修复严重欠缺成本效益。

在自然修复速度较快的情况，能否适用恢复原状、能否要求被告承担恢复原状费用，也是值得讨论的问题。此问题在多个环境公益诉讼中已经出现，并引起了争议。比如，在"泰州市环保联合会与泰兴锦汇化工有限公司等环境公益诉讼案"中，由于被告倾倒副产酸的行为，法院判处6名被告合计赔偿环境修复费用人民币1.6亿元，用于泰兴地区的环境修复。被告在向最高人民法院申诉时称："二审判决认定锦汇公司应支付环境修复费用无事实依据"，因为"案涉河流无需修复及赔偿。如泰运河和古马干河被污染前水质为Ⅲ类，经过自我净化之后，2013年的河流水质仍为Ⅲ类"。[①] 原审原告在答辩中认为被告造成的环境损害需要修复，一二审判处的修复费用适当。最高人民法院也认为环境容量有限，如果及时修复，污染的累积必然会超出环境承载能力，因此不能以部分水域的水质得到恢复为由免除污染者应当承担的环境修复责任。[②] 但是，在环境具有自净能力并且可以很快自净到相当程度的情况下，按照虚拟成本法要求被告承担如此高的损害赔偿金，其合理性仍然不无质疑。

恢复原状的"原状"，也是在适用恢复原状时需要注意的问题。所谓"原

---

① 泰州市环保联合会与泰兴锦汇化工有限公司等环境污染侵权赔偿纠纷案，最高人民法院(2015)民申字第1366号民事裁定书，载《中华人民共和国最高人民法院公报》2016年第5期。
② 同上。

状",就是环境管理中的基线。即,指污染环境或破坏生态行为未发生时,受影响区域内人体健康、财产和生态环境及其生态系统服务的状态。根据《环境损害鉴定评估推荐方法(第 II 版)》及其前身,修复程度、修复费用、期间损失,都应当依据基线确定。基线状态,是很多环境侵权案件原被告双方争议的焦点。由于环境质量监测点位较少、缺乏历史资料等原因,在很多案件中都无法获得被告侵害环境之前,被侵害环境的基线或原状。如果环境在遭受被告的侵害之前已经遭受过环境损害,易言之,在作为被告的污染者排放污染之前,环境中已经存在与被告排放的污染物相同的污染物,此时要求污染者承担全部损害,或者要求被告清除所有污染物,可能也是不公平的。这是一个值得进一步研究的法律问题,而不应将其作为一个事实问题交由损害鉴定评估解决。

三、社会组织对于生态环境修复的监督

环境公益诉讼案件往往涉及需要较长时间的污染治理和生态恢复问题,并且往往是由污染者、原告之外的第三方实际完成污染治理和生态恢复工作。在这类案件中,由独立的第三方对治理机构的选任、资金使用等实现进行独立监督,具有重要意义。

案例讨论 7-3

环境公益诉讼中的调解

本案原告为中华环保联合会,被告为贵州 AAA 乳业股份有限公司,审理法院为贵州省清镇市人民法院环保法庭。法院于 2011 年 10 月 20 日受理此案,2012 年 3 月 31 日中止审理,2012 年 7 月 19 日恢复审理,并于同日组织双方当事人调解,达成调解协议。

原告诉称,因被告在贵州省修文县某镇的生产加工厂沿厂区与高速公路邻接处护坡随意排放超过国家标准的工业废水,且未严格启用污水处理设施,故请求:(1) 停止超标排污;(2) 消除对排污渠沿岸及下游的污染;

(3) 支付环境污染赔偿金,赔偿金额度以被告所应缴纳排污费的 5 倍标准确定,用于支付有关的环境修复费用;(4) 承担诉讼费用、原告交通住宿费、律师费以及检测鉴定费。

就在原告起诉前不久,被告于 2011 年 10 月 9 日通过招标的方式确定贵州 BBB 环保工程有限公司为本案所涉加工厂的污水处理设施进行扩建改造。2012 年 7 月 16 日,修文县环保局对该污水处理设施的水样监测单次数据和平均数据均未超过《污水综合排放标准》(GB 8978—1996),达到一级标准。这些情况为双方调解结案提供了基础。

双方达成的协议如下:

(1) 被告自愿捐赠 10 万元人民币用于贵阳市的环境污染修复及环境污染监督,该款应于签收民事调解书 5 日内支付,并由清镇市人民法院环境保护法庭包管;

(2) 被告承担原告因本案发生的差旅费、律师费、检测费;

(3) 由贵阳市公众环境教育中心(第三方监督人)对本案所涉加工厂的环境污染问题履行第三方监督职责,监督内容由法庭、第三方监督人再行商议,若第三方在监督中发现被告发生污染问题则由第三方向原告、法庭、修文县环保局通报并督促被告消除污染,否则原告保留再行提起诉讼的权利。

(资料来源:中华环保联合会诉贵州 AAA 乳业股份有限公司环境污染案,贵州省清镇市人民法院(2011)清环保民初字第 4 号民事调解书。)

第八章 结 语

第一节 环境损害救济机制的外部基础

一、法治建设与环境保护的关系

环境保护应当在法治的范围内展开。我国环境问题的恶化,并不完全是由于环境立法不完善。全球横向比较,我国环境立法并不算晚,也不算少,但是环境仍然恶化,因为环境问题引起的社会矛盾已经相当尖锐。虽然环境立法不尽完善,但是如果能够得到切实执行,现在的环境问题也不会如此严重。所以,中国如今严峻的环境问题,主要原因还是由于环境执法。易言之,中国环境保护工作做到了有法可依,但是没有做到有法必依、执法必严、违法必究。环境法执法不严,主要还是整体法治建设不足,依法行政的观念没有得到落实,权力没有被关入制度的笼子里。

加强法治建设,需要顶层设计。法律、纪律、道德、习俗等都是调整社会关系、分配权力、保障权利的重要机制。经过长期的探索,我国已经对于法律在社会生活中的作用和地位基本形成共识。在法律体系范围内,需要进一步考虑如何构建公私法关系以及公权力的配置。公私法关系和公权力的配置,是深化改革、推进国家治理能力和治理体系现代化需要紧紧抓住的牛鼻子。只有在进一步深化改革的过程中,实现国家治理能力和治理体系的现代化,环境执法才能够做到有法必依、执法必严、违法必究。

环境保护是法治建设的试金石,是法学研究的肥沃土壤,是法治建设的试验田。环境保护因为关涉全社会各类主体的利益,是人类与自然、当代与未来、国家与国家、政治国家与市民社会、生产与消费等各种关系的交汇点。协调环境关系需要综合运用各种社会调整机制,特别是需要法律机制成功地发挥作用。可以说,环境保护是法治建设是否成熟的试金石。同时,由于环境保护涉及各类关系,也就成为法学研究的重要对象。在研究环境社会关系时,需要采用整体主义研究方法(holistic approach),综合运用不同的部门法知识,发现各类法律主体之间的互动规律,提供优化主体互动的方案,进而将其制度化、法律化。这也就使环境问题成为法治建设的试验田。近年来,我国加强了环境保护,并进行了很多制度创新。这些制度创新让人振奋,也发人深思。按照中国共产党十八届四中全会所提出的"重大改革于法有据"的要求,这些制度创新还需要经过严格考量。

二、经济社会发展与环境损害救济机制

经济社会发展与环境损害救济机制之间的关系,需要就损害救济的一般情况以及环境损害救济的特殊情况,在两个层面上分别分析。

就损害救济的一般情况分析,就个案而言,救济机制并不增加社会财富。救济机制解决的是损害的承担问题,是将一个主体的资源和财富转移给另个一主体用于赔偿的问题。因此,在个案层面,救济机制并不增加社会财富,反倒是为了实现救济或者为了避免救济,原告和被告都需要支付交易成本以维护自己的利益,社会也需要建立法院等争端解决机构,也为此支付了交易成本。在社会整体层面,救济制度的主要功能在于形成一种威慑机制,遏制侵害行为,同时抚平受害人的经济损失和精神创伤,避免受害人以更为剧烈的方式寻求自力救济。同时,经济社会发展能够降低对救济机制的需求。经济社会发展是做大蛋糕的过程,即使在此过程中存在分配不公的问题(合同法)或者一方损害另一方利益的问题(侵权责任法以及其他救济机制),在每个人所获得利益的绝对值都在增加时,人们对于损害救济的关注度会下降,趋向于将有限的时间用于创造新的财富上。但是,在经济发展速度放缓时,人们会更多关注分配问题和矫正问题,因为损害救济发生的纠纷就会更多。因此,法学研究不仅应当关注与损害赔偿直接相关的问题,也需要关注如何更好地组织社会生产,促进社会合作,降低交易成本,提高社会生产效率,增加社会财富。此种促进提高财富增量的法学研究对于发展中的中国尤其重要。

环境损害的特殊性在于,人们对美好环境的需求会随着经济社会的发展而提高。因此,经济社会发展可能会增加环境纠纷。只是,在经济社会发展之后,受害人对环境损害的责任形式趋向于恢复生态环境,而不是损害赔偿。与此相对,在经济社会发展水平低下的情形,人们虽然也关注环境,但是更希望被告以损害赔偿的方式承担侵权责任。经济社会发展也会通过税收、财政支出等方式为修复环境提供公共资金,因此环境损害纠纷并不一定最终以侵权人承担损害赔偿责任或者恢复生态环境原状的费用的方式结案。特别是在中国,有些环境问题是国有企业造成的历史问题,而国有企业并非严格意义上的营利企业,而是为了社会福利开展生产活动。在国企改制、终止之后,由公共财政承担生态修复责任,具有一定的合理性。而且,从宪法的规定以及社会主义国家的性质来说,国家也有修复生态环境的义务。

三、科技进步与环境损害救济机制

科学技术是第一生产力。科技和法律,是解决环境问题的两个重要力量。科学技术能够为人类提供更多的选择,既有助于避免环境问题的产生,也有助于修复已经被污染或破坏的生态环境。很多环境污染和生态破坏的产生,并非因为侵权人的恶意,而是由于科学技术的限制。为了控制污染的污染物排放标准,就是基于当前的科学技术水平制定物。科学技术也会开发出新的替代产品或者替代方法,降低对环境的压力。比如,人类排放消耗臭氧层物质曾经导致全球严重的臭氧层破坏问题,但是后来开发出替代产品,使得人类对消耗臭氧层物质的依赖大大降低。臭氧层得到修复,固然是因为国际社会采取了努力,但更为关键的是科技进步为人类提供了替代物质。当前国际社会在控制温室气体、减缓气候变化上徘徊不前,很大原因就是因为科学技术没有提供成本有效的控制温室气体的方法,没有为传统化石能源找到相当规模的替代能源。

四、转型社会与环境损害救济机制

中国处于并将在相当长的一段时间内继续处于多重叠加的转型期。社会转型不仅影响环境损害救济机制的外部运行基础,而且也影响着环境损害救济机制本身。研究中国社会转型,是一个重要课题,也是中国学术界对于全球学术界的重要贡献。自清末以来,西学东渐,中国总体上是在进行学术引进,法学尤其如此。深入研究中国在引进西方法律制度的过程中,中西方法律文化、法律制度之间的碰撞、融合、发展,有可能产生出全球意义上的知识增量。对于环境损害救济机制来说,研究中国转型社会与环境损害之间的互动关系以及提供环境损害救济的特殊机制,很有意义。

在中国的多重转型中,迈向法治社会的转型与环境损害救济关系特别密切。虽然很多发达国家也面临着环境问题,也需要救济环境损害。但是,这些国家的环境损害救济主要是在原有的法律救济制度之上加以调适和增加,是在原有成熟法律制度的基础上的微调。与发达国家不同,中国的环境法治建设是与其他领域的法治建设同步进行的,是环境法与其他法律领域的协同发展。环境法所赖以为基础的法律制度也是处于变动之中,这就导致中国需要频频修改环境法律制度,包括环境损害救济机制。

五、社会组织的地位和作用

社会组织在环境社会治理中能够发挥重要作用。以环境风险沟通为例,不管是突发性环境风险还是常规性环境风险,民众和专家对于很多环境风险的理解截然不同。民众主要是从个人的角度分析,从时空距离、生活严重性等因素考虑,带有感情因素。相比而言,专家对于环境风险的理解更加理性。如果仅仅采用专家对环境风险的理解,不对民众有关环境问题的态度给予同情的理解,难以与普通民众沟通,并进而导致沟通失败,损及政府公信力。政府在规制环境风险时必须考虑到这种理解上的差异,并以合适的方式、通过合适的途径与民众进行环境风险沟通。由于政府的工作机制具有正式性,其对环境风险的理解更加接近专家对风险的理解,而非民众对风险的理解,与民众进行环境风险沟通存在一定障碍,环保社会组织可以有效地发挥补充作用。

执政党和政府已经认识到社会组织的重要作用。中国共产党十八届三中全会决定要求激发社会组织活力;要求正确处理政府和社会关系,加快实施政社分开,推进社会组织明确权责、依法自治、发挥作用。该《决定》肯定了社会组织的作用,明确表示"适合由社会组织提供的公共服务和解决的事项,交由社会组织承担"。① 习近平总书记在向中国共产党第十九次全国代表大会所作的报告中也要求"发挥社会组织作用,实现政府治理和社会调节、居民自治良性互动"。② 2014 年修订的《环境保护法》在环境社会治理、信息公开与公众参与等方面肯定了社会组织的意义,为社会组织提供了参与环境社会治理的重要机制,特别是环境公益诉讼制度。为了更好地发挥作用,社会组织应当接受政府管理,依法开展活动,着眼于"最大限度增加和谐因素,增强社会发展活力",积极参与环境社会治理。

---

① 《中共中央关于全面深化改革若干重大问题的决定》(2013 年 11 月 12 日中国共产党第十八届中央委员会第三次全体会议通过),人民出版社 2013 年版。
② 习近平:《决胜全面建成小康社会 夺取新时代中国特色社会主义伟大胜利》,载《党的十九大报告辅导读本》,人民出版社 2017 年版,第 48 页。

第二节　环境损害救济机制的内部体系

一、环境损害救济机制体系

环境损害救济机制是一个体系，而不仅仅是侵权责任法。环境损害救济机制包括公法和私法、实体法和程序法。在这个体系中，侵权责任法虽然非常关键，但是也仅仅发挥着有限的作用。受害人在遭受损害之后，需要综合考虑获取救济的实体法和程序法依据。

从加害人的角度分析，在其实施污染环境、破坏生态的行为并造成损害之后，多个主体可以根据多种法律关系要求该加害人承担不同性质的责任：民事权益遭受损害的其他民事主体可能提出民事损害赔偿请求权，行政机关可以行政命令、行政处罚等方式要求加害人承担行政法上的责任；构成犯罪的，行政主管部门应将案件移送公安机关，由公安机关侦查，由检察机关提起刑事公诉，加害人被认定构成犯罪的，应承担刑事责任。民事责任、行政责任、刑事责任，都是加害人可能需要承担的责任，也是救济环境损害的途径。此外，行政机关还可以责令加害人修复被污染的环境或被破坏的生态系统，并可通过行政强制加以实现。在追究刑事责任的同时，也可以提起附带民事诉讼。现代法律制度，通过不同部门法之间的分工合作，构建了救济环境损害的立体网络。

从受害人的角度分析，也可以综合运用不同的机制保护自己的权利，并不必然需要通过民事诉讼请求法院判令被告承担民事责任。比如，受害人可以采取向行政机关投诉的方式，由行政机关责令停止违法行为。虽然这并不能实现损害赔偿的目的，但是却可以实现停止侵害。如果将原告为民事诉讼需要支出的成本、败诉风险等因素考虑在内，受害人选择以行政投诉实现民事救济的目的可能是更为经济的做法，更加具有成本有效性。对于难以证明损害的环境侵权，比如噪声、恶臭等，就更加如此。

环境民事赔偿,特别是由环境行政管理机关提起公益诉讼,与行政处罚、刑事责任之间的关系,需要进一步厘清。我国环境刑事立法普遍都没有规定附带民事诉讼,导致"环境损害重,刑事责任轻,民事责任无"的局面。在实践中,即便造成很大的危害,只要坐上几年牢,有的甚至只用缓刑或罚金,即告完事。① 很多犯罪嫌疑人也存在承担刑事责任就不应该承担民事责任的观点。中国应当建立起以行政违法责任和民事责任互补,以刑事责任为备用威慑力量的环境违法体系。

二、民事请求权基础的体系化和正当性

分析目前的实践,环境损害救济的请求权基础并不是已经被彻底解决的问题。对于私益环境诉讼来说,原告的请求权基础是其民事权益。但是对于公益环境诉讼,其请求权基础到底是什么,仍有进一步研究的必要。环境公益诉讼是第三人诉讼,原告并不是民事权益受损的法律主体。社会公共利益能否作为民事诉讼的请求权基础,如果可以,社会公众是否就是实际的权利主体? 在生态破坏的情形,如何处理公众环境利益与自然资源国家所有的关系? 提起公益诉讼的原告到底是代表社会公众的利益还是代表国家的利益? 对此需要在宪法的基础上,进一步思考。社会组织、检察机关、行政机关提起的环境民事公益诉讼之间是什么关系,三者之间是简单的替代、补充关系还是有一定的优先顺序? 都还是需要进一步论证、完善的问题。

三、公益诉讼与权力配置之间的协调

环境公益诉讼首先不是一个环境法上的问题,而是权力配置问题,主要是法院与其他机构之间的权力配置关系以及司法权的定位问题。在人民代表大会制度之下,人民法院是国家的审判机关。法院通过民事诉讼程序,是

---

① 吕忠梅等:《理想与现实:中国环境侵权纠纷现状及救济机制构建》,法律出版社 2011 年版,第 51 页。

仅仅审理具体当事人之间的争议还是也能够就一些本质上是公共政策的问题作出裁决，是建立和运行民事公益诉讼制度必须考虑的前提性问题。虽然普通民事案件也具有溢出效应，可能间接涉及公共政策问题，但是普通民事案件的公共政策溢出效应比较有限，尚在可控的范围之内。有些环境民事公益诉讼案件直接涉及国家或地方的公共政策，由法院审理是否合适，还需要在实践中进一步探索、在理论上进一步论证。有些污染者确实造成了一定的环境污染，但是这些污染者同时也是投资者，其投资行为曾经是当地招商引资所鼓励的行为。地方政府在招商引资时没有严格按照法律作出的一些投资承诺具有何种法律意义？投资者根据这些承诺作出投资之后，被发现违反环境法律要求，或者被后来制定的环境政策所不容，如何妥善解决。根据《行政诉讼法》，投资者可以作为行政相对人提起行政诉讼，解决其与行政机关之间的争议。在投资者还没有提起行政诉讼以解决行政纠纷的情形，社会组织以该投资者为被告提起环境民事公益诉讼是否适当？这些问题看起来是当事人之间的具体争议，其后却隐藏着国家权力配置的深刻问题。民事诉讼本质上是为了解决平等者之间因为私权益冲突所发生的争议，公益诉讼的原告却代表公益，甚至直接是公权力机关（在检察机关或者地方人民政府作为原告时），是否打破了原、被告之间的平等地位，如此进行的诉讼是否还是民事诉讼？或者说，即使双方法律地位、实际地位不平等，但是也仍然给予双方平等对话、争辩的权利？这当然有进步意义，但是仍然需要进一步探讨。

人民法院的司法权与行政机关的裁量权之间的关系，如何协调？全国人大常委会已经正式授权检察机关提供行政公益诉讼。从正式授权之前的两年试点可以看出，检察官机关提起的行政公益诉讼，主要集中在被告行政机关没有裁量权的案件。比如，被告行政机关没有按照当地环保部门核定的排污费数额征收排污费等。但是，社会组织提起的一些行政公益诉讼就是针对行政机关享有裁量权的事项。法院在审理案件时，就涉及司法权与行政权之间的关系问题。

环境治理的最终目的在于形成协调的人与自然之间的关系,为此需要形成公共政策、组织社会生活。由于程序复杂、周期较长,立法只能以较粗的线条作出规定,需要行政机关以政策的方式进行立法续造,并在执行时进一步行使裁量权。适当、有效的行政执法,能够减少环境纠纷,降低当事人提起诉讼的必要性。但是行政执法也会引发争议,对于行政机关行使裁量权的行为,审判机关如何行使司法审查权,还需要进一步探讨。

总体来说,社会公众对法院有很高的期待,希望法院提供一个与行政机关、对方当事人平等对话的权威的、正式的平台,法院也被推到地方政治的中心舞台。在当前的转型时期,社会公众对法院的有些期待超出了法律规定法院应当履行的职责,也超出了法院的实际工作范围。尽管法院希望最大程度地满足公众的诉求,但是各地基层人民法院、中级人民法院普遍存在案多人少的实际困难,法院在政府系统内的实际政治地位不高,法院并不一定能够满足公众的期待。